MW01608800

Dr Stéphane CLERGET

# ADOLESCENTS, LA CRISE NÉCESSAIRE

•MARABOUT•

Du même auteur :

*Ne sois pas triste mon enfant (comprendre et soigner*
*la dépression au cours des premières années de la vie),*
Paris, Robert Laffont, 1999, et Marabout (poche n° 3185).

*À Raymond Clerget,*
*mon frère.*

# AVERTISSEMENT

Les observations qui illustrent ce travail ont toutes fait l'objet, pour des raisons évidentes de confidentialité, des modifications d'usage. Toute ressemblance de lieu, de temps ou de nom ne pourrait être que fortuite. Elles restent pour autant authentiques dans le fond et l'esprit.

# INTRODUCTION

*« Je ne comprends pas ce qui lui arrive. Petite fille, c'était un ange. Maintenant, elle a le diable au corps ! » me confie, désemparée, une mère de famille confrontée aux conduites d'opposition de sa fille âgée de 14 ans.*

Les changements de comportement de l'adolescent occupent le devant de la scène familiale. Ils font oublier l'enfant qu'il était. Les parents ne le reconnaissent plus et ont souvent l'impression de se trouver face à un étranger. Aux transformations physiques s'ajoutent en effet des changements touchant à la personnalité. Les modifications des conduites apparaissent dans des registres variés.

Voici quelques-unes des inquiétudes parentales exprimées : « il ne fait plus rien à l'école », « elle s'isole dans sa chambre », « il devient agressif et insolent », « elle a toujours mal quelque part », « il passe son temps devant la télévision ou sa *play station* », « elle refuse de s'alimenter et se fait vomir », « il roule sans casque et prend des risques insensés », « elle parle de mettre fin à ses jours », « il a des TOC » (troubles obsessionnels compulsifs), « elle passe son temps à rêver et ne sort jamais », « elle est amoureuse d'une fille », « il ne dit jamais rien et n'a pas d'ami », « elle se trouve affreuse et veut se faire opérer », « il vole dans les magasins », « je crois qu'elle se drogue ».

Ces comportements inédits sont régis par des mécanismes psychologiques intimes que je vais vous livrer. Beaucoup trouvent leurs racines dans les toutes premières années de l'enfance et l'on découvrira que l'adolescence commence à se dessiner à l'aube de la vie.

À la lueur de ces observations, parents et professionnels de l'adolescence (enseignants, éducateurs, soignants) pourront mieux comprendre les adolescents et adapter, éventuellement, leurs attitudes.

L'adolescence associe des bouleversements biologiques, sociologiques et psychologiques.

Les processus biologiques consistent en la sécrétion brutale d'hormones qui déclenchent la poussée de croissance et la transformation sexuée.

Sociologiquement, l'adolescence est devenue un sujet de société. La violence, le chômage, le suicide, la consommation de drogues, le sida sont les thèmes le plus souvent mis en avant par les pouvoirs publics quand ils s'inquiètent du sort des jeunes. Les rites initiatiques ont laissé la place à de nouveaux rituels de passage qu'il convient de définir.

Psychologiquement, l'adolescent va devoir composer avec un corps neuf, une nouvelle façon de penser, des sentiments et des désirs inédits, et des compétences sexuelles inconnues jusqu'alors.

Ces modifications ne se font pas sans turbulences. Des tensions à la fois internes (psychiques) et externes (conflits avec la famille et le corps social) se présentent.

Il n'y a pas d'adolescence normale sans perturbations. Il importe de résister à la tendance actuelle de « psychiatriser » l'adolescence, en tenant pour pathologique et anormal chaque mouvement d'humeur ou comportement étrange. Les adultes ne doivent pas oublier leur propre adolescence et doivent se montrer tolérants.

Mais l'adolescence est aussi une période de fragilité, propice à l'installation de troubles psychopathologiques graves.

C'est pourquoi ce livre se propose de faire la part des choses entre ce qui fait partie de la crise d'adolescence ordinaire et ce qui témoigne d'une souffrance, d'une impasse dans l'évolution ou d'un risque vital, qui doivent être pris en charge. On verra que ce qui est le plus spectaculaire ou le plus dérangeant pour les adultes n'est pas toujours le plus grave.

La question de la dépression est au cœur de l'adolescence. C'est une menace permanente. Mais si tous les adolescents ont des moments de « déprime », tous ne vont pas présenter, heureusement, un état dépressif franc. L'explication en est que le processus de la puberté et le processus dépressif ont beaucoup en commun.

L'ennui, la perte de l'estime de soi, la honte, le repli, la morosité, l'inertie sont des symptômes typiques de la dépression et illustrent depuis toujours les états d'âme ou les façons d'être des adolescents. Il en est de même des troubles du sommeil et des plaintes physiques fréquentes (sans lésion sous-jacente).

Les pulsions agressives qui sous-tendent certains comportements violents et les passages à l'acte suicidaires ne sont pas exceptionnels à l'adolescence. Ils sont aussi une composante de l'organisation dépressive.

La perte et la séparation sont sans doute les principaux facteurs communs à la dépression et à l'adolescence. Toute dépression est en référence à une perte. Que celle-ci soit réelle (c'est le cas d'une adolescente dont le fiancé est victime d'un accident mortel) ou symbolique (un enfant victime d'atteintes sexuelles par son père perdra ses repères identitaires fondamentaux). Ces deux types de perte, réelle et symbolique, sont parfois en relation. Une perte dans la réalité peut, dans l'histoire du sujet, se faire l'écho d'une perte symbolique passée, qui s'en trouve alors renforcée. La dépression conséquente en sera d'autant plus sévèrement ancrée. *L'échec de Marie-Céline au concours d'entrée en faculté de médecine lui a fait perdre ses espoirs d'enfant de faire le métier de son père. Mais il a aussi ravivé l'état douloureux, ressenti quelques années plus tôt, après le décès de celui-ci. Elle avait alors pu faire son deuil grâce au projet de suivre ses traces. Cet échec au concours bat en brèche ce dessein et confronte à nouveau Marie-Céline au sentiment premier de perte.* Enfin, certaines dépressions gravissimes, du type de celles qui entraînent un repli sur soi avec mutisme, un amaigrissement considérable, une autodévalorisation pouvant aller jusqu'au délire, sont en relation avec une perte très singulière : la perte de soi-même. C'est une atteinte purement narcissique (au sens où c'est son propre amour que Narcisse, le personnage mythologique, a perdu). Ici, la personne se détache affectivement d'elle-même pour des raisons difficiles à déterminer. Dans les cas habituels, quel que soit le type de perte, le monde apparaît pauvre et désert à la personne déprimée. Dans le cas d'une perte de soi-même, c'est le « moi » propre de la personne qui est complètement tari.

Au même titre que la dépression, il n'existe pas non plus d'adolescence sans manifestations de perte. Sur le plan physique, la transformation pubertaire entraîne la disparition du corps de l'enfance, qui devient, selon les mots du Petit Prince de Saint-Exupéry, une « vieille écorce abandonnée ». C'est une perte dans la réalité, mais également dans la dimension imaginaire et symbolique qu'on entretient avec son corps. La perte concerne aussi les parents. Le regard que l'enfant pose sur eux, émerveillé et dévoué, laisse la place chez l'adolescent à une désillusion. Ses parents n'ont plus, pour lui, l'image de la perfection et ne lui apparaissent plus tout-puissants. L'enfant va peu à peu se séparer d'eux physiquement, mais aussi avec son cœur et sa raison.

L'apparition d'une sexualité de type adulte va conduire l'adolescent à renoncer à la double identité masculine et féminine et à la bisexualité imaginaire qui existent chez tous les enfants.

L'adolescent fait également ses adieux à son univers amical et familial. Ses relations d'avant sont éclairées d'un jour nouveau et lui apparaissent tout autrement.

Il doit rompre aussi avec ses conceptions, ses croyances, sa morale, ses sentiments, ses désirs, son humeur, ses mécanismes de défense contre l'angoisse, sa façon de penser et d'aimer.

Voilà la série des adieux que prononce avec plus ou moins d'aisance l'adolescent quand il fausse compagnie à l'enfance. Chacune de ces pertes est une pierre jetée dans le jardin de la dépression.

Chaque adolescent doit donc emprunter la voie de la dépression. C'est un passage obligé, une crise nécessaire pour devenir adulte. La plupart, affermis par une enfance harmonieuse, y parviennent sans dommage. Mais certains risquent de se perdre dans le labyrinthe dépressif où la mort rôde parfois. Voici un guide pour ne pas perdre leurs traces.

# 1

# FAIRE PEAU NEUVE

*... Que ces rois de l'azur, maladroits et honteux,*
*Laissent piteusement leurs grandes ailes blanches*
*Comme des avirons traîner à côté d'eux.*

*Ce voyageur ailé, comme il est gauche et veule*
*Lui, naguère si beau, qu'il est comique et laid !...*

Charles Baudelaire, *L'Albatros*

## LA CHENILLE ET LE BOUC

« *Docteur, il faut que vous voyiez mon petit-fils Kevin. Il a 13 ans et depuis quelques mois il file un mauvais coton. Sale comme un peigne, il prend un bain tous les quatre jeudis et il garde ses vêtements pendant plusieurs jours. Un jour, je l'ai même surpris aller au collège avec son pyjama sous le pantalon. Dans sa chambre, ça sent le bouc et c'est un vrai bazar ; il garde tout ce qu'il trouve, surtout si c'est inutile. Et il ne veut plus rien faire à la maison.* »

*Kevin a une silhouette d'enfant, mais un duvet au-dessus de la lèvre et de l'acné débutante annoncent une poussée de croissance aux aguets.*

*Sobre en paroles, il évoque cependant le peu d'empressement qu'il a de grandir : «* Je suis très bien comme cela, me dit-il. Je n'ai pas envie de changer. » *Son tempérament, tel qu'il m'apparaît en quelques entretiens, est en concordance avec cette résistance aux transformations. Opiniâtre, économe, collectionneur, loyal, constant, persévérant, Kevin a également le souci de l'ordre et une grande méticulosité.*

*Son corps d'enfant a grandi assez lentement pour ne pas se faire remarquer. Kevin sent intuitivement qu'il va le perdre. Et son caractère conservateur ne l'accepte pas. En ne se lavant pas, il cherche, sans en avoir conscience, à garder autour de lui son odeur, et l'enveloppe qu'elle y forme. Se laver, c'est faire peau neuve et Kevin s'y oppose. Ses vêtements font corps avec lui, et donc ne pas les changer, c'est tenter d'éviter de grandir. Sa résistance au travail se comprend aussi comme s'entend l'expression dérivée de l'occitan « se lever la peau », qui a le sens imagé de faire un effort manuel important, au point de s'arracher l'épiderme, comme on peut « suer sang et eau ». Kevin freine des quatre fers de sa volonté consciente et inconsciente toute croissance qui sonnerait le glas pour son corps impubère.*

*Déborah a 13 ans et ses parents l'amènent consulter car ses nuits sont peuplées de cauchemars. Le thème est toujours le même : des chenilles envahissent son univers. Les objets de son environnement familier se transforment en ces insectes et envahissent sa chambre. Le jour, elle craint d'en rencontrer, et la simple évocation du mot « chenille » l'effraie.*

*Cette phobie est apparue en même temps que sa puberté. Elle disparaîtra en quelques séances de psychothérapie, où seront abordées, de façon métaphorique, les transformations corporelles que Déborah expérimente alors.*

Certes moins véloce que chez le papillon, la mue de l'adolescent s'opère rapidement à l'échelle d'une vie humaine. En deux à trois ans, le corps gagne quelques décimètres, plusieurs kilos et la pilosité surgit. Les muscles et le squelette s'accroissent. Chez la fille, les hanches s'élargissent et la masse graisseuse augmente. Chez le garçon, le volume des épaules est plus important et les muscles se développent. La voix se transforme et les traits du visage changent brusquement. À cela s'ajoutent les spectaculaires modifications des organes sexuels. Le premier signe chez la fille est l'apparition des bourgeons mammaires, qui surviennent en moyenne entre 11 et 12 ans. À 12 ans et demi s'écoulent les premières règles. Chez le garçon, c'est l'augmentation du volume des testicules, en moyenne à 11 ans et demi, qui ouvre le bal pubertaire. C'est une véritable métamorphose qui n'a pas d'équivalent, dans sa célérité, à toute autre période de la vie, en dehors peut-être des deux premières années, où une importante croissance est observable. Nous verrons que ce n'est pas le seul point commun entre l'adolescent et le nourrisson. Ce raz-de-marée est provoqué par le déclenchement brutal de sécrétions hormonales, sexuelles essentiellement. C'est une petite partie du cerveau appelée « hypothalamus » qui est le chef d'orchestre de ces sécrétions, dont la mise en route est bloquée jusqu'à l'âge de 10 ans environ. Il faut sans doute un poids et un volume corporels certains pour que tout cela se mette en marche. Mais les facteurs déclenchants restent mystérieux. Cet avènement tardif de la puberté est le propre de l'espèce humaine. Il met la maturation et les apprentissages de l'enfance à l'abri des tempêtes de la sexualité adulte.

Cette transformation physique spectaculaire est plus ou moins bien accueillie mentalement par l'adolescent. Elle s'impose à lui. L'âge d'apparition et la rapidité d'installation de la puberté, les événements associés, l'attitude de l'entourage, la souplesse psychologique de l'individu vont influer sur les capacités d'adaptation de son mental au fantastique changement corporel.

## LE CORPS EN IMAGE

L'image que nous avons de notre propre corps est inscrite dans notre cerveau. Elle l'est à deux niveaux : anatomique et symbolique.

Dans le premier cas, les scientifiques parlent de « schéma corporel ». Le corps humain, dans sa totalité, est dessiné dans le cerveau par l'arrivée des nerfs de la sensibilité, externe et interne. Ce schéma se situe sur une partie bien précise, à la surface du cerveau : la partie latérale gauche (le lobe pariétal). Il permet de visualiser son propre corps, d'en avoir conscience, de garder son équilibre et, grâce à ces perceptions, de le diriger de façon adaptée. Si nous nous piquons le doigt, la zone correspondante dans le cerveau est stimulée et nous désigne l'endroit de la douleur ; de même, pour les sensations provenant des organes, comme le mal à l'estomac. Notre schéma corporel ne correspond pas absolument, en proportion, à notre véritable corps, car c'est le degré de sensibilité qui l'emporte ici. Ainsi, la main, zone très innervée, occupe une place dominante ; tandis que le dos, peu sensible, est très réduit. Une brusque modification corporelle bouleverse ce schéma établi. Un nouveau « plan de montage » doit se mettre en place, comme le premier s'est mis en place à l'origine chez le nourrisson (qui a fait peu à peu connaissance avec son corps et a appris à le contrôler, grâce au circuit des nerfs). La maladresse bien connue des adolescents trouve ici en partie son explication. Un certain déficit de la maîtrise du corps va être présent pendant un an ou deux. Il sera, en termes d'équilibre des gains et des pertes, en partie compensé par de nouvelles potentialités physiques. Cela explique les baisses de performance dans les pratiques sportives de l'enfance, entraînant des demandes d'arrêt ou de changement d'activités sportives que ne comprennent pas toujours les parents.

À côté du schéma corporel existe ce que Françoise Dolto nomme l'« image inconsciente du corps ». Tandis que le premier est similaire pour tous, l'image du corps est spécifique à chacun d'entre nous. En effet, elle est construite par notre histoire, nos désirs, nos émotions, notre imaginaire et le sens intime que nous donnons à chacune des expériences où notre corps est en jeu. L'image de celui-ci, pour se construire, nécessite l'accession à un langage. Mais ses ébauches débutent auparavant. Ainsi, le nourrisson perçoit, à l'origine, le monde environnant et lui-même comme un tout. À l'occasion des différents moments de la journée, du rythme des repas, il va prendre conscience qu'il est un tout séparé de sa mère. La première étape est donc la reconnaissance du « moi » et du « non-moi ». C'est le début de la conscience de soi. Quand le bébé imaginera (sous la forme d'une hallucination) le sein maternel en son absence, cela ne calmera pas pour autant sa sensation de faim. Il va alors prendre conscience progressivement qu'il y a un intérieur (lui) et un extérieur.

L'image du corps subit un remaniement permanent tout au long du développement de l'enfant. Chaque personne ressent son corps en fonction de ses propres expériences émotives et des perceptions qui s'y inscrivent. C'est grâce à cette image du corps que l'on se perçoit comme un tout, qu'on a le sentiment d'exister et d'être entier, avec des limites propres, une pensée et des affects. Nous avons une image de base, statique, et une image fonctionnelle des différentes actions de notre organisme. L'image de base est acquise, dans ses éléments constitutifs principaux, à partir de 18 mois. Cette mise en place ne peut se faire que grâce à un autre être humain (en particulier le parent maternant). C'est à travers l'autre que l'on se découvre dans une relation où perception et éprouvé émotionnel sont étroitement imbriqués. L'éprouvé de sa peau (son « moi-peau »), de sa cavité buccale (son « moi-bouche ») ou bien encore de sa vision s'installe par identifications

successives, et, comme les pièces d'un puzzle, ces différents ressentis se relient les uns aux autres, formant peu à
peu l'image corporelle.

Il existe également des images érogènes correspondant aux
régions corporelles qui focalisent plaisir et déplaisir éroti-
sés par la relation à l'autre. Chaque image érogène est en
lien avec une image fonctionnelle. Par exemple, la région
buccale va être plus ou moins investie comme zone de
plaisir ou de déplaisir dès les premières semaines de la vie.
Son image érogène va s'élaborer peu à peu. Elle sera fonction de l'innervation particulière mais aussi de la façon
dont cette région sera satisfaite notamment lors de l'alimentation (rythme de repas, nature des aliments,
environnement affectif) mais aussi par la tétine ou le
pouce et, plus tard, le baiser et la parole. Ces différentes
images érogènes sont unies par des pulsions. Ces pulsions
dessinent une image dynamique qui correspond à notre
désir d'être, à nos envies, à notre élan vital, nous poussant
aux rencontres et à la connaissance. Ces différents désirs
cherchent à se réaliser. Ils le peuvent à partir des images
fonctionnelles et érogènes, et en tenant compte de l'image
de base à protéger. C'est-à-dire que nous allons chercher à
satisfaire nos envies, à soulager nos pulsions, mais la limite
de ces satisfactions sera le maintien de l'intégrité corporelle. Cette image du corps n'est pas une perception
comme la vue ou l'odorat, c'est une représentation
psychique dont les soubassements sont inconscients.

À l'adolescence, cette image du corps, comme le schéma
corporel, subit un complet bouleversement. Dans ce
chantier archéologique à ciel ouvert réapparaissent d'an-
tiques images de soi à différentes périodes. La période
œdipienne, entre 4 et 7 ans, est réactualisée, mais aussi
d'autres plus archaïques encore, remontant aux toutes
premières années. Ces remaniements des images de soi
sont perturbants. Mais ils donnent une nouvelle chance

de les harmoniser et de les rendre plus cohérentes ou plus fonctionnelles.

> *David a, depuis l'âge de 3 ans, toujours été malhabile de son bras droit. Il n'était pas gaucher, mais cependant plus adroit de ce côté. Son père, professeur de gymnastique, avait constaté l'anomalie et consulté un neurologue. Cette maladresse a été confirmée médicalement sans qu'aucune explication ne puisse être donnée. Des séances de psychomotricité furent prescrites avec peu d'effet, puis arrêtées au bout de trois ans. Quand j'ai rencontré David, à 16 ans, pour un tout autre motif, cette maladresse avait disparu depuis l'âge de 14 ans. Lui l'avait oubliée, et ses parents ne m'en ont parlé que parce que je me suis intéressé à tous les antécédents de l'enfant. En fait, elle était apparue peu de temps après la naissance d'un petit frère. Un épisode significatif fut retrouvé : David, naturellement jaloux, avait tapé d'une fourchette la tête du bébé, provoquant une belle frayeur chez les deux parents présents. Il eut droit à une sévère réprimande. La maladresse se fit jour à la suite de cet épisode. David avait alors probablement intégré, dans son image du corps, son bras droit comme menaçant, et l'avait inconsciemment limité fonctionnellement. Les remaniements de l'adolescence ont, par eux-mêmes, réhabilité ce membre. Cela s'est réalisé d'autant plus facilement que David était en internat à cette période. Le petit frère était alors hors de portée et n'était plus un bébé fragile. En outre, David se détachait des liens de dépendance et d'autorité vis-à-vis de ses parents. Il se voyait comme un autre et, comme un autre, il n'était plus menaçant de la même façon.*

Des pertes peuvent donc être salutaires lors de l'adolescence et ne sont pas nécessairement source de dépression.

La notion d'image du corps permet de comprendre à la fois le ressenti dépressif dû aux pertes des anciennes images et les angoisses face aux transformations physiques et aux nouvelles potentialités corporelles.

## LES MIROIRS DÉFORMANTS

Les adultes que nous sommes ont oublié ces angoisses. Mais on peut en avoir un aperçu en se plaçant face à un miroir déformant, joie des amateurs de fêtes foraines. Certaines peintures de Jérôme Bosch, avec des personnages aux corps difformes et disproportionnés, sont de fidèles reflets de ces images de soi en métamorphose. Les cauchemars sont fréquents au début de l'adolescence. Ils témoignent de ces angoisses inconscientes. Des corps mi-animaux, mi-humains, à l'image des monstres de la mythologie gréco-romaine ou des films fantastiques contemporains, cohabitent avec des thèmes oniriques de destruction, de construction ou de modification de matière et de structure. Le monstre traduit cette expérience interne d'étrangeté de ce nouveau corps en voie de constitution. Le corps de l'enfance occupe la place du corps angélique. Les dessins typiques d'enfants – soleil, arbres et maisons – laissent la place, à partir de 12 ans, à des figures de monstres ou d'extraterrestres qui expriment parfaitement ces représentations corporelles nouvelles. Le caractère non structuré des monstres représentés traduit la perte des limites de l'image du corps. Les animaux expriment la sexualité et les robots les tentatives de maîtrise des émotions nouvelles. On comprend aussi, au regard de ces tourments, que les adolescents apprécient particulièrement les films d'horreur, ou gore, avec moult effusions d'hémoglobine, amputations, décapitations et autres atteintes corporelles violentes et spectaculaires.

Le corps de l'adolescent appartient à la réalité externe : visible et palpable. Mais il appartient aussi au monde psychique interne du fait du schéma corporel et de l'image inconsciente qu'il en a. La rapidité de sa transformation physique est telle que sa représentation psychique interne ne suit pas immédiatement. Elle est décalée dans le temps. Il y a donc, pendant la période de croissance, un hiatus entre la réalité externe du corps et sa représentation psychique, c'est-à-dire l'image du corps. Ainsi, les premières règles ou éjaculations comme les caractères sexuels secondaires sont perçus, un temps, par le psychisme comme des corps étrangers, échappant à son contrôle. L'adolescent se met alors à subir psychiquement son corps. Il ne lui est plus familier.

Chaque adolescent, qu'il en fasse état ou non, est préoccupé par sa morphologie. Il est rare qu'il se trouve aussi beau que quand il était enfant. Il est bien plus attentif aux défauts de son corps et à ses changements qu'à sa nouvelle esthétique : selon une enquête de l'INSERM, un tiers des adolescentes se considèrent trop grosses. Au fil de son évolution personnelle, sa perplexité ou son inquiétude vont se porter sur une partie du corps, puis sur une autre. Des vêtements amples ou longs (la mode adolescente actuelle étant aux baggis) vont permettre de masquer ces modifications, le temps de s'y habituer et de les intégrer dans son image de soi. Le refus d'aller à la piscine ou de se faire bronzer sur une plage en maillot est, en règle générale, sous-tendu par la crainte d'afficher un corps jugé non présentable car étranger.

Les modifications sont réelles, mais la façon dont elles sont perçues par l'adolescent dépend de sa subjectivité et des réactions de l'environnement. À chaque changement, un temps d'adaptation est nécessaire. Ceux qui vivent aux côtés d'adolescents connaissent bien ces longues périodes d'observation devant le miroir qui reflètent ce besoin vital d'apprivoiser ce nouveau corps, de se l'approprier.

Ces auto-inspections visuelles sont normales. Elles peuvent concerner de façon transitoire un aspect particulier de la silhouette. Le poids et la taille sont souvent mal tolérés. Sur ce sujet, des différences existent entre garçons et filles. Les garçons supportent moins bien la maigreur que les filles. À l'inverse, les adolescentes se trouvent souvent trop fortes. Chez le garçon, l'augmentation de volume renvoie à la prise de masse musculaire, qui est culturellement désirable. Chez la fille, on parle de « graisse », qui n'a pas bonne presse de nos jours après avoir été longtemps signe de santé, de richesse et de féminité épanouie. Une petite taille est mal supportée par le garçon, tandis que l'adolescente de moins de 16 ans est mal à l'aise quand elle est grande. Les filles se plaignent beaucoup de leurs poitrines, fesses et cuisses, qu'elles trouvent trop charnues, ou de leurs pieds, qu'elles jugent trop grands. Elles sont très sensibles à l'apparition de duvet ou d'acné au visage, comme de poils sur la poitrine. Les garçons prêtent attention à la taille de leur sexe comme au reste de leurs organes génitaux. Ils observent la musculature de leurs membres (biceps et mollets). Un bassin trop large ou une poitrine un peu enflée (gynécomastie) peuvent déclencher chez eux des angoisses liées à l'identité sexuelle.

Au-delà de ces tracas passagers ou supportables, il arrive que l'adolescent se fixe de façon durable et envahissante sur une partie du corps, quittant alors le champ du normal. On parle dans ce cas de « dysmorphophobie ». Tous les segments corporels peuvent être concernés. Par définition, ils ne présentent pas dans la réalité de différences majeures avec la norme. Pourtant, ils obsèdent l'adolescent. L'environnement familial et amical joue un rôle important dans l'installation de ces dysmorphophobies. Le père et la mère peuvent réagir diversement aux transformations physiques de leur fils ou de leur fille. Telle mère peut rejeter la virilité naissante de son fils. Elle la déconsidérera en référence au père, lui-même objet de ses critiques : « Tu deviens comme ton père ! » L'adolescent peut entendre cela comme une condamnation de sa puberté. Tel père peut se moquer de l'apparition des seins et autres formes féminines chez sa fille ou de leur absence : « Mon père, me dit une femme adulte, me critiquait tout le temps, me disant que j'étais une planche à pain. J'en ai eu des complexes pendant longtemps. »

Nous verrons que la bande de copains et copines vient prendre pour l'adolescent le relais du cocon familial, devenu obsolète. L'adolescent en est très dépendant, parfois autant qu'un enfant de ses parents. Les réactions de l'ensemble du groupe à l'aspect physique de l'un des siens ont un impact crucial sur la mise en place et le maintien d'une dysmorphophobie. Mais, parfois, sa signification est liée à une perception toute subjective et à des facteurs psychologiques totalement individuels, comme l'illustre le cas suivant.

> *Maeva a 15 ans. Elle demande une intervention chirurgicale sur son nez et son menton. Sa mère l'a conduite chez un chirurgien esthétique qui m'a demandé un avis psychiatrique. Maeva se présente de façon très agressive, ne comprenant pas pourquoi « une simple intervention comme on en fait des milliers aux États-Unis nécessite un avis psychologique ». L'insistance de cette jeune fille est un signe inquiétant. Le profil de son visage lui est insupportable. Ni sa famille, ni ses amis, ni moi-même ne le trouvons singulier. Elle le rend responsable de son mal-être et de toutes ses difficultés. Cette intervention doit lui permettre de « changer de vie ». Si un quidam la regarde dans la rue, c'est que, comme tout le monde, il remarque cet « horrible profil ». Si elle entend des rires, elle imagine d'emblée que c'est de son nez qu'on se gausse. Cette intervention souhaitée, elle la vit comme le coup de baguette magique ou autre pantoufle de verre qui la fera passer de l'état de Cendrillon à celui d'une princesse idéale.*
>
> *Cette demande apparaît en fait pour Maeva comme un moyen inconscient de lutter contre un important vécu dépressif d'infériorité. Les risques d'une telle intervention seraient*

*chez elle de déclencher une dépression profonde ou un acte suicidaire. Car cette préoccupation obsédante cache en fait des angoisses massives. Une fois l'opération réalisée, l'obsession du nez ne pourra plus occuper la fonction de paravent et les angoisses seront brutalement mises à nu.*

La dysmorphophobie signe un trouble de l'image du corps. L'adolescence, avec les remaniements profonds qu'elle entraîne, est une période féconde pour ce type de troubles — comme peuvent l'être parfois la grossesse, la ménopause, la sénescence ou la survenue d'un accident ou d'une maladie grave. Si ce type de troubles est transitoire, il fait partie chez l'adolescent de la crise nécessaire. S'il persiste, ou devient trop prégnant, il ne faut pas hésiter à consulter un médecin spécialiste. En ce cas, on peut en trouver l'origine dans l'histoire psychique et affective du sujet. Souvent un trouble de la relation est venu altérer la mise en place de l'image du corps. Par exemple, l'enfant, dans ses premières années, a pu se construire une image du corps perturbée dans son architecture par des carences, des stimulations excessives ou des rythmes incohérents lors du maternage.

## LE CORPS PORTE-PAROLE

À côté des dysmorphophobies qui peuvent avoir un caractère inquiétant, il existe d'autres modes d'expression des préoccupations corporelles chez une majorité d'adolescents. Ils concernent non plus les formes du corps, mais ses fonctions : peur de rougir, peur de perdre ses cheveux, crainte de « sentir » des pieds ou sous les bras… Le corps sert ici de support concret à des inquiétudes disparates. Ainsi, chez Johan, 19 ans, la crainte d'une calvitie dissimule la peur de mourir. La peur de rougir (ou érythrophobie), comme celle de sentir mauvais, est à l'origine d'un isolement qui n'est parfois que le masque d'une profonde timidité. Les difficultés relationnelles avec les autres, fréquentes à cette période de la vie, s'expriment ainsi parfois de cette manière.

À cet âge, le corps est une voie naturelle pour décharger ses angoisses et ses pulsions agressives, mais aussi toute l'énergie sexuelle qui l'inonde. Avec le temps, l'adolescent apprendra à les détourner et à les diluer dans ses relations amicales, amoureuses ou professionnelles.

Perdre son corps d'enfant, c'est perdre la sécurité d'un corps que l'on a appris à bien connaître et qui était placé sous la protection de parents considérés comme tout-puissants. Le deuil du corps de l'enfance peut se travestir en crainte pour la santé physique. Ces manifestations font partie de l'adolescence normale quand elles ne sont pas trop envahissantes et ne tournent pas au délire. Il s'agit d'une inquiétude exagérée relative à la santé, au fonctionnement et à l'intégrité du corps qui n'est pas associée à de véritables lésions. Elle prend le nom de « craintes hypocondriaques ». Lors des moments anxieux, l'adolescent est excessivement attentif à la moindre sensation insolite dans la région corporelle concernée. Il grossit démesurément la signification de ses moindres ressentis. Les craintes touchent le plus souvent au cœur, au sang et aux organes génitaux. Les plaintes physiques les plus fréquentes mais sans peurs associées sont les maux de tête, de dos et les douleurs abdominales (région des ovaires ou de l'appendice). À cela s'ajoutent diversement de vagues fatigues qui empêchent de travailler ou de faire du sport, des douleurs, des malaises, des troubles visuels, des états nauséeux ou nerveux qui sont habituellement bien vite mis sur le compte de la croissance. Ces plaintes sont deux fois plus fréquentes chez la fille que chez le garçon. Une adolescente sur deux déclare être souvent fatiguée et une sur trois avoir souvent mal à la tête. La tendance aux plaintes physiques augmente chez les filles au cours de l'adolescence. On verra qu'à l'inverse les garçons utilisent plus volontiers l'action ou la violence pour se soulager de leurs angoisses que l'hypocondrie.

Des manifestations hypocondriaques passagères se rencontrent au moins une fois chez tous les adolescents en dehors de toute circonstance particulière. Elles seraient à l'origine d'un tiers des consultations médicales pour cette tranche d'âge. L'examen médical doit avoir pour mission essentielle de rassurer l'adolescent sur le développement normal de son corps. Mais un contexte familial de plainte physique (due à une maladie réelle ou à une attitude hypocondriaque de l'un des parents) favorise chez l'adolescent l'installation de ce type d'expression. C'est d'autant plus vrai que la plainte concerne un endroit précis.

> *Léo, 14 ans, fait une fixation sur la région du cœur. Il est très attentif aux pulsations de son pouls et à d'éventuelles palpitations, notamment après un effort. Il ressent parfois une pesanteur diffuse à hauteur de l'organe sans qu'aucune anomalie n'existe. Sa mère est très à l'écoute de ces plaintes car son propre père a été victime d'un infarctus du myocarde deux ans auparavant. Cette attention maternelle excessive renforce la fixation de Léo. Quelques séances de psychothérapie feront disparaître cette affection.*

Il arrive que l'apparition banale de ce type de manifestations chez un adolescent soit le début d'une véritable organisation hypocondriaque à deux, entre le jeune et l'un de ses parents. Les plaintes et l'attitude du jeune interpellent plus ou moins consciemment sa mère. Celle-ci, par ses sollicitations anxieuses, son indulgence, ses oscillations entre les cajoleries et l'hostilité, donne du corps aux troubles hypocondriaques et les enracinent. Le sens inconscient de ce type d'organisation en duo est de permettre aux deux parties de garder une interdépendance quand sonne l'heure d'une séparation nécessaire et inéluctable entre l'enfant et sa mère. Chacun d'eux tente de résister à la perte prochaine de ce corps d'enfant et du contrôle qu'a sur lui la mère.

En plus de ces facteurs familiaux, des éléments culturels favorisent ce type de manifestations. C'est le cas des cultures du bassin méditerranéen et de l'Afrique de l'Ouest, qui privilégient le mode démonstratif. La migration en France vient l'accentuer en raison de la méconnaissance de moyens d'expression adaptés au pays d'accueil (langue, codes culturels ou sociaux). L'adolescent migrant a alors tendance au repli sur ce qu'il contrôle le mieux : son corps.

Des particularités physiques minoritaires dans la région où réside l'adolescent (couleur de peau, nature des cheveux) peuvent être également l'objet de fixation – notamment quand elles suscitent des comportements de rejet par l'entourage social ou qu'elles renvoient à une ressemblance recherchée ou refusée avec un des parents.

*C'est le cas de Pascal, 12 ans, dont la mère est noire et le père blanc. Ses trois frères ont la peau très claire et les yeux noisette. Lui, comme sa sœur, est aussi brun que sa mère, et ses cheveux sont crépus comme les siens. Je le vois pour un comportement instable en classe et à la maison. Le médecin de famille évoque rapidement aux parents le diagnostic d'hyperactivité. En fait, les entretiens psychiatriques que je conduis mettent en évidence une perturbation de son sentiment d'identité sexuelle. Ayant des attributs externes communs (peau et phanères) avec sa mère, il se vit du côté féminin. Son identification masculine en est parasitée. Pascal a recours à l'agitation comme seul moyen pour exprimer sa part masculine. En une dizaine de séances, les symptômes de Pascal disparaîtront et le cours de son adolescence se poursuivra sereinement.*

## À SON CORPS DÉFENDANT

Les modifications corporelles entraînent parfois, chez l'adolescent, le sentiment d'une dépossession de son propre corps. Ne le maîtrisant plus correctement dans sa motricité et dans sa visualisation, il a l'impression que ce corps lui échappe, a une vie propre, ou bien qu'il est soumis au pouvoir d'un autre que lui-même. C'est la raison pour laquelle les adolescents sont passionnés par les livres ou les films où des individus sont sous le contrôle d'entités extérieures, que celles-ci soient diaboliques ou extraterrestres (*Alien* ou *X Files*). Les garçons y sont encore plus sensibles que les filles. Je pense que c'est parce que les filles ont été très tôt dans l'enfance plus assurées de la cohésion de leur corps sans doute du fait que les organes génitaux sont internes chez les filles et externes chez les garçons. L'enfant de 2 ou 3 ans prend conscience de son identité sexuelle et perçoit alors l'importance de ses attributs qui donnent la vie et l'identité. Mais le petit garçon, contrairement à la petite fille, ne considère pas son organe sexuel comme totalement intégré à son corps du fait de son emplacement à l'extérieur, donc plus exposé et menacé d'agression, mais aussi de son autonomie apparente en raison de son érection possible. Le pénis change de volume sans que l'enfant puisse contrôler ces mutations. Elles s'imposent à lui. Le garçon a donc avec son sexe un rapport différent de celui qu'il a avec les autres parties de son corps. En outre, cet organe, qui peut être source de désagrément, du fait d'érections intempestives ou d'envies pressantes de faire pipi, est également source de plaisir incomparable à cause de son innervation particulière. On perçoit cette indépendance présumée dans les synonymes de « pénis » souvent employés : la « petite bête » ou le « petit oiseau », toujours prêt à s'envoler !

Cette notion est, à mon avis, essentielle dans le rapport qu'ont les hommes à leur propre sexe et à leur propre corps en général, quand ce corps devient investi de désir sexuel, c'est-à-dire très souvent à l'adolescence. La fameuse angoisse de castration (décrite par Freud), sur laquelle je reviendrai, renvoie à une crainte imaginaire de perte des organes génitaux en cas de non-respect des règles et des lois édictées par les parents. Très présente entre 3 et 6 ans, puis atténuée car intégrée, cette angoisse normale est ravivée à l'adolescence. Elle a comme fondement, je suppose, cette croyance que le sexe est moins dépendant du corps que les autres organes. C'est cette croyance qui fait que l'adolescent se sent plus facilement menacé dans son identité que l'adolescente. L'autre raison que j'avance est antérieure à l'angoisse de castration. Elle est en relation avec la construction de l'identité. L'enfant se perçoit comme différent de sa mère quand il se sait garçon. Il est donc autre que le corps dont il est issu. Au contraire, la petite fille se reconnaît comme semblable, dans son identité sexuelle, à celle qui lui a servi de premier modèle d'identification, puisque jusqu'à présent en Occident ce sont les mères ou en tout cas des femmes qui s'occupent des nourrissons. Le garçon vit donc une déchirure dont la fille est dispensée et qui peut faire le lit de questionnements identitaires.

À l'adolescence, cette différence de perception des métamorphoses entre filles et garçons peut se lire aussi dans les dessins, les écrits ou les rêves. Les êtres hybrides ont un aspect plaisant (par exemple, la licorne) chez l'adolescente, alors qu'ils sont monstrueux chez le jeune homme.

Ce corps, est-ce bien le mien ? Ne suis-je pas dans la peau d'un autre ? Ne suis-je pas sous le contrôle d'un autre ? Ces angoisses banales à l'adolescence, surtout chez le garçon, ne sont pas toujours inconscientes, mais l'adolescent ne les livrera guère, craignant de paraître fou – autre inquiétude fréquente à cet âge.

## PRISE DE CORPS

Comme pour s'assurer de la permanence de son corps et être certain de retrouver le même chaque matin, l'adolescent est parfois tenté de le marquer pour le suivre à la trace. On trouve ici, selon moi, l'explication de la mode du tatouage et du piercing. Les sociétés traditionnelles d'Océanie ou d'Afrique usaient couramment de ces procédés. Le scaring est une autre de ces pratiques, toute récente en Occident, également écho d'ancestrales coutumes de l'hémisphère Sud. Il s'agit de provoquer des cicatrices en relief par des scarifications, ces cicatrices pouvant dessiner différents motifs. Citons également le *burning*, beaucoup plus récent et plus rare, qui consiste à créer des cicatrices définitives et significatives par brûlures au fer rouge. L'idée est aussi d'imprimer au corps la marque des épreuves que l'adolescent a l'impression de vivre ou de ne pas vivre au quotidien, comme le prisonnier qui grave sur les murs de sa cellule le nombre de jours de détention écoulés.

Le besoin de maîtrise de l'adolescent sur son corps pour lutter contre le sentiment de dépossession peut emprunter la voie de l'ascétisme. De nombreuses cultures et religions ont institutionnalisé ce type de pratiques (par exemple, les ascètes du mont Athos) qui invitent à mortifier le corps par de dures privations et en menant une vie austère. La volonté est requise et l'ascétisme célèbre la victoire de l'esprit sur le corps.

Anna Freud a décrit cet ascétisme adolescent, qui fait partie de la « crise » pubertaire ordinaire s'il ne devient pas outrancier. Les adolescents, par périodes, vont sortir en refusant de se protéger contre le froid ou la pluie, se lever très tôt le matin pour courir plusieurs kilomètres, alors qu'ils sont trop fatigués pour aller chercher le pain. Ils vont tirer une grande satisfaction à passer une nuit blanche – une victoire sur le besoin de dormir. Ils vont décider de réduire leur alimentation ou leur boisson ou encore prendre le parti de ne plus sourire, pleurer ou laisser transparaître leurs émotions sur leur visage. Ils s'astreindront aussi parfois à n'uriner ou à déféquer qu'après s'être retenus au maximum. Tout se passe comme s'ils essayaient de se transformer en robots. On comprend le succès, chez les jeunes, des films ou séries télévisées incluant des êtres mi-hommes, mi-robots (du type *Terminator*) comme personnages centraux. Le principe maître, inconscient, de ce comportement est de ne pas être soumis à ses besoins physiques. Ces différentes conduites sont passagères. L'adolescent peut passer de l'une à l'autre ou les associer. Elles disparaissent avec l'adolescence, progressivement. Mais on retrouve souvent chez l'adulte des manifestations résiduelles, renforcées lors des périodes de changement de vie (grossesse, mariage, deuil). Ces manifestations ne sont pathologiques que si elles se déclenchent trop précocement dans la vie ou sont trop intenses ou prolongées, au point de gêner le développement de l'adolescent.

Ces comportements individuels étaient ritualisés dans les sociétés religieuses traditionnelles. Ils étaient encadrés. Un sens social et spirituel leur était donné. De nos jours en Occident, ils restent isolés. Mais des tentatives d'institutionnalisation s'observent. Ainsi en est-il des exigences spartiates d'écoles d'entraînement sportif ou des mouvements de jeunesse, qui sont des réponses de la société aux besoins individuels d'ascétisme. D'autres formes d'institutionnalisation déguisée existent, comme les services hospitaliers spécialisés, quand l'ascétisme poussé à l'extrême (anorexie) entraîne la nécessité de soins médicaux.

Dans le sport de haut niveau, le Dr Claire Carrier (*L'Adolescent champion*, Paris, PUF, 1992) l'a bien montré, cet ascétisme est mis à profit. Il se retrouve tant dans les efforts physiques que dans les contraintes de régularité de

vie et de régime alimentaire. Le choix de certains jeunes
pour la pratique sportive intensive, surtout quand il se fait
subitement à l'adolescence, entre souvent dans ce cadre. Il
consacre la tentative de maîtrise de l'adolescent sur les
transformations de la puberté à son « corps défendant ».
L'objectif du développement de la masse musculaire vient
occulter les modifications pubertaires. Le but est alors de
ressembler physiquement à un nageur, à un gymnaste ou
à un perchiste, qui ont chacun une silhouette particulière
liée au développement de muscles particuliers, et non plus
de ressembler à un homme ou à une femme. Ce n'est
d'ailleurs pas qu'une illusion psychique puisque, dans la
réalité, cette maîtrise de l'évolution pubertaire peut se
traduire par un arrêt des règles chez les sportives de haut
niveau.

Le sport intensif qui sculpte un nouveau corps est aussi un
moyen de le maltraiter, comme on maltraite un animal
pour mieux le dominer. La douleur provoquée devient
l'équivalent d'une enveloppe sensorielle qui aide l'adolescent à bien ressentir ses limites corporelles devenues
mouvantes.

## LE CORPS CONDAMNÉ

Plutôt que de devoir rendre un objet ou s'en débarrasser,
certains préfèrent le faire disparaître. On peut faire de
même avec les personnes. Dans les crimes passionnels, on
va jusqu'à tuer la personne qu'on aime plutôt que d'accepter qu'elle parte. Le sentiment de dépossession de son
corps enfantin est parfois si éprouvant que certains adolescents n'imaginent pas d'autre soulagement possible que
celui de le détruire. Le suicide des adolescents est un
phénomène dramatique, son taux ne cessant de croître
depuis vingt-cinq ans. Il tue mille jeunes de 15 à 24 ans
chaque année.

Les facteurs qui sous-tendent ce type de conduite sont pluriels. L'attaque contre le corps devenu sexué en est un parmi d'autres. Il s'agit, bien sûr, de mécanismes inconscients qui visent à la préservation de l'image du corps prépubère, vécue comme un archétype. Car, en adoptant la destruction comme remède, l'adolescent s'illusionne. Il y a un déni de la réalité de la mort. La conception de la mort à cet âge diffère de celle des adultes. Marie, 15 ans, m'a confié après une tentative de suicide qu'elle a « fait cela pour avoir une vie meilleure ». L'attente de la mort est sous-tendue par des désirs inconscients de renaissance. Imaginairement, le suicide ne va pas détruire le corps dans son ensemble. Il va interrompre une métamorphose attristante et angoissante, et va maintenir un corps originel considéré comme idéal.

La tentative de suicide peut se produire quand les mécanismes de protection contre l'expérience dépressive sont inopérants. Cela témoigne d'une impasse dans le processus de développement adolescent. Le suicide est souvent dû à un échec dans l'élaboration du deuil. D'ailleurs, les études montrent que les adolescents suicidants qui ont survécu à une tentative se distinguent par leur difficulté à supporter la perte ou la séparation.

La tentative de suicide peut se comprendre aussi comme une tentative de maîtrise du corps par rassemblement. L'adolescent essaie de cette manière de se constituer des limites. Le corps est vécu intérieurement comme partant dans tous les sens de façon anarchique, provoquant des sensations inédites et disparates. En le projetant dans la mort, l'adolescent a, inconsciemment, la volonté de le ramasser en un bloc compact, de l'agglomérer pour l'harmoniser en une pulsion unique.

Les questions relatives aux tentatives de suicide chez l'adolescent seront développées plus loin.

Les mutations corporelles provoquent donc des angoisses chez l'adolescent et le confrontent à un sentiment de perte qui participe à l'établissement d'un vécu dépressif. Il tente de lutter contre cette dépression par différents moyens qui sont à l'origine de comportements spécifiques de cette période de la vie. Pour des raisons diverses, anciennes ou présentes, il arrive que ce vécu soit particulièrement intense et que les moyens utilisés pour le contrer s'emballent. Il s'agit alors de troubles psychiatriques qu'il convient de traiter.

## LES PARENTS AU CORPS À CORPS

Les parents sont également déstabilisés par les transformations corporelles de leur enfant, surtout s'il s'agit de l'aîné. Ils n'ont pas toujours pensé à prévenir leur enfant des modifications pubertaires à venir. En l'informant, ils s'y seraient eux-mêmes un peu préparés. Quand la mutation est rapide, ils ne reconnaissent plus leur enfant. Celui-ci leur paraît étranger, d'autant plus que le caractère et le comportement changent en parallèle. Le père est troublé de voir son fils le dépasser d'une tête et devenir plus fort que lui. La mère, inquiétée par son propre corps qui devient moins ferme, se compare à sa fille, dont les formes féminines s'affirment conquérantes. Le père peut aussi être dérangé par l'arrivée d'une « nouvelle » jeune femme à la maison. Père et mère sont d'autant plus troublés qu'arrivés en milieu de vie, à l'instar des adolescents, ils perdent la maîtrise de leur propre corps. Celui-ci ne répond plus aussi bien qu'auparavant. Les étages ne se montent plus quatre à quatre ; une douleur au genou empêche de pratiquer un sport comme autrefois ; et des douleurs dans le dos rappellent que le corps a vieilli, que la jeunesse s'est enfuie. Certains parents réagissent en tentant de masquer leurs propres transformations corporelles : ils s'inscrivent dans une salle de sport et font parfois appel à la chirurgie esthétique. Que les parents fassent attention à leur apparence peut rassurer les enfants car eux aussi sont inquiets de les voir se faire vieux. Et, pendant ce temps, les parents sont moins « sur leur dos ». Mais il ne faut pas que le corps des parents soit trop séduisant pour leur enfant. Car cela pourrait générer des désirs de nature incestueuse et perturber ainsi le développement de l'adolescent. Les différences physiques liées à l'évolution naturelle des corps permettent de bien marquer la succession des générations. À l'heure où les parents s'habillent comme leurs enfants, elles sont un repère ultime qui marque l'espace nécessaire entre parents et enfants.

Les adolescents les apostrophent souvent de façon désagréable à entendre : « Maman, tu devrais faire un régime », « Papa, tu te voûtes ». Ces paroles ne doivent pas être prises pour une simple agression ou une rivalité naturelle. Elles expriment aussi l'inquiétude des adolescents à l'égard de leurs parents et d'eux-mêmes. Si paradoxal que cela puisse paraître, les ados sont très angoissés par le vieillissement. Je pense que cela s'explique par la prise de conscience des transformations physiques du cycle de la vie, du fait de leur expérience propre, de nouvelles conceptions de la mort (l'enfant se croyant en partie immortel) et du constat du vieillissement parental par le regard nouvellement lucide qu'ils ont sur eux.

Confrontés à ce type de remarques, il convient que les parents rassurent les adolescents. En se montrant sereins et sages, sans être fatalistes, déclarant que chaque âge a ses plaisirs et ses désavantages, ils aideront leurs enfants à accepter le passage du temps. L'humour est aussi un bon moyen de dédramatiser ce type de ressenti. Le père pourra répondre : « C'est vrai que je me voûte, mais j'ai toujours bon pied, bon œil, et ma femme me trouve toujours du charme. En tout cas, j'ai été capable de faire un fils grand et fort dont je suis fier. » Les parents doivent tranquilliser l'adolescent sur sa nouvelle apparence. Ils le feront de façon spontanée, sans attendre des questions, car le jeune n'exprimera que très rarement en famille son angoisse et sa perplexité à ce sujet. Les compliments sur le physique sont indispensables, surtout venant du parent de même sexe. Mais ils ne doivent pas paraître trop équivoques pour l'adolescent, qui se sent facilement menacé dans son intimité. On préférera « Tu as belle allure » à « Tu es belle ». Mais les compliments qui importent et qui apportent le plus à l'adolescent sont ceux qui viennent de l'extérieur de la famille. N'hésitez jamais à les retransmettre, voire, à défaut, à en susciter ! L'adolescent ne peut s'aimer physiquement que dans le regard des étrangers.

Les parents doivent renoncer à conserver la maîtrise sur le corps de leur enfant. Ils éviteront de contrôler de façon trop intrusive ses soins d'hygiène et sa toilette, quitte à tolérer qu'ils soient durant quelques mois (une période de négligence corporelle est habituelle) imparfaits.

S'il présente des plaintes somatiques de type hypocondriaque, on les accueillera sans les dramatiser ni les solliciter. On évitera : « Est-ce que tu as eu mal aujourd'hui ? » Il ne faut pas non plus les récuser en traitant l'adolescent de malade imaginaire. L'attitude à adopter est de profiter de l'occasion pour discuter de sujets divers en déplaçant l'échange ailleurs que sur le corps. Les maux sont parfois le prétexte pour l'ado à demander, ou pour le parent à proposer un massage. Il est sage de l'éviter et de conseiller qu'il soit fait par quelqu'un d'autre, ami ou masseur professionnel.

Enfin, face à des troubles du comportement alimentaire, les parents ne doivent pas hésiter à consulter un spécialiste au plus tôt. Il est exceptionnel que l'adolescente soit d'accord mais ce refus fait partie de ses troubles et ne doit pas empêcher la prise en charge. Il en est de même pour des troubles dysmorphophobiques autres que transitoires.

# 2

# BRÛLER LES IDOLES

Le passage à l'âge adulte implique de prendre ses distances avec ses parents. Il ne s'agit pas tant de les quitter physiquement que de faire son deuil des images parentales que l'on porte en soi. Cette nécessaire distanciation est soutenue par la pression sociale, mais surtout par des facteurs individuels. La perception que l'on a des adultes en général, et de ses parents en particulier, se renouvelle. Du reste, l'accession de l'adolescent à une génitalité de type adulte rend pour lui menaçants les liens affectifs et physiques qu'il avait jusqu'alors avec eux. En effet, ce n'est pas la même chose pour une fillette d'être amoureuse de son papa et de sauter sur ses genoux que pour une adolescente au corps de femme. C'est la crainte, consciente ou non, d'un rapprochement de type incestueux qui est le principal moteur de cet éloignement.

> Julien, 13 ans, me raconte un rêve où il doit affronter un monstre à deux têtes, l'une féminine et l'autre masculine. Ce monstre bicéphale, je l'interprète comme ses deux parents combinés, unis dans leur sexualité. Ils deviennent pour l'adolescent un monstrueux danger du fait du risque d'une tentation sexuelle. L'adolescent retrouve dans ses rêves des thèmes déjà présents vers 3-6 ans, lors de la période œdipienne, où il s'imaginait partenaire de ses parents et peinait à intégrer l'interdit de l'inceste.

Ces renoncements ne se font pas sans difficultés. On ne congédie pas aisément douze ou treize ans de relations intimes.

## L'ENFANT IMITATEUR

Les parents ont servi de modèles à leur enfant. Celui-ci a grandi physiquement, intellectuellement et affectivement en les imitant et en s'identifiant à eux.

L'imitation est un procédé fondamental dans la construction de l'identité humaine. Cette capacité est plus ou moins étendue selon les domaines et aussi selon les enfants. Le premier domaine dans lequel le nouveau-né va pratiquer l'imitation est celui des expressions faciales. Il le fait de façon involontaire. Puis, après 1 an, un autre type d'imitation devient possible : l'imitation volontaire des mouvements et des expressions. La voix se construit aussi par imitation. Viendra ensuite l'imitation différée. Chaque comportement, chaque expression, chaque mouvement, chaque action, chaque séquence, chaque situation est représenté en image dans la tête de l'enfant. Il pourra ainsi l'évoquer en l'absence de la personne qui en est le support. L'enfant va pouvoir imiter des personnages imaginaires, héros de bandes dessinées ou de films.

L'identification est un processus psychique qui conduit l'enfant à intégrer une allure, une qualité, un sentiment, une faculté, un fantasme (c'est-à-dire un désir inconscient), un aspect, une propriété ou tout autre attribut conscient ou inconscient présent chez l'adulte qui sert de support à cette identification. Et l'enfant va se transformer totalement ou partiellement à partir de ce modèle. C'est un phénomène plus profond que l'imitation. En fait, nous, adultes, continuons de nous identifier de temps à autre. Cette assimilation va interagir avec les autres assimilations antérieures, donc l'ensemble va s'en trouver en permanence modifié comme les jeux de cubes. En ce sens, la personnalité de l'enfant se modifie au cours de son développement. Mais les premières identifications régentent et conditionnent les identifications ultérieures.

Par ces deux mécanismes, l'enfant se construit donc en référence à ses parents. Ils sont pour lui tout-puissants puisqu'ils lui ont donné la vie. En tant que tels, ils sont divinisés. Ils représentent la loi. À l'adolescence, quand vient la nécessité de brûler ses idoles, il risque de se brûler dans le même temps car elles font corps avec lui. On assiste alors à des mouvements affectifs désordonnés. L'adolescent va manifester vis-à-vis de son ou de ses parents des élans d'attachement intense qui alterneront avec des attitudes de rejet brusque. Il va demander un bisou pour s'endormir et le lendemain injurier son père ou sa mère. Pour réussir à rompre les liens qui l'amarrent à ses parents, il est normal qu'il utilise des à-coups de violence ou de révolte à leur égard.

Il va également s'écarter provisoirement des valeurs et des principes transmis, comme le fit Sonia, qui rejeta à 15 ans les croyances et la pratique musulmanes, chères à sa famille.

Il cherche à se passer d'eux d'autant plus vivement qu'il se sent dépendant à leur égard. Pour cela, il va tenter de les déprécier sans pour autant les détruire. C'est l'âge où il va exprimer de la honte vis-à-vis de ses parents. Ils vont lui paraître trop vieux ou mal vêtus. Il va les trouver « ringards ». L'opération est douloureuse car, en les attaquant, il s'attaque lui-même sous tous les aspects où il s'est identifié à eux. Il va alors retoucher en surface des traits de sa personnalité, en s'identifiant à d'autres, adolescents ou adultes, pour être moins touché par ses propres agressions. Parmi les autres adultes, on trouve les enseignants, parents d'amis, entraîneurs sportifs, psychothérapeutes ou vedettes de la chanson et du cinéma. La bande d'amis joue aussi un rôle important comme support de nouvelles identifications. En fait, la bande vient occuper la place que tenait la famille. C'est davantage un contenant. Le ou la meilleur(e) ami(e) joue un rôle considérable de soutien identificatoire. C'est l'âge des alter ego. L'adolescent a besoin d'un double pour exister. Il n'est pas tout à fait apte à avoir des relations avec les autres en toute sérénité. Il ne se connaît pas assez bien, n'est pas assez sûr de ses limites corporelles et psychiques pour ne pas vivre comme menaçantes les relations avec autrui. C'est pourquoi il est inconsciemment tenté par un repli sur soi de type narcissique. Mais on sait, depuis Narcisse, le danger que représente ce type de conduite. L'ami qui sert de double est un intermédiaire utile, à égale distance entre la relation narcissique et la relation de type adulte (relation dite « objectale »).

Pour éviter l'autodestruction, l'adolescent va éventuellement entrer en conflit avec un des deux parents en épargnant l'autre. Il y a alors un bon et un mauvais parent. Il protège ainsi toute une partie de ses identifications : « Je ne comprends pas, me dit cette mère, ma fille est insupportable avec moi. Je ne peux rien lui dire, elle monte tout de suite sur ses grands chevaux. Il m'est impossible de la faire obéir. Son père n'a qu'à paraître et elle redevient l'angelot qu'elle était enfant et file doux. »

Chemin faisant, se reconstruisant peu à peu, il arrive qu'il alterne les rôles de bon et mauvais parent : « L'an dernier, mon père était vraiment pénible. Maintenant que ça va avec lui, c'est ma mère qui devient lourde », me dit Christophe, 15 ans.

Un autre moyen de protection est le maintien d'une entente avec le parent rejeté dans un domaine préservé : Émile, 16 ans, qui ne parle plus guère avec son père, l'évitant et le méprisant, ne refuse jamais de jouer au tennis ou de regarder les matchs à la télévision avec lui.

Enfin, quand l'adolescent rejette en bloc les deux parents, il peut maintenir un lien avec ses identifications infantiles par l'entremise de sa fratrie, de ses oncles ou de ses grands-parents, qui ont été des modèles identificatoires et qui portent en eux des aspects parentaux.

Dans des situations pathologiques, l'opposition est trop franche et ne trouve pas de relais dans la famille. Elle peut aussi s'étendre à tout le monde, entraînant un rejet global de la société. L'adolescent est alors menacé dans son intégrité physique et peut répondre à cela par des passages à l'acte sous la forme de conduites délictueuses, agressives ou suicidaires.

## LES PARAVENTS

Pour élaborer le nécessaire désengagement de ses images parentales, l'adolescent va édifier tout un système de protection, espace ou rempart, entre ses parents et lui – séparation dont il va garder la maîtrise et qu'il pourra ainsi moduler en fonction de ses besoins et de ses capacités à se détacher d'eux.

La première distance est physique. La vie urbaine et la taille réduite des appartements ne permettent pas beaucoup de latitude. Il va sortir de plus en plus et passer des week-ends chez des copains.

Ces sorties ne se font pas toujours de façon idéale, et ces départs prennent aussi la forme de fugues. L'adolescent n'avertit pas ses parents de l'endroit où il se trouve et part impulsivement au moins une nuit. Il ne faut pas considérer toute fugue comme une conduite pathologique. Si certaines traduisent un état de souffrance avéré, d'autres relèvent du nécessaire besoin de distanciation. Il faut établir une différence entre l'adolescent qui disparaît plusieurs jours et qui dort dans des caves et celui qui s'« évade » de la maison le samedi soir quand ses parents ne veulent pas qu'il sorte pour rejoindre ses copains et dormir chez l'un d'entre eux. Ce type de conduite sociale, qui concerne deux fois sur trois des garçons, existe depuis toujours. On songe aux escapades du jeune Arthur Rimbaud, quittant à 17 ans la maison familiale de Charleville pour des errances riches d'inspiration poétique.

Les voyages scolaires ou durant les vacances sont une bonne méthode pour concrétiser le besoin d'indépendance de l'adolescent. Dans nos sociétés, ils sont devenus des processus rituels de première séparation d'avec les parents. Ils sont parfois le lieu de crises anxieuses ou dépressives. Elles sont mises sur le compte d'événements extérieurs, mais elles traduisent en fait les difficultés de cette séparation.

Cette prise de distance est un écho lointain de celle de l'enfant de 2 ans qu'a été l'adolescent. Il entrait alors dans une période dite d'« opposition », durant laquelle il découvrait le signifiant « non », lui permettant d'accéder à une distinction complète entre lui-même et ses parents. Il pénétrait dans le champ des relations sociales et amorçait son intrusion dans le monde des symboles. L'adolescent revit un effort et une envolée comparables, qui lui font incorporer le monde adulte. En ce sens, l'adolescence est décrite comme un deuxième processus d'individuation. Ce sont d'ailleurs pour les parents deux périodes particulièrement difficiles à supporter et qui motivent la majorité des demandes de consultation en psychiatrie infanto-juvénile.

Quand la distanciation physique n'est pas possible, elle devient verbale. Les conflits verbaux entre parents et adolescents sont monnaie courante. Les prises de parole dans des débats à bâtons rompus, le silence qu'on brise, les éclats de voix, les menaces qu'on profère, le ton emporté ou agressif sont autant de façons de couper les liens infantiles, et non l'expression d'une quelconque haine. L'adolescent a besoin de se prouver qu'il peut se passer d'eux. Il ou elle adopte d'ailleurs parfois la même attitude vis-à-vis d'un ou d'une adolescente qui l'attire, pour se protéger d'une dépendance amoureuse. Le langage change également et chaque génération possède sa propre façon de parler avec des mots nouveaux (par exemple : « Je te kiffe » pour « Je t'aime ») et une prosodie particulière. Une barrière est ainsi édifiée face à la langue maternelle.

Il existe d'autres formes de prise de distance que les séparations physiques et verbales. La musique occupe une vaste place pour les adolescents d'aujourd'hui. Les animateurs de radio et de chaînes de télévision musicales le savent bien puisqu'ils constituent leur principal public. Écoutant « sa » musique qui détonne avec les goûts de ses parents, l'ado, emmitouflé dans son cocon de notes, s'isole au sein de l'appartement. Il met alors en sourdine ses relations intrafamiliales. En discothèque, les rythmes « techno », « rap » ou « hip-hop » que les ados affectionnent produisent des sentiments d'extase comparables aux effets de certaines drogues. Ils créent un climat enivrant dans une ambiance communautaire qui lève temporairement la pression parentale et adulte. Le sentiment de cohésion avec les autres, dans le partage des sons et de l'ambiance, constitue un enclos protecteur.

L'adolescent cherche également à échapper à l'emprise parentale en modifiant son apparence. Les choix vestimentaires se font en rupture avec les inclinations parentales. Il est plus facile et plus économique (en termes de dépense d'énergie psychique) de changer le paraître que de changer l'être. En modifiant son apparence, l'adolescent se donne l'illusion qu'il se désengage de ses images parentales puisqu'il n'a plus l'aspect attendu par les parents. Il se croit autre, engendré par lui-même ou par la bande, dont tous les membres sont vêtus comme lui. À l'extrême, imaginairement, les noms des marques viennent prendre la place des noms de famille. Aux vêtements s'associent des accessoires, des coiffures et maquillages dont l'ensemble compose un « style ». « Skateurs », « rappeurs », « technos », « shales » sont autant de nouvelles familles qui possèdent leurs langages secrets, leurs codes particuliers et leurs propres repères. La provocation qu'elles véhiculent crée la distance recherchée vis-à-vis des parents, déplacée sur l'ensemble du monde adulte. Chez les plus âgés des adolescents, la tendance est actuellement à l'« anti-marques », considérant que les marques participent pleinement de l'univers dont ils sont issus. C'est pourquoi, quand ils utilisent une marque (de vêtements ou de boissons), ils privilégient celles qui apparaissent comme des challengeurs. La jeunesse est le nouveau credo de notre société. L'actuel jeunisme des adultes, qui s'habillent « jeune », parlent « jeune » et se maintiennent « jeunes » au prix d'importants efforts, conduit les codes et les insignes de la jeunesse à être récupérés par tous. Les vrais jeunes ne cessent de réagir contre ce rapprochement inconvenant. La rapidité des changements de tendance qui caractérisent ces vingt dernières années est le reflet de cette nécessité de se différencier. La résistance s'organise, et les adolescents de nos jours jettent leur dévolu sur une culture cryptée et sur une organisation en réseau afin qu'elle ne soit pas diffusée et donc galvaudée par les médias. Les magasins de mode concernés ne livrent pas leur adresse sur Minitel ou dans l'annuaire. C'est le bouche-à-oreille qui assure l'information. La mode actuelle des adolescents se cache. C'est une mode d'initiés.

Renée Huguet, spécialiste de mode contemporaine, m'explique que le style « rappeur », associant des vêtements amples et relâchés avec des pantalons sans ceinture ni bretelles et des chaussures de sport sans lacets, aurait une origine précise. Il s'agirait des vêtements des prisonniers

américains, auxquels on retire tout accessoire susceptible
de permettre une strangulation. Les jeunes frères ont imité
leurs aînés marginalisés. De tout temps, l'histoire de la
mode le montre, le vêtement a été une frontière entre les
jeunes gens et les adultes. Même durant les rares périodes
où la mode changeait moins rapidement que les générations, il existait une façon de se vêtir propre à chaque
catégorie d'âge. Ce n'est plus le cas aujourd'hui. Et les
jeunes doivent fournir un effort pour se recréer un territoire
vestimentaire, une allure bien à eux.

## DÉLI-DÉLO

Quand l'adolescent échoue à se séparer physiquement
ou culturellement de ses images parentales, il adopte
quelquefois des conduites délictueuses, au titre de provo-
cations. Tous les délits commis par des adolescents
n'entrent pas dans ce cadre. Mais si c'est le cas, l'objectif
inconscient est alors de rompre avec l'enfant respectueux
des interdits transmis par les parents. « On ne reconnaît
plus notre fille », m'a confié un père venant d'apprendre
qu'elle avait réalisé plusieurs vols dans des surfaces
commerciales. En transgressant la loi, elle prouve qu'elle
n'est plus tout à fait la même. En outre, elle se rend moins
aimable pour ses parents, altérant un lien affectueux
devenu trop menaçant. En volant, c'est elle qui se dérobe
à eux.

Les petits actes délinquants, fréquents à l'adolescence,
sont souvent commis de façon impulsive. Le vol est la
conduite délinquante la plus répandue à cet âge. En tête se
trouve le vol dans les grandes surfaces. Les filles sont aussi
présentes que les garçons dans ce type de vol. Les objets de
loisirs (CD, bandes dessinées, jeux vidéo), les vêtements et
les aliments sont particulièrement prisés. C'est à deux ou
plus que le vol s'accomplit. Comme si l'adolescent avait

besoin d'un témoin de son acte, mais aussi de la nouvelle personne que son acte fait de lui. Certains vols sont de nécessité, quand l'adolescent est très défavorisé. Mais la majorité constitue des conduites isolées, en ce sens qu'elles ne sont que peu répétées. Le but de l'action est le vol en lui-même et non le gain de l'objet. La première admonestation de l'adolescent par un vigile qui le surprend ou un policier s'il est conduit au commissariat met habituellement un terme à ce comportement.

Prise de distance, besoin d'être reconnu comme différent, l'adolescent qui commet un vol recherche aussi, à l'inverse, l'autorité ou l'affection.

> *C'est le cas de Lucia, 14 ans, dont les parents sont depuis un an en procédure de divorce. L'opposition entre eux est violente. Toute leur attention et leur énergie sont consacrées à la destruction du souvenir de leur amour. Ils sont avocats tous les deux et le droit est leur maison commune. La haine leur fait oublier leurs fonctions parentales.*
>
> *Lucia se sent abandonnée, livrée à elle-même. Elle commet quelques vols dans un grand magasin, mais sans conséquences. Elle se laisse entraîner par deux copains dans le vol au domicile d'une élève de leur classe à qui ils ont subtilisé la clef de l'appartement. Ils sont surpris. Plainte est déposée et Lucia passe devant le juge pour enfants. C'est, pour les parents, le rappel en fanfare de leur mission auprès de leur fille.*

Mais il arrive qu'un véritable processus de délinquance se mette en place. Il traduit des difficultés présentes ou passées. L'intégration de l'interdit du vol se fait durant la petite enfance. L'intégration de la loi sociale passe par l'intériorisation des règles parentales. Du fait de carences ou de distorsions éducatives, elle peut être perturbée. Une complaisance ou un mauvais exemple des parents, qu'ils soient réels ou imaginés par l'enfant, sont de nature à inscrire l'adolescent dans des conduites antisociales.

*Lucas, 16 ans, intelligent, cultivé, bon élève, sportif, vole régu-
lièrement et fait commerce des objets volés. Les policiers
trouvent dans la cave de l'appartement un joli lot de compact-
disques et de vêtements. Après qu'il a été condamné à un
travail d'intérêt général, son père me l'amène pour avis.*

*Les parents sont divorcés et c'est le père qui a la garde de son
fils. L'enfant a été élevé avec les principes sociaux de règle. Lucas
admire beaucoup son père. Il a été très proche de sa mère quand
il était enfant, mais maintenant, dit-il, « j'aimerais réussir comme
lui ». Le père a en effet monté plusieurs entreprises, mais est
actuellement sous le coup d'une enquête de la brigade financière
pour des malversations répétées. Le père trouve un excellent
avocat en son fils, qui me dit : « On fait forcément des affaires
avec l'argent des autres. » Tel père, tel fils…*

À l'inverse, une rigueur extrême à l'égard des vols commis
dans la petite enfance peut inscrire l'enfant dans un
comportement masochiste de répétition. Il peut aussi
sacraliser cette conduite : si le vol provoque plus de réactions que n'importe quelle autre conduite, c'est, perçoit-il
inconsciemment, qu'il est l'expression d'un vrai pouvoir.
Par ailleurs, une importance démesurée accordée par un
parent au vol peut être entendue par l'enfant comme l'expression de désirs parentaux refoulés et, comme telle, une
possible voie à suivre.

Les conduites antisociales répétées de vol de véhicules,
racket, vol en appartement ne font, bien sûr, pas partie
des comportements banals à l'adolescence. La réaction
judiciaire est nécessaire, permettant une prise en charge
éducative et éventuellement psychologique, et une intervention précoce peut prévenir une fixation dans la
délinquance.

## LE DEUIL IMPOSSIBLE

Ces modes de protection que l'adolescent va édifier entre ses parents et lui-même sont des barrières. Ils ne constituent pas des réarrangements internes des images parentales, mais ils les permettent. Ceux-ci s'opèrent, par exemple, grâce à des apprentissages symboliques qui fondent une expérience d'appropriation personnelle profonde. Ce peut être à partir d'un support perceptif et technique donné, comme les arts plastiques. La lecture, faite selon des choix personnels, est aussi un formidable outil de recomposition psychique de ces images.

Mais le deuil des images parentales peut échouer. Et, comme celui du deuil du corps infantile, cet échec conduit parfois à un acte suicidaire. Le suicide occupe alors une fonction d'individuation suprême et définitive. Il traduit le recours trouvé par l'adolescent pour se soustraire aux liens qui l'attachent à ses parents. Et, paradoxalement, il exprime aussi le refus de renoncer au mode de relation antérieur, de type infantile.

Des études psychiatriques récentes montrent chez les jeunes suicidants une intégration défectueuse de l'interdit de l'inceste, normalement mis en place lors de la période œdipienne (3-6 ans). Poursuivre son développement et se détacher de ses parents en devenant adulte, c'est accepter de devenir absent à leurs yeux et les laisser entre eux. Ce renoncement est insupportable pour ces adolescents qui, inconsciemment, n'ont pas abandonné leurs désirs incestueux de petits enfants. En se tuant, ils espèrent inconsciemment gagner l'immortalité et rester, en s'affirmant par leur présence dans la mort, entre leurs deux parents.

Quand l'enfant comprend qu'il est né du ventre de sa mère, il croit qu'elle a le pouvoir de lui reprendre la vie offerte. Ayant la capacité de donner la vie, elle a naturellement, imagine-t-il, celle de donner la mort. Pour l'adolescent, se donner la mort est un acte aussi puissant et fondateur que donner la vie. Il sait qu'il la doit à l'union de ses deux parents. Mais cet acte d'amour dont il est issu et que les psychanalystes après Freud appellent « scène primitive », il en est par définition exclu. Cette exclusion lui est intolérable car cet acte de conception promeut l'interdit de l'inceste. En se donnant la mort, il s'imagine maîtriser sa vie, annuler l'acte de sa procréation.

Dans cette période de séparation symbolique, il arrive aussi que la mort d'un parent provoque dans la réalité une rupture définitive. L'adolescent qui ne peut élaborer le deuil à la fois des parents réels et des images parentales emprunte parfois la voie du suicide.

## LES DIVORCÉS

Les divorces sont de plus en plus fréquents en France. Leur impact sur le désengagement des images parentales chez l'adolescent est variable. Il est fonction de la personnalité de l'adolescent et des parents, du caractère amiable ou conflictuel de la séparation et de l'état des relations entre les parents après le divorce.

Les divorces, en règle générale, augmentent les risques de remaniements difficiles à l'adolescence (fugues, délits, conduites de dépendance). J'ai soigné des jeunes qui présentaient un état dépressif consécutif à la séparation de leurs parents. Quand des troubles psychologiques existent avant le divorce, ils peuvent s'aggraver. Mais, parfois, une séparation vient apaiser l'adolescent quand les conflits incessants rendent l'atmosphère à la maison insupportable.

Lorsque le divorce est survenu lors des six premières années de l'enfant, il a provoqué une brisure de l'image qu'ont les enfants de leurs parents rassemblés. En effet, les enfants élevés par deux parents élaborent psychiquement une représentation dans laquelle ces deux parents sont rassemblés et autour de laquelle il construit, par identifications, sa personnalité. Quand, du fait du divorce, cette image se brise l'enfant est atteint au sein même de son identité ; d'autant plus violemment que la séparation se fait dans un contexte brutal et conflictuel.

À partir de la puberté, l'adolescent opère un désengagement affectif vis-à-vis de ses parents. L'adulte qu'il va devenir ne peut les aimer de la même façon que l'enfant qu'il était. Ce désengagement évite aussi un rapprochement trop intime. Or ce désengagement des liens affectifs de l'enfance est rendu difficile quand l'un ou les parents ne se sont pas remis en ménage. Car l'adolescent tend à occuper la place d'un parent auprès de l'autre. Quand un beau-père ou une belle-mère sont là, ils vont, au même titre que les parents, être confrontés aux oppositions. Mais l'adolescent peut profiter de l'absence de filiation biologique pour tenter de les déstabiliser en remettant en question leur autorité. Quand les conflits persistent au-delà de la séparation, ils perturbent gravement les identifications parentales.

Lorsque la séparation est contemporaine de l'adolescence de l'enfant, le traumatisme intervient au cœur même des remaniements. Le deuil des images parentales est perturbé. Le déchirement de ses parents est vécu comme l'écho de son enfance qui se déchire en lui. Dans certains cas, ce deuil est activé et précipite l'ouverture sur l'extérieur avec de nouvelles identifications ainsi qu'une autonomie. Mais souvent le mal-être d'un des parents va empêcher l'adolescent d'opérer son détachement de lui. Il va grever son émancipation pour soutenir le parent fragilisé.

L'adolescent risque aussi de prendre parti et de juger ses parents non seulement dans leur fonction parentale, mais également en tant qu'homme et femme. Il va, par exemple, donner un avis sur le ou la nouvelle partenaire. Il va être mêlé à la vie intime de ses parents à l'occasion de confidences de l'un d'entre eux ou de « déballages » conflictuels en sa présence. Il peut considérer que l'un est fautif et se montrera hostile à son égard. En même temps, il risque de se culpabiliser de ses réactions agressives.

L'adolescent peut se croire aussi en partie responsable de la séparation, d'autant plus que, de façon consciente ou non, il a pu la souhaiter à l'occasion de sentiments négatifs vis-à-vis d'un parent. La culpabilité réactionnelle peut être à l'origine de tentatives de suicide.

Dans ces situations de crise, il serait préférable que l'adolescent soit mis à l'écart, par exemple en internat, le temps qu'une organisation nouvelle se mette en place.

## CONSEILS AUX IDOLES

L'attitude des parents est fondamentale dans cette distanciation nécessaire. Ils doivent modifier leur comportement. On n'élève pas un préadolescent ou un adolescent comme un enfant. Il faut qu'il ou elle soit reconnu(e) en tant que tel(le). À l'heure où les rites religieux ont de moins en moins cours, il serait temps de créer une fête qui annonce familialement l'entrée dans la puberté du garçon ou de la fille. À partir de cette date, de nouveaux droits et de nouveaux devoirs s'offriraient à l'élu.

Maintenir une distance peut passer pour les parents par la mise en place de nouvelles règles : frapper avant d'entrer dans la chambre de l'adolescent, ne plus fouiller dans ses affaires (ou alors le faire très discrètement…). Ce peut être aussi ne plus le laisser aller et venir dans la chambre des parents, ne pas dormir avec lui, éviter une trop grande proximité corporelle, mettre un verrou dans la salle de bains, ne pas se promener nu devant lui et ne pas s'épancher auprès de lui au sujet de ses propres problèmes sentimentaux. Maintenir une différenciation commence par ne pas chercher à imiter le style vestimentaire ou les types de comportements des adolescents. Si il ou elle adopte un nouveau genre, il convient de le reconnaître sans le dénigrer ni l'idéaliser. Si des actes de transgression sont commis, les parents doivent en faire cas sans les banaliser pour éviter le risque d'escalade et les punir sans les dramatiser. Les prises de risque sont caractéristiques de l'adolescence. Elles ne peuvent pas toutes être empêchées. Quand elles ont lieu, elles doivent être reconnues en tant que telles par les parents : « Là, tu as pris un très grand risque. Je n'aurais jamais osé faire cela. » La crainte qu'elles suscitent naturellement chez les parents ne doit pas être cachée. Plus l'adolescent pensera que son acte produit un effet, moins il sera tenté d'aller plus loin. Mais si ces conduites se répètent à outrance, il faut rappeler que la loi vous impose d'assurer sa protection, y compris contre lui-même. Pourront alors être proposées des activités à risques encadrées, comme les sports à sensations (surf ou rafting).

Le deuil des images parentales s'accompagne en miroir, pour les parents, du deuil de leur petit enfant. C'est pourquoi l'adolescence est aussi pour eux un moment difficile. À la naissance de leur enfant, et même avant, ils avaient projeté sur lui beaucoup d'espoirs et d'attentes. Il allait être ce qu'ils n'étaient pas ou réaliser ce qu'ils n'avaient pu obtenir. Tous les parents, comme la plupart des adultes, ont dû supporter de voir leurs rêves d'adolescent se briser sur les rives de la réalité de leur existence. Leur enfant était leur seconde chance. Mais cet enfant apparaît souvent différent de ce qu'ils imaginaient et ne semble pas emprunter la voie attendue. La déception est alors souvent source d'agressivité.

L'amertume des espoirs non réalisés est parfois renforcée par l'attente inconsciente d'un « remboursement » de tout ce que les parents ont consacré à leur enfant. L'éducation implique des renonciations réelles ou imaginaires et souvent des sacrifices. Dans la chanson *Cadeau*, Marie Laforêt évoque l'attente d'un présent en échange « des neuf mois de patience, douze heures de souffrance, des nuits de veille, des tours de manège, des jouets et du collège ». Le succès populaire de cette chanson illustre bien ce sentiment de dette. Il en va ainsi de la première de toutes les dettes dont l'enfant a hérité en naissant. En faisant don de la vie, les parents rendent leur enfant redevable d'une dette dont l'adolescent ne pourra s'amender qu'en devenant parent à son tour, en leur offrant un autre rang, celui de grands-parents. « Après tout ce que j'ai fait pour toi ! » est une phrase que tous les adolescents ont entendue. Ils sont aussi prisonniers de ce sentiment de dette. Il faut alors leur dire que les dettes vis-à-vis des parents sont de celles qu'on ne peut jamais totalement rembourser. C'est en devenant adulte et en transmettant à son tour à des plus jeunes (ses enfants ou ceux des autres) que la chaîne d'amour se maintient.

Les parents sentent leur autorité remise en cause. Ils perdent le contrôle sur leurs enfants. Cette perte de pouvoir est encore plus pénible si elle s'ajoute à des difficultés personnelles ou à des remises en question affectives (problèmes conjugaux) ou professionnelles (chômage). Plutôt que d'accepter des compromis ou des négociations, certains parents se bloquent, malheureusement, sur des positions autoritaires. Ils imitent alors parfois leurs propres parents en renvoyant sur leurs enfants l'agressivité qu'ils ont subie. Ils font aussi parfois payer symboliquement à leurs enfants ce qu'eux-mêmes n'ont pas remboursé à leurs parents.

La tentative de maîtrise s'effectue aussi sur le fonctionnement corporel. On connaît de ces mamans qui s'inquiètent avec exagération de savoir si leur grand gaillard de fils a bien mangé, s'est lavé les dents ou n'a pas pris froid. Dans ces situations, quand des troubles du comportement alimentaire comme l'anorexie tendent à s'installer, une véritable interaction pathologique à deux s'instaure.

Certaines familles vivent en système clos, totalement autarcique. Toute personne étrangère à elles est vécue comme un danger potentiel. Les changements opérés par l'enfant ne sont pas reconnus. Les remaniements et l'ouverture au monde que réalise l'adolescence sont une menace pour elles. L'adolescent doit alors emprunter des modes violents – fugues, toxicomanie, voire tentatives de suicide – pour pouvoir se désengager.

La puberté de l'enfant met les parents au seuil d'une nouvelle génération puisqu'il devient parent potentiel. Une impression de vieillesse les trouble alors parfois. La mort apparaît moins lointaine. Ils perdent de l'assurance au moment où leur enfant teste leur résistance pour expérimenter sa force nouvelle et s'assurer qu'ils sont tous deux assez solides pour tenir le coup quand il les quittera. Tous les adolescents que j'ai suivis, à l'hôpital ou dans mon cabinet, que les parents m'ont désignés comme égoïstes, indifférents, insensibles, désinvoltes ou ingrats, m'ont exprimé de l'inquiétude pour leurs parents. *Ainsi Sarah, 16 ans, qui doit partir en internat pour ses études d'agriculture : « Je me fais du souci pour ma mère. Elle a souvent l'air triste depuis son divorce. Je n'ai pas envie qu'elle se retrouve toute seule quand je ne serai plus là. »* Les parents sont au milieu de leur vie quand leurs enfants accèdent à la puberté. C'est l'heure d'un premier bilan. Ils comparent leur vie réelle à celle qu'ils avaient rêvée. Car l'adolescence de leurs enfants ravive le souvenir de la leur, avec son balluchon d'espoirs et d'idéaux. Une amertume ou une tristesse voient parfois le jour. Certains parents traversent alors une véritable crise personnelle qui peut conduire au divorce. L'adolescence des enfants est un facteur de fragilité pour les couples. Elle remet sur le devant de la scène la sexualité, qui n'était peut-être plus aussi présente entre le père et la mère. Elle provoque des remises en question personnelles, ce qui est d'ailleurs parfois utile : « Que fais-je de ma vie ? Quels sont mes loisirs ? Suis-je amoureuse de mon mari ? Qu'ai-je fait de ma vie ? » Elle ravive aussi les sentiments, les affects, les pulsions parentales enterrées avec cette époque de la vie. Elle rouvre la boîte de Pandore des adolescences parentales mal rangées. Cela n'est pas systématique et certains parents ont des assises et des ressources suffisantes pour effectuer ce passage, mais d'autres sont en pleine tourmente.

> Paul et Anne-Sophie ont tous deux 42 ans. Ils viennent me voir car leur couple sombre et ils désirent savoir quelle attitude adopter face aux enfants. Ils ont un fils, François, 12 ans, et une fille, Ariane, âgée de 15 ans. Chaque parent a « son » enfant. Anne-Sophie est très proche de son fils, resté d'ailleurs très bébé, et Paul de sa fille, au contraire très délurée. Il se voit en elle : « Elle a tout pris de moi, dit-il. En fait, Ariane est le portrait de ma mère, à qui j'ai toujours ressemblé. » Très tôt orphelin de père, Paul a été élevé avec son petit frère par sa mère restée seule. Il était un peu l'homme de la maison, occupant la place de son père. Sa mère est morte à son tour quand il avait 18 ans, le laissant inconsolable jusqu'à sa rencontre avec Anne-Sophie.
>
> C'est en fait à la lueur de ces ressemblances, ancrant des attirances insupportables, que je comprends l'aventure de Paul avec une femme enfant de 20 ans, mettant en péril son couple. Son attachement à sa fille, en écho à celui qui est ressenti vis-à-vis de sa mère, est à double titre menaçant, du fait de l'interdit de l'inceste et des menaces de mort. Le décès de sa mère est inconsciemment perçu comme la punition de

*ses désirs incestueux inconscients. En ressentant, toujours inconsciemment, des désirs à l'égard de sa fille, il fuit alors la maison pour éviter de finir comme sa mère. En partageant l'intimité d'une fille à peine plus âgée que sa fille, il peut obtenir une satisfaction déplacée et sans risque. En même temps il retrouve le pouvoir protecteur et consolateur de la rencontre avec Anne-Sophie qui avait aussi 20 ans lors de leur première rencontre.*

Les adolescents peuvent, sans être capables de l'exprimer avec des mots, ressentir chez leurs parents les inquiétudes relatives au temps qui passe. De ce fait, ils peuvent se sentir coupables de grandir, renforçant un éventuel vécu dépressif. Cela rend encore plus difficile leur deuil de l'enfance et peut les maintenir dans l'immaturité. L'adolescent perd son enfance quand son parent perd sa jeunesse, et chacun va s'accrocher à l'autre pour tenter de les retenir. Les parents, bien que satisfaits inconsciemment de cette stagnation, peuvent tout haut se plaindre de l'immaturité de leur enfant et le culpabiliser davantage.

# 3

# LE REMUE-MÉNAGE DES DÉSIRS

## RE-PULSIONS

La sortie de l'enfance marque la fin d'un équilibre affectif. De nouvelles pulsions et de nouveaux désirs envahissent le psychisme. En fait, ces pulsions ne surgissent pas de nulle part. Elles sont pour la plupart innées et s'expriment dès la naissance, peut-être même avant. Mais, à la puberté, elles sont réactivées et prennent place, cette fois, dans un corps mature et génitalisé. Des désirs inconscients, jusqu'alors impossibles à réaliser et auxquels on avait renoncé, deviennent potentiellement assouvissables.

L'adolescence est une nouvelle donne. Elle vient rompre une harmonie affective mise en place après l'intégration du complexe d'Œdipe. Entre 6 et 12 ans, l'enfant va en profiter pour faire des apprentissages variés. Au cours des six premières années, ses pulsions ont été utilisées comme énergie et matière brute pour grandir sur les plans moteur, intellectuel et affectif. À cette fin, ces pulsions ont été modelées comme de la glaise, cultivées comme une terre vierge, canalisées comme de l'eau en furie, domptées comme des animaux sauvages. Toute une organisation s'est mise en place autour d'elles, définissant ce qui est la personnalité de l'enfant. Comme leur puissance pouvait être source d'angoisse, des mécanismes de défense psycho-logiques se sont construits pour les contenir. Mais les remaniements de l'adolescence mettent en branle toute cette architecture. Plus les fondations sont solides, plus la reconstruction s'opérera facilement. Mais quand elles sont caduques, l'équilibre psychique de l'adolescent peut être menacé d'effondrement, entraînant des conduites pathologiques ou dangereuses.

Une pulsion, telle que Freud la définit, est active. À l'origine, elle prend racine dans une région du corps chargée d'excitation. Son but est la satisfaction, c'est-à-dire l'apaisement de la tension créée par l'excitation. Elle est satisfaite par différents procédés qui dépendent et qui évoluent selon l'histoire de chacun. Par exemple, la pulsion orale, qui est satisfaite par le sein de la mère, l'est plus tard par une tétine, le suçotement de la langue, du pouce, et plus tard encore par une gomme à mâcher et, bien sûr, par le manger et le boire. Mais, si les pulsions sont communes à tous, leur mode de satisfaction est propre à chacun. En ce qui concerne la pulsion orale, les goûts et les dégoûts alimentaires caractérisent la façon dont chacun l'apaise. Peu à peu, au cours du développement, notre esprit va associer des représentations mentales et des émotions à ces différentes pulsions, à leur source, à leur but et à leur mode de satisfaction. Par exemple, l'enfant va « mentaliser » le biberon pour satisfaire sa pulsion orale, et cette pensée va s'accompagner d'une sensation agréable, devenant une émotion particulière.

À l'adolescence, ces pulsions profitent de la désorganisation physique et psychique pour se libérer. L'adolescent va visiter la cave de ses souvenirs émotionnels. Il va revivre les différents stades de son développement psychoaffectif qu'il a traversés et grâce auxquels il a construit sa personnalité. La puberté et le flux hormonal jettent de l'huile sur le feu. Le temps qu'un nouvel ordre s'établisse en quelques années (environ six ans, comme pour la petite enfance), ce sera l'anarchie dans le champ des affects en efflorescence. Les révolutions entraînent des drames et des traumatismes ; et l'adolescent va revivre des frustrations et une culpabilité liées à ces pulsions, qui vont être génératrices de vécu dépressif. Mais les révolutions permettent aussi le progrès. Elles ouvrent une nouvelle ère, l'âge adulte, avec tous ses pouvoirs. Ce qui n'a pu se mettre en place ou a été mal construit dans la petite enfance peut être élaboré de nouveau. L'adolescence est une seconde chance pour le développement psychoaffectif.

## CROQUE LA VIE

C'est à partir de son corps que l'enfant va entrer en contact avec le monde qui l'entoure. Ses parents, se reposant sur les propriétés innées de ce corps et les médiatisant, vont accompagner cette découverte et permettre le développement et les apprentissages. Toutes les fonctions physiologiques qui répondent à des besoins – le manger, l'excrétion des selles, le besoin d'uriner, le besoin d'être touché – vont être liées aux pulsions, et donc être associées à des émotions et à des affects. Cela explique l'attachement du bébé à celle ou à celui, parent ou nourrice, qui satisfait ses besoins. L'ensemble de ces pulsions sont qualifiées de « sexuelles » même si elles ne concernent pas seulement, loin s'en faut, la région génitale comme source d'excitation. Il existerait d'autres pulsions : la pulsion de vie et la pulsion de mort, plus ou moins combinées aux pulsions dites « sexuelles ».

Freud a défini différents stades en fonction de l'âge où l'enfant classe et organise ses diverses pulsions. Ainsi le stade oral se situe, environ, au cours de la première année. La source est une vaste zone comprenant la région buccale, le tube digestif, la zone respiratoire, les organes de la parole et tous les organes sensoriels. Les représentations mentales correspondant à cette pulsion concernent toutes les prises d'informations. On avale des aliments comme on avale des concepts et plus tard comme on dévorera des livres. On incorpore tout ce qu'on perçoit : les sons et les voix, comme les sentiments ou les désirs inconscients que nous communique notre mère. L'apparition des dents réveille les pulsions agressives orales. En tétant le sein, l'enfant peut le mordre. En absorbant la nourriture, il la fait disparaître et la détruit. Cette pulsion, on la retrouvera plus tard dans le plaisir de la morsure ou dans l'agressivité verbale dont on peut faire preuve.

À l'adolescence, les pulsions sont réactivées. La ré-émergence de la pulsion orale se manifeste dans les conduites de gloutonnerie ou de grignotage, fréquentes à cet âge et à l'origine d'obésité en cas d'excès. L'adolescent a toujours quelque chose dans la bouche : un stylo qu'il mâchonne, une cigarette (satisfaction buccale et respiratoire), un chewing-gum. Dernièrement, la mode des minitétines a même fait son apparition. Les ados ont aussi adopté les becs verseurs de mini-bouteilles que l'on peut boire en marchant. C'est également, malheureusement, l'âge des premières prises d'alcool comme recherche de nouvelles satisfactions orales. On veut alors « goûter » à tout, « croquer la vie à belles dents », on a « soif » de savoir et de découvertes, on a « les yeux plus gros que le ventre ». L'ado a aussi soif de rencontres avec d'autres jeunes ou adultes car il a besoin de nouvelles incorporations de sentiments, de nouvelles façons de penser et d'être. Il a faim de nouvelles identifications qui viennent compléter celles de l'enfance à ses parents. Les organes des sens sont aussi le lieu de la pulsion orale ; et la musique, dont l'adolescent se gave les oreilles, vient la satisfaire. Les gâteaux et la bouteille de soda que les parents se plaignent de trouver sous le lit de leur fille ou de leur fils s'expliquent par ce besoin de vivre leurs pulsions en solitaires, quand bon leur semble et sans retenue.

Les parents doivent se montrer tolérants face à ces débordements, les faire remarquer sans culpabilisation exagérée. Ils peuvent en profiter pour favoriser des modes de satisfaction culturels ou artistiques (lecture, cinéma, théâtre, musique, cuisine). L'adolescent qui répond à ses pulsions orales va peu à peu s'organiser pour les satisfaire harmonieusement. Mais il arrive que le besoin d'incorporation soit trop intense. En ce cas, il devient angoissant. Ce sont des angoisses qui existaient chez le nouveau-né. Il s'agissait alors de la crainte de détruire par la bouche ce qu'il aimait, personne (la mère nourricière) ou objet. Cette peur s'installait notamment quand l'alimentation était source d'angoisse chez la mère, qui craignait de ne pas donner ce qui convenait à son bébé. L'angoisse était alors communiquée au bébé et associée à cette pulsion. La pulsion orale devenait angoissante comme la mère l'était.

À l'adolescence, si cette crainte est réactivée, le jeune va mettre en place des mécanismes de défense : il va contrôler sa faim plus ou moins sévèrement. Cela peut favoriser des conduites anorexiques. D'autres vont limiter des modes de satisfaction orale différents, comme le savoir scolaire – ce qui peut expliquer des échecs de certains enfants jusqu'alors bons élèves.

## À PRENDRE OU À LAISSER

D'autres pulsions concernent la maîtrise et l'emprise. Ce sont les pulsions dites « anales ». Car le premier lieu d'expression physique de l'excitation et des tensions pulsionnelles s'étend tout le long des intestins et du côlon. Elles commencent à se structurer autour de la deuxième année. L'enfant apprend à penser à partir du concret de son corps. Il va construire les représentations mentales de ses relations à partir du rapport à celui-ci. Chez le nourrisson, il s'agit soit de conserver les objets (c'est-à-dire les aliments comme les pensées ou les sentiments) introduits à l'intérieur de soi-même, soit de les expulser après les avoir digérés, donc détruits.

Au même titre qu'il apprend à contrôler ses excrétions, il va, en parallèle, apprendre à maîtriser, à manipuler autrui, et tout d'abord sa famille. À l'origine, il y a le plaisir par stimulation locale de la rétention ou du passage des selles. Ce plaisir va s'étendre et se traduire psychologiquement par la recherche d'un pouvoir sur les choses et les êtres. Il existe une dimension agressive dans l'expulsion intempestive d'objets détruits (à l'origine, les aliments digérés) et dans leur conservation à l'intérieur de soi pour les contrôler et les maîtriser. Une rétention excessive est d'ailleurs à l'origine de pertes par débordement, qui peuvent être interprétées par les parents comme de l'agressivité : « Il le fait exprès ! » peut-on entendre. Il y a, à l'inverse, une dimension altruiste dans le don que l'enfant croit faire de ses selles à sa mère, et une dimension de soumission passive dans l'obéissance à l'éducation de la propreté.

L'éducation de la propreté participe à l'organisation de ces pulsions. Elle ne doit être ni trop précoce, ni trop rigide, au risque pour l'enfant de devenir quelqu'un de tyrannique. Il faut lui laisser le temps d'expérimenter ses pulsions. C'est l'âge où l'enfant intègre la frontière entre ce qui est en lui (le soi) et ce qui est étranger à lui (le non-soi). Il intègre aussi ce qui est à lui et aux autres. La notion de propriété date de cette période. La notion d'ordre et de rangement prend racine à ce stade. L'enfant, en période dite « anale », éprouve son pouvoir sur ses parents. C'est un âge d'opposition, où l'enfant dit « non » à tout va. Il aime jeter et s'amuse quand ses parents doivent ramasser. C'est la découverte de son pouvoir sur les autres et il peut se croire tout-puissant. Ses relations futures de pouvoir avec les autres, à tous les niveaux (amicales, familiales ou professionnelles), vont se structurer à partir de ces pulsions.

Le langage est un lieu d'expression de tous les types de pulsions. Les pulsions anales s'expriment par la découverte des mots interdits : les « gros mots ». Les interdits moraux, transmis par le langage, leur donnent de l'importance. Ils ont du mal à sortir de la bouche (et à entrer dans l'oreille d'autrui). On les sent passer. C'est le temps des « pipi-caca » ou « caca-boudin », dits avec grand plaisir par les enfants de 2 à 4 ans.

À l'adolescence, la réactivation de ces pulsions explique beaucoup de changements de comportement, qui surprennent l'entourage. L'adolescent peut redevenir opposant et aussi pénible que lorsqu'il avait 3 ans et refusait tout ce qu'on lui proposait. Il va trouver toutes les propositions parentales « nulles ». Il n'est jamais content des choix que l'on fait pour lui. Tout ce qu'on lui achète lui déplaît. Rien ne l'intéresse. Il semble chercher l'affrontement et la querelle à table. Il se laisse aller dans son comportement. C'est l'« âge bête ».

Mais ces pulsions sont utiles. Grâce à elles, l'adolescent établit, comme à l'âge de 2-3 ans, un processus de séparation vis-à-vis de ses parents. À 2 ans, il quittait la dépendance du nourrisson, que lui permettaient l'accès au langage et la motricité. Adolescent, il acquiert une nouvelle autonomie en s'opposant car on ne devient soi-même que délié de l'autre. Mais cette opposition peut tourner à l'autoritarisme. Il retrouve la mégalomanie de la petite enfance et se croit tout-puissant. Ses parents sont des imbéciles et lui détient la vérité qu'il va chercher à imposer. Les parents ne doivent pas se conduire en miroir en s'opposant à leur tour systématiquement. Mais ils ne doivent pas non plus céder devant tous ces refus. Dans un cas comme dans l'autre, ils ne feraient qu'un avec leur enfant. Une attitude rigide ou, à l'inverse, ne posant pas de limites l'empêcherait d'être lui-même en ne lui permettant pas de se différencier. Donner des limites, c'est aussi

lui éviter un trop fort sentiment de culpabilité. Car l'adolescent, comme le petit enfant, se sent coupable quand, en
s'opposant, il agresse ses parents. Il peut craindre également
de perdre leur amour.

À l'occasion de l'adolescence de leur enfant, les adultes
doivent lui signifier qu'ils la prennent en considération.
De nouvelles règles vont être établies à la maison, délimi-
tant les repas, les sorties, le travail scolaire, les corvées
domestiques, etc. Une fois qu'elles sont définies, les
parents doivent s'y tenir. L'adolescent les testera, mais il
aura besoin de les trouver suffisamment fermes pour être
rassuré. Comme le petit enfant, il ne doit pas se croire
tout-puissant au sein de sa famille car cela serait un grand
facteur d'angoisse. S'il n'y avait rien au-dessus de lui, rien
ne pourrait le protéger en cas de danger. Mais, à côté des
règles fixées, il doit y avoir toujours un espace pour le
dialogue et la négociation. Les interdits familiaux sont des
règles et non des lois. D'ailleurs, l'adolescent aura tôt fait
de comparer et de faire remarquer que les parents de son
ami ne les appliquent pas et, par exemple, qu'ils le laissent
sortir comme il l'entend. Dans ce cas, il faut lui dire
qu'elles sont en tout cas valables au sein de la maison et
que, lorsque l'adolescent vivra en dehors, il ne sera pas
tenu de s'y soumettre et pourra établir les siennes propres.
Il n'est donc pas dévalorisé dans son jugement s'il s'y
soumet. Il est fondamental que l'interdiction ne soit pas
associée à l'humiliation.

Il arrive que l'agressivité née de la pulsion anale dirigée
vers l'autre se retourne contre soi-même avec une satisfaction égale. C'est à l'origine des conduites masochistes. On
les observe chez l'enfant de 2 à 4 ans qui se frappe avec la
main, se cogne la tête volontairement, jette ses jouets, ou
se prive lui-même d'un plat qu'il aime quand on le
dispute. L'adolescent peut également se faire du mal à la
suite de conflits. Il peut s'automutiler de façon impulsive,

traverser une vitre de la main, se cogner la tête contre un meuble ou se taillader avec un objet contondant.

Le langage est aussi inondé par ces retours de pulsions. L'adolescent, naguère si poli, devient grossier. Son vocabulaire se débride et les expressions triviales se multiplient. À l'inverse, un investissement perfectionniste du langage peut s'observer. Son maniement se fait avec plaisir, les mots sont choisis, les expressions châtiées et l'ensemble est parfois imprégné de préciosité (« diarrhée » verbale aux accents théâtraux) ou d'une certaine rigidité (contrôle quasi militaire pour prévenir tout dérapage de mots licencieux).

Les pulsions de maîtrise vont s'exercer sur le corps. On en a vu l'effet à propos des conduites d'ascétisme. La jeune fille anorexique tend à exercer un contrôle absolu sur son envie de manger et sur son corps. Elle exerce aussi par son comportement une emprise sur son entourage, auquel elle impose ses desiderata, comme sur le corps médical, auquel elle s'oppose. Ces maîtrises sont source de plaisir (inconscient pour l'essentiel) en satisfaisant ses pulsions anales. En outre, elles lui donnent un sentiment de toute-puissance infantile.

## TOUT CE QUE VOUS AVEZ VOULU SAVOIR SUR LE SEXE...

Vers 2 ou 3 ans, les organes génitaux deviennent le lieu prévalant des pulsions. L'enfant commence à cette période à contrôler sa miction (être « propre » le jour puis la nuit). C'est aussi l'âge de la découverte de sensations localisées du fait d'une innervation particulière et des masturbations volontaires, qui inquiètent parfois les parents. À 3 ans, l'enfant se sait garçon ou fille. La prise de conscience de son identité sexuelle et de l'existence d'un masculin et d'un féminin a débuté très tôt et s'est développée peu à peu. À partir de 2 ans, il commence à découvrir le rôle important de ces organes dans la différence des sexes.

Le garçon se rend compte que son pénis n'est pas une partie du corps comme les autres. Sa caresse ou le passage du pipi procurent un plaisir particulier. En outre, il a une autonomie relative. En effet, il a des érections et change de forme sans que l'enfant puisse le contrôler. La fameuse angoisse de castration, découverte par Freud, trouve ici son origine. Elle est une des raisons inconscientes qui vont faire que l'enfant accepte les interdits parentaux autour de la sexualité, notamment l'interdit de l'inceste. La pensée inconsciente de l'enfant est alors que s'il ne se soumet pas aux lois qui régissent cet interdit, il est menacé d'une amputation.

La fillette est plus sereine dans son identité que le petit garçon car elle comprend que ses organes de « vie » sont à l'abri à l'intérieur. Mais dans les sociétés (comme en Occident au début du siècle) ou dans les familles où les garçons sont survalorisés, elle peut se sentir blessée et diminuée par l'absence de pénis. Cette frustration peut être à l'origine de difficultés à être satisfaite, une fois devenue adulte.

Garçons et filles perçoivent la relation très spéciale qui unit leurs parents et pressentent le rôle joué par les organes génitaux dans cette union et dans leur naissance.

L'attachement qu'ils ont avec leurs parents va également emprunter la voie de ces pulsions. Garçons et filles vont rechercher une satisfaction de ces pulsions auprès de leur père ou de leur mère. Ils vont s'imaginer alternativement remplacer l'un auprès de l'autre. La prise de conscience d'une immaturité physique et les interdits éducatifs que les parents vont mettre en place (par exemple, en imposant qu'on ne dorme pas dans le même lit que ses parents) vont canaliser ces pulsions et désirs. C'est l'origine du fameux complexe d'Œdipe. Dans le meilleur des cas, ils vont renoncer à obtenir la satisfaction de leurs pulsions sexuelles par leurs parents.

Mais l'intégration ne se fait pas toujours idéalement. Prenons l'exemple d'un petit garçon qui, à partir de 3 ans, aspire en secret à remplacer son père quand celui-ci s'unit à sa mère. Il peut considérer que cela lui est impossible non pas simplement au nom d'une loi commune à tous, mais simplement parce qu'il est immature physiquement. Il se dit : « Ma maman préfère mon père car chez lui tout est plus grand. » Ce n'est pas une bonne façon d'intégrer l'interdit de l'inceste car elle ne repose que sur un rapport de forces. Arrivé à l'adolescence, et pourvu d'attributs comparables à son père, il pourrait s'imaginer être un partenaire autorisé de sa mère.

> *Ainsi Christopher, 5 ans, a bien compris qu'il ne peut pas avoir de bébé avec sa maman. Mais quand je lui demande pourquoi, il me répond :*
>
> *– C'est parce que mon zizi est trop petit.*
>
> *– Et plus tard ? demandé-je.*
>
> *– Plus tard, je pourrai.*
>
> *Christopher a mal intégré l'interdit de l'inceste. Sans autres explications, il risquerait au moment de sa puberté d'avoir plus de difficultés qu'un autre à se prémunir contre la remontée en surface de ce désir infantile.*

L'acceptation de l'interdit de l'inceste est un préalable pour que les apprentissages se fassent correctement. Ces pulsions sexuelles vont être détournées de leur but et orientées vers des objectifs socialisés. Leur énergie va être mise à profit pour les acquisitions pédagogiques et culturelles.

À l'adolescence, ces pulsions, plus ou moins mises en veilleuse entre 6 et 12 ans, sont réactivées. Elles envahissent les pensées et les comportements. La pratique de la masturbation reprend. Elle peut être chargée de culpabilité, surtout si elle est l'objet d'interdictions mal à propos dans la petite enfance. Hélas, beaucoup d'enfants ont eu droit à des « Touche pas, c'est sale » ou « Ça va tomber si tu mets les doigts », quand ce n'était pas un coup porté sur la main coupable. Il est plus adapté d'inviter l'enfant à ne pas le faire en public et de lui dire que devenu adulte, ce sera encore plus agréable avec la personne dont il sera amoureux. Cependant, même en l'absence de ces erreurs éducatives, l'envie ou la conduite masturbatoires peuvent être à l'origine d'angoisse ou de culpabilité. C'est la réactualisation de l'angoisse de castration. Cela est particulièrement vrai quand ces conduites s'accompagnent de pensées, même très fugitives, mettant en scène des membres de la famille. De plus, l'adolescent peut imaginer, en s'adonnant au plaisir sexuel, s'emparer d'un pouvoir qui était jusque-là réservé aux adultes, tel Prométhée volant le feu sacré de l'Olympe. Le XIXᵉ siècle, outrancièrement hygiéniste, a rendu la masturbation responsable de nombreuses maladies physiques et psychiques, prenant la suite d'une diabolisation religieuse séculaire. Au début du XXᵉ siècle, on exigeait en internat ou à la maison que les adolescents, au coucher, gardent les mains hors du lit. De nos jours, les interdits sociaux sur la masturbation se lèvent et l'adolescent peut confier sans trop de honte qu'il se masturbe. Mais il en est autrement des pensées qui accompagnent ces actes.

La différence, bien sûr fondamentale, avec la masturbation infantile est la survenue d'un orgasme. Les premiers orgasmes, source d'un plaisir intense inconnu jusque-là, peuvent être vécus dans l'anxiété en relation avec le sentiment de perte de contrôle et l'impression de coupure avec la conscience habituelle que provoque cette « petite mort ». Certains adolescents, dont l'image du corps est fragile, sont troublés par cette perte d'une partie de soi que représentent les éjaculations ou les règles.

*Maxime, un adolescent de 14 ans, m'était adressé pour des « tics » apparus un an auparavant. Il s'agissait essentiellement de mouvements répétitifs que Maxime ne pouvait s'empêcher de reproduire de façon frénétique et que l'on pourrait en fait qualifier de « troubles obsessionnels compulsifs » (TOC). Ils pouvaient se manifester à différents moments de la journée et sous diverses formes, les plus envahissants étant ceux qui survenaient le soir au moment du coucher. Il lui était dans un premier temps impossible de faire sa toilette. Il laissait couler l'eau du robinet pendant de longues minutes en observant la pâte dentifrice qu'il faisait entrer et sortir du tube en exerçant dessus des mouvements de pression et de relâchement. Puis, après avoir longtemps hésité, il se frictionnait frénétiquement le visage avec son gant de toilette sans plus pouvoir s'arrêter. Enfin, c'était toute une histoire pour mettre son pyjama, dont il enfilait et retirait le bas alternativement pendant un temps interminable.*

*Il avait bénéficié d'un traitement médicamenteux assez efficace, mais qui le rendait apathique et somnolent. C'est l'évocation d'un de ses rêves qui permit à Maxime de percevoir la dimension sexuelle de ses comportements. Dans ce songe, sa mère apparaît en tenue d'hôtesse de l'air. Elle est violée par un pirate de l'air dans l'avion piloté par son père, qui se trouve partagé entre le désir de la sauver et l'obligation de rester aux commandes de son engin (il quitte son poste pour lui porter secours mais doit aussitôt regagner son siège pour éviter que l'avion ne s'écrase, puis se relève, et ainsi de suite…). Il m'est apparu que Maxime tentait de contrôler ses pulsions, mais celles-ci, à l'image d'une Cocotte-Minute, s'échappaient par l'intermédiaire des TOC. Cette rétention massive en était à l'origine. C'est en lui permettant l'acceptation de pensées sexualisées que les TOC se sont dissipés.*

On voit par cet exemple que les pulsions sexuelles sont parfois à l'origine d'angoisses importantes. Pour s'en protéger totalement, des adolescents vont se garder, sans en avoir conscience et au prix de gros efforts psychologiques, de toute pensée sexuelle ou conduite masturbatoire.

Le contenu des pensées qui accompagnent la masturbation, c'est-à-dire les fantasmes, peut affoler l'adolescent. Leur polymorphisme est normal. Mais souvent l'adolescent, comme le petit enfant, confond l'acte et la pensée. Il considère qu'il est aussi coupable d'avoir des désirs interdits que de les mettre en pratique. Les fantasmes homosexuels sont normaux à cet âge ; cependant, ils peuvent inquiéter l'adolescent, qui pensera ne pas être comme tout le monde.

Comme on fait son lit, on se couche, et la pratique masturbatoire n'est pas vaine. Elle permet à l'adolescent de se préparer à la rencontre sexuelle avec l'autre. En ce sens, l'onanisme n'est pas un repli sur soi mais, au contraire, un moyen imaginaire de s'unir à un garçon ou à une fille, issu(e) d'une autre famille que la sienne, avant de pouvoir le faire dans la réalité. En revanche, s'il est mécanique et vide de fantasmes, il n'ouvre pas l'adolescent sur l'extérieur et peut favoriser un repli dépressif.

La réactualisation des pulsions sexuelles remet en scène le complexe d'Œdipe. Mais cette fois l'adolescent a des organes génitaux aussi compétents que ceux de son père ou sa mère, et ce qui était fantasme devient physiquement possible. Pointe aussitôt la menace d'une transgression de l'interdit de l'inceste. On comprend dès lors certaines attitudes qui paraissent étranges aux parents : l'adolescent devient froid ou agressif, ne supporte pas les gestes tendres de ses parents, n'aime pas sortir avec eux. À nouveau colorés par ces pulsions, les câlins avec ces derniers prennent un autre aspect, qu'ils soient demandés par l'adolescent ou par un parent. Il est fondamental que de nouvelles limites s'instaurent. Elles sont d'autant plus nécessaires que dans notre société les adolescents passent beaucoup plus de temps que par le passé auprès de leurs parents.

> *Une mère se plaignait auprès de moi que son fils de 16 ans entre dans sa chambre sans frapper et la surprenne parfois nue. Elle culpabilisait à l'idée de lui demander de ne plus le faire car elle craignait qu'il ne se sente rejeté. Elle pensait naïvement qu'il oubliait simplement les règles élémentaires de politesse.*

À l'inverse, des parents ne respectent pas toujours suffisamment l'intimité nécessaire des adolescents.

> *Katia, 16 ans, est gênée lorsque son père entre à l'improviste dans la salle de bains quand elle y fait sa toilette. Elle a osé une fois le lui dire. Mais celui-ci lui a répondu, en se moquant, qu'elle se faisait de « drôles d'idées ».*

Il importe que les parents manifestent de la pudeur, désormais indispensable. Se promener nu devant son enfant pubère dans le cadre étroit d'un appartement est troublant pour lui. Il en est autrement dans un camp de naturistes car il y a alors beaucoup plus d'espace entre parents et enfants et les enfants ont la possibilité de s'éloigner.

Il n'est pas rare que les adolescents demandent, comme lorsqu'ils étaient petits enfants, à coucher avec leurs parents, prétextant des difficultés à trouver le sommeil surtout quand les parents dorment seuls pour cause de divorce ou que papa est en voyage d'affaires. Si les mères parviennent à le refuser facilement à leur fils, elles ne voient pas de mal à le faire avec leur fille. Mais les désirs œdipiens ne sont pas univoques, et l'attirance mère-fille existe également. L'interdit de l'inceste doit être appliqué de la même façon.

Les attitudes paradoxales des ados, qui un jour vont être en demande de rapprochement physique et l'autre vont rejeter brutalement le parent qui a un geste tendre, procèdent des difficultés normales à se situer. On comprend, dès lors, certains refus de dialoguer, de s'asseoir à côté de lui, de faire la bise ou d'accepter la main posée tendrement sur la joue.

Les parents doivent être sensibles à cette pudeur et ne pas se sentir blessés par elle. Les comportements séducteurs, les bains en commun ou les massages corporels doivent être bannis. C'est en dehors de la famille que l'ado doit développer sa sensualité sous peine d'atteinte grave au développement psychoaffectif.

Mais la tâche est rude pour les parents. Comme une petite fille de 5 ans, l'adolescente va expérimenter sa séduction sur son papa, se mettant en rivalité avec sa mère. Si celui-ci est dupe ou complice et la soutient implicitement dans son comportement, il va entraîner chez elle une culpabilité et gêner son avenir amoureux. Une jeune femme qui ne parvient pas à renoncer à son père trouvera fades tous les hommes qu'elle rencontrera.

Le garçon voit se raviver la compétition avec son père. Ce père a été un modèle mais aussi un rival par rapport à sa mère. Les identifications élaborées, l'adolescent va ressentir à nouveau cette rivalité. Il n'est plus ce héros admirable mais un concurrent chargé de défauts. Il n'est pas digne de sa mère, à laquelle, profitant d'éventuelles disputes, l'adolescent pourra conseiller de divorcer. Dans les meilleurs des cas, l'adolescent va avoir face à lui un couple uni, complice affectivement et sexuellement. Comme lorsqu'il était petit, ne trouvant pas de place entre père et mère, ce qui serait une impasse pour lui, il va chercher au-dehors de quoi satisfaire ses pulsions et nourrir sa quête affective. Cette renonciation nécessaire participera certes transitoirement d'un vécu dépressif propre à cet âge, mais lui sera salutaire.

S'il y a des conflits entre les parents, le réarrangement de ces pulsions sera perturbé. L'adolescent va être tenté de prendre parti pour l'un ou l'autre, surtout si le parent concerné est le complice involontaire de cette démarche. Dans ce contexte, les parents ont parfois tendance, comme pour se justifier de leur culpabilité liée au projet de divorce, à étaler leur vie intime et sexuelle : « Ton père ne m'a jamais satisfaite ! », ou : « Avec ta mère, on ne faisait plus l'amour, c'est pour cela que je suis allé voir ailleurs. » L'arrivée d'un amant ou d'une maîtresse illustre davantage cette exhibition de la sexualité parentale. Tout cela concourt dramatiquement à porter atteinte à la barrière qui protège contre les désirs incestueux.

Dans le cas de parents qui se remettent en ménage, les sentiments émanant de l'Œdipe peuvent se porter sur le beau-père ou la belle-mère. Les conflits entre eux et les enfants s'expliquent souvent par la rivalité ou le désir. Même si l'interdit de l'inceste est bien intégré, un beau-parent apparaît par erreur moins « prohibé » car, même s'il a participé à l'éducation, il n'est pas de même sang. L'adolescent considère son désir comme plus acceptable et du coup plus menaçant. Les conflits au moment de l'adolescence s'expliquent alors par le besoin d'une mise à distance. C'est encore plus vrai quand le beau-parent est arrivé récemment et plus encore s'il est jeune.

Des ados vont tenter de court-circuiter l'interdit de l'inceste parental en déplaçant leur désir sur un autre membre de la famille.

> *Mona, 16 ans, m'annonce être « folle amoureuse » de l'oncle qui a passé beaucoup de temps avec elle depuis qu'elle est toute petite.*
>
> *Ramzi, 15 ans, me confie qu'un soir, seul dans sa chambre, il se masturbait et que sa sœur est entrée et l'a caressé. Depuis, ils n'osent plus se regarder en face.*

Des comportements violents prennent parfois leur source dans les angoisses incestueuses.

> *Kévin a 14 ans. Il est conduit à l'hôpital par sa mère. Il a*
> *« piqué une crise », me dit-elle. C'est une très belle femme*
> *vêtue avec élégance. « Il s'est enfermé dans la salle de bains*
> *et a tout saccagé. Il a jeté par la fenêtre mes brosses et mes*
> *produits de beauté. » Kévin vit seul avec sa mère depuis six*
> *ans, date du divorce de ses parents. Elle a des petits amis,*
> *mais elle ne les amène jamais à la maison de crainte de*
> *choquer son fils. La crise a éclaté alors que Kévin était affalé*
> *sur le divan à minuit, regardant la télévision. Comme il refusait*
> *d'aller se coucher, sa mère a dû quitter sa chambre en*
> *nuisette et l'a tiré par les membres. Ce corps à corps maladroit*
> *a fait flamber les pulsions œdipiennes du jeune garçon.*

Ce type d'angoisse peut nourrir également des troubles du sommeil ou certaines inhibitions.

> *C'est le cas de Charlotte, qui est une petite fille gaie, vive,*
> *bavarde. Au moment de sa puberté, elle devient timide, repliée*
> *sur elle-même, ne parlant qu'avec parcimonie et masquant*
> *tout signe extérieur de féminité. Elle est tout autre en dehors*
> *du milieu familial, a des amis et travaille bien à l'école. Mais*
> *c'est surtout chez son père, qui vit seul, qu'elle est inhibée. Lui*
> *est un homme très aimant, exprimant verbalement un atta-*
> *chement profond à sa fille. Mais son alcoolisme ne l'aide pas à*
> *maintenir une distance suffisante.*
>
> *La retenue de Charlotte est un paravent nécessaire qui*
> *compense les risques de glissements paternels.*

## PULSIONS SOUS CONTRÔLE

L'enfant de 5-6 ans a déjà été confronté à des pulsions sexuelles et autres, mais, face aux interdits parentaux, il a dû s'en dégager. Ne pouvant les faire disparaître, il a dû les mettre à l'écart. Il en a refoulé une bonne partie. C'est-à-dire qu'elles ont été stockées dans la partie « inconsciente » de son cerveau, réservée aux pulsions, dénommée le « ça » par Freud. Si le psychisme était une maison, le ça en serait la cave. Le ça représente l'ensemble de la pensée chez le nourrisson car il n'a pas encore été éduqué. En effet, le psychisme du nourrisson est constitué uniquement de pensées primaires, c'est-à-dire instinctives et pulsionnelles : elles sont en relation avec des désirs primaires et l'on pourrait les traduire en langage élaboré par « j'ai faim », « j'ai sommeil », « j'ai envie de câlins ». Il n'inclut ni jugement, ni morale, ni bien, ni mal. Il est pur égoïsme et n'est régi que par le principe de plaisir, sans tenir compte des réalités. Ces éléments qui composent le ça sont innés car liés à des besoins fondamentaux. D'autres seront acquis avec le temps ; il s'agit de toutes nos pensées accumulées au cours du développement que nous allons refouler en son sein quand elles seront perçues comme inacceptables par le conscient. Cette autre entité psychique où les pensées sont bien conscientes et qui correspond le plus à ce que l'individu perçoit de lui-même, Freud l'a appelée le « moi ». Comme nous le verrons ultérieurement, elle est sous le joug d'une troisième instance, le « surmoi », lieu de tous les interdits.

Les pulsions qui ne sont pas refoulées sont pour la plupart transformées et conduisent à des activités ou à des conduites acceptables par le moi de l'enfant. C'est le cas lors du mécanisme de sublimation, qui consiste à dériver l'énergie d'une pulsion sexuelle ou agressive en activité artistique, intellectuelle ou morale. La pulsion se détourne alors de son objet et de son but (érotique ou agressif) sans être refoulée. La pulsion dirigée vers une personne est désexualisée et transformée en tendresse ou en amitié. Elle change alors de but, mais son objet reste le même. Il existe d'autres modalités de transformation que la sublimation, qui seront présentées plus loin.

Le refoulement explique que nous ayons peu de souvenirs avant 5 ou 6 ans. Car les pulsions refoulées ont imprégné la quasi-totalité des pensées, des sentiments et des comportements d'alors, qui ont été en conséquence emportés avec elles dans les oubliettes du psychisme.

Jusqu'à la période du complexe d'Œdipe, les champs du conscient et de l'inconscient se structurent. Au-dessus du ça se trouve donc le moi. Pour reprendre la métaphore de la maison, c'est sa partie habitable, le lieu de la vie psychique, avec ses rencontres, ses discussions et ses conflits. Le moi se met en place à mesure que l'enfant prend conscience de son identité et qu'il s'identifie aux autres (ses parents en particulier). Il est le siège du savoir, de l'autoconservation, de la mémoire, de la conscience de soi et des autres. Il tient compte de la réalité. Il comprend l'idéal du moi, qui est le modèle auquel tend le moi. Il regroupe toutes nos aspirations.

Au-dessus encore, on pourrait situer le surmoi, comme le grenier où se rangent les affaires des parents et des grands-parents. Le surmoi correspond à l'intériorisation des interdits que nos parents et le groupe familial ou social nous transmettent. Il se construit à partir des identifications aux attitudes éducatives des parents. Il est le siège de l'obéissance à la loi et aux règles de vie en commun. Il permet l'auto-observation et l'autocensure, c'est-à-dire qu'il nous empêche de faire n'importe quoi, et explique les sentiments de culpabilité lors de transgressions réelles ou imaginaires.

Cette structure en pleine élaboration durant les six premières années est relativement stable durant la période de latence, qui s'étale en moyenne de 6 à 12 ans.

L'irruption de la puberté et son cortège de changements vont provoquer d'importants remaniements. Nous avons vu que l'image du corps se transforme. De même, l'organisation des champs du conscient et de l'inconscient du psychisme de l'adolescent subit de profonds remaniements. C'est un véritable tremblement de terre psychique qui survient et la maison va devoir être plus ou moins reconstruite. Ce qui fait aussi de l'adolescence une deuxième chance quand la première construction n'était pas fonctionnelle ou confortable.

De nouveaux sentiments et pulsions nés de l'accession à la génitalité doivent être mentalisés. C'est-à-dire que l'adolescent doit notamment canaliser en pensée, en images et autres opérations mentales ses désirs sexuels pour les humaniser et ne pas les laisser s'exprimer à l'état brut. Tout ce qui ne pourra être mentalisé ira dans le ça. À l'inverse, des « fuites » de désirs et pulsions inconscients, jusque-là refoulés, surgissent parfois, expliquant certains propos ou comportements qui paraissent à juste titre incohérents ou irrationnels.

> *Une mère de famille me raconte : « Mon fils de 14 ans a parfois des attitudes bizarres. Il s'esclaffe et rit tout fort sans raison. Par moments, quand il est énervé, il crie vouloir m'étrangler. D'autres fois, il fait le geste de tuer son père avec un couteau. En dehors de cela, il est totalement normal, a des copains et travaille bien à l'école. »*

Ces comportements, nés d'impulsions « instinctuelles », troublent l'adolescent lui-même, qui peut se croire fou.

Ces pulsions agressives ou sexuelles, qui sont autant de déjections émanant du ça, font naître de nouveaux sentiments de culpabilité au niveau du surmoi. Devant prendre ses distances avec ses parents, l'adolescent prend également du champ par rapport aux interdits qui lui ont été transmis. Mais ces interdits font dorénavant partie de lui, et les jeter aux orties est une épreuve. Dans les meilleurs des cas, il va les reconsidérer progressivement et les recycler pour s'établir une morale personnelle.

Son idéal du moi devient inadapté car il était largement soumis à l'enfant idéal que les parents avaient en tête.

C'est pourquoi, selon moi, l'adolescence est l'âge des grands idéaux. Ils correspondent à une recherche, moins visible, d'un nouveau moi idéal.

De nouveaux mécanismes vont être élaborés pour contrôler et aménager les irruptions de pulsions anciennes et l'apparition de nouvelles. Cette mise en place va prendre quelques années, c'est-à-dire le temps d'une adolescence. Les réarrangements qui suivront au cours de l'âge adulte seront moindres. On voit ici le rôle crucial de cette période de la vie pour la personnalité de l'individu. Ces différents mécanismes se traduisent par des façons d'être et de penser, de nouveaux comportements et des conduites « mentalisées », qui accompagneront la crise nécessaire.

# 4

# LES ABÎMES DE LA PENSÉE

« J'sais pas quoi faire, qu'est-ce que j'peux faire ? »
Jean-Luc Godard

Les changements physiques, la sexualité à mentaliser, les révisions du surmoi, les perceptions du monde et de soi inédites dues aux nouvelles potentialités intellectuelles et physiques, le changement de regard de l'entourage sur sa nouvelle personne concourent à transformer le moi de l'adolescent. Il a perdu son moi d'enfant. Il ne se reconnaît plus physiquement dans son miroir et il ne se reconnaît plus mentalement. Cette perte de l'image de soi mentale participe au vécu dépressif.

L'adolescent, confronté à ces changements psychiques, va devoir faire connaissance avec lui-même. Il est très intéressé par l'avis que les autres ont sur lui, même s'il fait mine de ne pas y accorder de crédit. Les dialogues favoris des adolescentes, plus à l'aise dans le verbe que les garçons, consistent à faire circuler les propos tenus : « Si tu savais ce qu'il m'a dit sur toi ! » Les tests de personnalité qui fleurissent dans les magazines pour adolescents sont l'occasion de se chercher au-dedans de soi. Les différentes expériences plus ou moins dangereuses, qui sont le propre de cet âge, aident l'adolescent à se découvrir. Le rôle des parents est, bien sûr, de favoriser ou de laisser faire celles qui présentent le moindre risque afin de limiter la tentation des plus dangereuses.

C'est aussi le temps des longues réflexions en solitaire, bercées par la musique, pour faire le tour de ces nouvelles pensées et potentialités psychiques. En écoutant les témoignages d'autres adolescents, le soir à la radio, dont la sincérité est encouragée grâce à l'anonymat, le jeune se compare et se retrouve.

La lecture est une grande aide pour l'ado. Elle est à l'esprit ce que l'exercice est au corps, elle permet de le passer en revue et de le dompter.

## L'INTELLECTUALISATION

On a vu que, confronté aux modifications corporelles, l'adolescent a parfois recours à l'ascétisme. On peut établir un parallèle sur le plan psychique avec le processus d'intellectualisation. C'est un mécanisme de défense du moi que peut utiliser l'adolescent quand il est confronté à l'envahissement de son psychisme par des pulsions et des désirs sexuels ou agressifs.

La fille de Sigmund Freud, Anna Freud, également psychanalyste, écrivait à ce propos : « Les dangers pulsionnels rendent les hommes intelligents. » L'adolescent va se livrer à des pensées abstraites pour éviter de ressentir des sentiments incommodants. La logique, la connaissance, la recherche d'objectivité, l'adhésion forte et sans recul à des théories diverses vont occuper tous les sièges de son esprit afin de ne laisser aucune place aux émotions et aux pulsions. Il enchaîne ses pensées sexuelles ou agressives à des idées acceptables pour sa conscience. On comprend, dès lors, ce qui pousse ces adolescents, trop « sérieux », à passer des heures à refaire le monde en discutant sur toutes les grandes questions métaphysiques, politiques ou mathématiques, sans jamais parler de soi ni pouvoir échanger avec légèreté. L'adolescent transfère, de cette façon, ses questionnements personnels sur des questionnements touchant à l'humanité entière. Ce mécanisme a déjà été utilisé dans la petite enfance, quand l'enfant éprouvait des désirs coupables vis-à-vis de ses parents. Les enfants surdoués sont des enfants qui utilisent exagérément ce type de mécanismes de défense. À l'adolescence, comme dans la petite enfance, l'intellectualisation participe aux acquis de nouvelles capacités intellectuelles. C'est un processus normal, qui apporte des bénéfices certains mais qui est toxique quand il est employé à l'excès et qu'il tourne à vide, devenant obsession et rumination stérile. Certains adolescents en effet n'ont comme seul moyen de communication que la dimension intellectuelle, étant incapables de s'exprimer affectivement et dépourvus de sensibilité, passant à côté des êtres et des plaisirs de la vie.

## L'ENNUI

D'autres changements dans le fonctionnement mental voient le jour. L'ennui est un symptôme fréquent à l'adolescence. Il se manifeste par un désœuvrement, une lassitude, un manque d'intérêt. Tout ce qui se présente à l'adolescent – personnes, cours en classe, livres, films ou spectacles – lui semble ennuyeux. Sa vie lui paraît monotone : « C'est toujours la même chose, me dit Antony, 17 ans, le lycée, les devoirs, la soirée du samedi. Ma vie est sans surprise. Il ne m'arrive rien. » Les parents le constatent et s'en inquiètent. Une mère me dit à propos de son fils de 15 ans : « Il tourne en rond. Il ne sait pas quoi faire de sa peau. Tout ce que je lui propose ne l'intéresse pas. Il erre dans la maison comme une âme en peine. Ça finit par m'ennuyer. »

Cet ennui est souvent vécu péniblement par l'intéressé. D'ailleurs, le terme « ennui » inclut la notion d'agacement et de contrariété. S'ennuyer, c'est aussi s'impatienter. L'adolescent semble en attente de quelque chose sans savoir quoi précisément. Il est comme paralysé pour contrer son désœuvrement. Cette paralysie touche l'initiative, dans les domaines des activités tant physiques que mentales. Les activités imaginaires ou fantasmatiques ne sont pas mises à profit pour occuper l'esprit. L'ennui s'associe à une forme d'inhibition à rêver et à penser. Une dimension de nostalgie et de regret est aussi parfois présente (s'ennuyer de quelqu'un ou de quelque chose).

L'ennui a probablement une raison d'être. Il permet de prendre conscience du temps qui passe. En s'ennuyant, on « compte les heures ». L'enfant a une impression d'éternité. Le temps lui paraît figé. Il se projette peu dans l'avenir, si ce n'est pour faire plaisir à ses parents en annonçant le métier qu'il voudrait faire plus tard. Avec les transformations pubertaires, l'adolescent prend brutalement conscience de la fugacité de la vie. S'ennuyer, c'est sans doute une tentative inconsciente d'avoir un contrôle sur le temps qui défile. Le sentir passer, c'est tenter de lui donner un aspect concret plus maîtrisable. Si l'on ne rattrape pas le temps perdu, l'adolescent va essayer tout simplement de le saisir et, pourquoi pas, de l'arrêter. S'ennuyer, n'est-ce pas, en effet, « tuer le temps » ?

L'ennui fait partie des signes classiques de la dépression. C'est un point commun supplémentaire entre les processus dépressifs et ceux de l'adolescence. Mais, chez l'adolescent, ce signe est sans doute un moyen de lutter contre l'envahissement dépressif. Car il établit un état de suspension. L'ennui englue le fonctionnement cérébral et empêche l'irruption de pensées, de prises de conscience éventuellement douloureuses. L'ennui est un rempart contre la tristesse.

Je crois aussi qu'il est une protection contre l'angoisse de mort. Car, à l'extrême, en paralysant les désirs, les envies, la mobilité intellectuelle, motrice et affective, l'ennui a une action mortifère. En s'ennuyant, le moi de l'adolescent fait le mort (« s'embêter comme un rat mort », dit-on depuis le XIXᵉ siècle). Or ce qui est mort n'est plus à tuer. L'adolescent qui s'ennuie fait le mort pour y échapper.

## LE RETRAIT

Il est proche de l'ennui. C'est un détachement protecteur à l'égard des êtres et des choses. L'enfant, jusque-là si ouvert sur l'extérieur, se met à restreindre ses activités extérieures et sociales. Il arrête le sport ou la pratique musicale auxquels il s'adonnait depuis tout petit, au grand dam de ses parents qui s'émerveillaient de l'excellent niveau atteint. Il ne voit plus ses amis d'enfance bien qu'il n'en ait pas de nouveaux fermement établis. Il semble soumis aux aléas de la vie et ne prend aucune sorte d'initiative, ce qui insupporte son entourage familial, qui a l'impression de traîner un poids lourd. Il paraît engourdi. À la différence de l'ennui, l'adolescent ne se plaint pas de son retrait. Il se présente comme indifférent aux êtres et aux choses.

Chez d'autres, on observe ce mécanisme d'isolation vis-à-vis des sentiments et des émotions, mais sans limitations des activités extérieures. Le contact avec les autres n'est pas refusé, mais les échanges sont dépourvus d'expression affective. Le contenu est presque froid, en tout cas très en surface et factuel.

Quand on l'interroge sur ses souvenirs, l'adolescent dit qu'il en a peu. S'ils sont rapportés, c'est de façon mécanique, sans être associés à des émotions.

> *Christophe a 25 ans et vient d'être papa. Je le vois pour une dépression. Sa mère est morte quand il avait 8 ans. C'est*

> *autour de ce deuil que s'est élaboré son état dépressif. Il me dit qu'adolescent, quand on l'interrogeait sur sa mère, il répondait simplement qu'elle était décédée, mais sans rien ressentir de particulier.*

Ce détachement émotionnel n'est pas associé à de l'angoisse. L'adolescent est calme. Certains ont des parents ayant ce type de profil psychologique et la question d'une identification se pose.

Mais d'autres parents s'inquiètent de ce verrouillage.

> *Une mère, très expansive, me conduit sa fille de 15 ans, qui présente cette forme de retrait apathique : « Je vous l'amène car je n'arrive pas à savoir ce qu'elle pense. Elle ne me dit rien ou que des banalités. Elle est aussi figée et distante que son père. »*

Cet isolement est souvent un processus de défense contre le monde extérieur, qui est nouvellement perçu comme menaçant. Les dangers externes sont aussi représentés par le contact avec les autres et tout ce qui peut être vécu péniblement dans les relations humaines. Les sentiments amoureux, par exemple, sont mis de côté car ils sont potentiellement source d'angoisse ou de douleur.

Ce retrait doit être respecté dans un premier temps, au plus fort de la transformation pubertaire. C'est une forme d'hibernation. Mais s'il persiste trop longtemps, s'il s'associe à d'autres signes, comme la tristesse (dépression), ou s'il devient trop important (adolescent ne quittant pas sa chambre, n'ayant aucun ami), l'avis d'un médecin spécialiste s'impose.

## LES TOC DES ADOS

Les troubles obsessionnels compulsifs se définissent par l'association d'obsessions mentales (c'est-à-dire de pensées, d'idées récurrentes, persistantes, qui envahissent l'esprit) et de compulsions. Les obsessions sont à l'origine de malaises de type anxieux. Le jeune ne peut se libérer de ce malaise que par une compulsion, c'est-à-dire un comportement ou un acte mental répétés. Actes ou comportements sont irrépressibles. Quand ils sont répétés, ils constituent des rituels. Ces rituels sont invalidants, notamment par la perte de temps qu'ils occasionnent.

Les TOC sont rarement un motif de consultation de la part de l'adolescent. Ce sont le plus souvent les parents qui s'inquiètent de ces comportements étranges et prennent rendez-vous pour lui, bien que certains soient particulièrement tolérants vis-à-vis des TOC de leur enfant. La plupart des TOC de l'adulte prennent naissance à l'adolescence.

Les thèmes des obsessions sont divers. On trouve des thèmes de précision, d'ordre et de rangement, de propreté et de protection corporelle (contre les maladies, notamment), de protection contre les dangers extérieurs, des thèmes moraux ou religieux… À ces différents thèmes correspondent des rituels particuliers. Les rituels de ménage, par exemple, répondent à l'obsession de la saleté.

> *Paul a 35 ans. Il est obsédé par le rangement dans sa maison. Il y consacre deux à trois heures par jour. Il s'interdit de recevoir des amis chez lui de crainte du désordre occasionné. Sa petite amie a rompu avec lui pour ce motif. Il se souvient qu'il était un enfant ordonné mais sans excès, son obsession ayant véritablement débuté vers 15 ans. Ses parents étaient particulièrement conciliants, ravis d'avoir un enfant si ordonné qui s'occupait de toute la maisonnée.*

Le rituel de lavage traduit la peur obsédante d'être sali, souillé ou contaminé.

> *Norma, 17 ans, se lave matin et soir, et y consacre à chaque fois au moins une heure. Elle utilise systématiquement une serviette propre et met en machine illico la serviette qu'elle vient d'utiliser. Elle se lave les mains plusieurs fois par jour et ne sert jamais la main de personne en l'absence de gants qu'elle porte régulièrement à l'extérieur. Même chez elle, elle place du papier sur le bord de la cuvette des toilettes.*

On observe aussi des rituels d'ordre.

> *Dans la chambre de Gabriel, chaque objet a sa place précise et il se met en colère quand on le déplace. Ses livres sont parfaitement alignés. Il ne peut travailler que sur des feuilles de papier absolument lisses. Dans mon cabinet, il n'a pu s'empêcher de mettre dans le pot des crayons dispersés sur mon bureau et s'est dit dérangé par l'alignement imparfait des tableaux accrochés au mur.*

Dans les rituels de vérification, l'adolescent vérifie, sur le chemin de l'école, dans son sac qu'il n'a rien oublié et revient chez lui car il craint d'avoir laissé le robinet du lavabo ouvert ou le feu de la gazinière allumé.

Dans les rituels mentaux, c'est dans sa tête que l'adolescent « agit » : Alexandre ne marche que sur le rebord des trottoirs ; Antoine ne peut s'empêcher d'additionner tous les chiffres qui s'alignent face à lui, comme ceux d'une plaque d'immatriculation ; il compte également les marches d'escalier qu'il monte.

Obsessions et rituels sont plus ou moins importants et invalidants. Ils peuvent être transitoires et disparaissent en partie avec l'adolescence. Mais ils peuvent aussi s'installer et aller en croissant. Quand ils ont des répercussions sociales (isolement), ou scolaires (fléchissement des résultats ; l'adolescent n'a plus le temps de faire son travail), ou sur les activités de loisirs, il importe de consulter.

Les causes des TOC sont plurielles. On recherche notamment des facteurs de prédispositions génétiques. Ils surviennent chez des adolescents ordinaires ou lors de troubles de la personnalité plus ou moins graves. Dans ces derniers cas, les TOC masquent des dysfonctionnements plus importants. Ils sont l'arbre qui cache la forêt. Dans les premiers cas, ceux d'une crise ordinaire, ils correspondent, je pense, à une tentative inconsciente de maîtrise sur l'environnement et l'être propre. Confronté à des transformations physiques et psychiques, les rituels sont pour l'adolescent le moyen de trouver une permanence – un îlot de stabilité grâce à la répétition (à l'image de l'histoire, toujours la même, qu'il réclamait le soir pour s'endormir lorsqu'il était enfant) – dans un monde interne en complet bouleversement. Les rituels, comme les habitudes, occupent. Ils donnent un semblant de sens et de repères à l'existence quand l'adolescent se sent comme une plume emportée par le vent. Occupé par ses obsessions, il n'a pas de pensées trop dérangeantes. Les fantasmes liés aux pulsions qui s'ébrouent sont enkystés au sein de ces obsessions.

Si les TOC deviennent trop envahissants, une prise en charge doit être proposée. Des médicaments permettent de les atténuer. Mais ils reviennent à l'arrêt du traitement. Les thérapies comportementales agissent par l'intermédiaire d'un accompagnement de type rééducatif. Elles interviennent par la réassurance et le raisonnement. Les psychothérapies psychanalytiques permettent de démêler les différentes fonctions des TOC dans l'histoire de l'adolescent. Elles s'attachent moins au symptôme qu'à la personne dans son ensemble. L'adolescent va peu à peu avoir moins besoin de recourir aux TOC. Cette méthode est plus longue, plus difficile à conduire pour le soignant et nécessite donc un bon niveau de compétence, mais donne des résultats en profondeur et plus durables.

## LE REFUGE DANS LA RÊVERIE

C'est une autre des innovations psychiques possibles à l'adolescence. Elle concerne plus les filles que les garçons. L'adolescent devient songeur, rêveur. Ce sont des rêveries diurnes. Freud considérait que ces rêves éveillés avaient une fonction similaire à celle des rêves nocturnes : l'accomplissement imaginaire de désirs. Victor Hugo note dans *Les Misérables* : « Nos chimères sont ce qui nous ressemble le mieux. » Dans ses rêveries, l'adolescent va déclarer sa flamme à la personne aimée et la relation se passera sans nuages ; son corps exécré deviendra idéal et le beau-père détesté quittera le domicile familial. Ces rêveries sont une forme de cinéma privé que s'octroie l'adolescent qui fuit, par ce biais, une réalité qu'il rejette ou qui l'effraie. Tous les thèmes sont possibles et la censure psychique opère peu, contrairement aux adolescents décrits plus haut et sujets au retrait, à l'isolation et aux TOC. Beaucoup de souvenirs d'enfance se mêlent à ces songes, qui sont aussi caressants que père et mère. Ils sont un moyen de retenir un bonheur qui s'éloigne.

La rencontre avec l'autre, contrairement aux idées reçues, n'est pas facile à l'adolescence. Ces rêveries diurnes sont aussi des abris et des moyens d'éviter la confrontation à des situations relationnelles vécues comme pénibles.

> *Une mère me dit : « Ma fille vit dans le passé. Elle ne veut pas faire face à la vie. Elle se nourrit de chimères. Elle rêve d'être une actrice comme petite fille elle rêvait d'être une princesse. En attendant, elle ne fait pas ses devoirs et passe son temps à regarder des émissions télévisées sur les célébrités. Elle n'est même pas intéressée par la lecture du théâtre. »*

Les rêveries sont heureusement parfois plus riches. C'est souvent la lecture qui les alimente. Déjà au XVIIᵉ siècle, on s'inquiétait de l'influence des romans sur les jeunes filles. On les accusait de réveiller les passions et la mélancolie. À l'inverse, Fontenelle, décrit pourtant comme raisonnable, écrivait dans ses *Dialogues des morts* (1683) : « Si on ôtait les chimères aux hommes, quel plaisir leur resterait-il ? » Une vie fantasmatique riche est d'ailleurs un excellent édredon contre les coups du sort. C'est aussi une bonne réserve pour les activités littéraires, artistiques, et, plus globalement, créatrices.

Malheureusement, le refuge dans la rêverie s'associe volontiers à une inhibition de l'action et de la prise d'initiative. C'est l'affectif qui envahit tout le psychisme au détriment du cognitif et de la mise en acte.

Ces rêveries peuvent être transitoires et font partie de la crise d'adolescence ordinaire. Elles sont à prendre en considération si elles occupent tout le champ de l'esprit et qu'elles s'accompagnent de retrait, d'aboulie ou de cessation d'activité.

# 5

# LA VIOLENCE

Dans tous les discours tenus sur les adolescents, la violence occupe une place centrale. Elle est individuelle ou réalisée en groupe. Elle a des causes communes à tous les âges et d'autres propres à l'adolescence. Elle n'est pas spécifique à l'adolescent mais elle est décrite dans tous les cas depuis l'Antiquité comme une disposition particulière à cette période de la vie. Les remaniements internes, physiques et psychiques permettent de comprendre qu'une certaine effervescence apparaisse lors d'une adolescence normale et fasse partie de la crise nécessaire. La violence existe à l'intérieur de l'adolescent en l'absence même de toute manifestation, conduite ou propos violents. Il la ressent également en dehors de lui quand il attribue aux autres sa propre violence (phénomène de projection). Ainsi, Maxime a le sentiment que lorsque les gens dans la rue le regardent, c'est toujours méchamment. Ce sont les facteurs internes.

Les facteurs externes sont l'environnement familial et social. Les adolescents sont particulièrement sensibles aux violences familiales ou sociales. La violence des adolescents, notamment celle que l'on observe actuellement dans les zones urbaines, a aussi des causes politiques et économiques qui entrent en synergie et en résonance avec les autres facteurs.

« Violence » est un terme sociologique. En psychologie, on évoque plus volontiers la notion d'« agressivité ». Elle est associée ou non à des délits ou à des crimes. Si c'est le cas, elle devient, lorsque la conduite se répète, délinquance – la délinquance étant l'ensemble des crimes et délits appréhendés sur le plan social. Plus précisément, l'origine latine du mot « délinquance » associe le préfixe *de*, qui marque un éloignement, à la racine *linquo*, dérivée en roman en *laxo*, signifiant « lâcher, abandonner ». C'est à la fois ce qui est hors des règles et en rupture avec les liens. Il s'agit ici des liens sociaux et familiaux, mais aussi des liens qui unissent l'adolescent à ses propres règles, telles qu'il les a intégrées.

Que la violence soit délinquante ou non, elle est surtout un phénomène masculin. En effet, parmi les crimes et délits dus à des jeunes gens, les filles ne représentent qu'un peu plus de 10 %. Il est possible cependant que la violence féminine soit sous-évaluée, prenant des formes particulières, utilisant la complicité ou faisant agir un compagnon à la place de la jeune fille. La délinquance ne s'accompagne pas toujours de violence. Ainsi les atteintes contre les biens, qui représentent 80 % des infractions, ne sont associées à de la violence qu'une fois sur deux.

La moitié des délinquants infanto-juvéniles ont entre 15 et 17 ans. Ces quarante dernières années, la délinquance des moins de 13 ans est restée stable, tandis que celle des 13-18 ans a été multipliée par six. Après 18 ans, la fréquence des délits diminue nettement ; et, à 25 ans, quatre fois moins de délits sont commis qu'à 16 ans. La délinquance reste le fait d'une minorité puisque 5 % des jeunes délinquants réalisent 50 % des délits. Le fait d'avoir commis un délit augmente nettement le risque statistique d'en commettre un autre : la prévention est donc essentielle.

La violence non délictueuse s'exprime sous forme de bagarres, de bris d'objets, de colères ou de cris (violence verbale non diffamatoire). Selon une enquête de l'IN-SERM en 1993 (Choquet et Ledoux), les filles, entre 13 et 18 ans, privilégient les violences verbales sur les violences physiques. Elles sont deux fois plus fréquentes à 18 ans qu'à 13 ans. Les violences physiques connaissent un pic de fréquence autour de 14-15 ans, pour diminuer ensuite. Chez les garçons, les violences physiques sont deux à trois fois plus fréquentes que chez les filles. Entre 13 et 18 ans, leur fréquence diminue de moitié, tandis que la violence verbale progresse d'un tiers ; mais elle reste à tout âge inférieure d'un tiers à celle des filles.

## VIOLENCE EN SOLITAIRE

Les violences contre les biens sont les plus fréquentes des violences à l'adolescence. Elles peuvent être (rarement) le fruit de conduites solitaires. Le cas le plus fréquent est celui d'un adolescent qui a une crise de violence au domicile.

> *Arthur est conduit aux urgences de l'hôpital par les pompiers. Il a 16 ans et vit en banlieue parisienne avec ses deux parents. Il n'a jamais présenté de troubles de ce type jusqu'à présent. Brusquement, il se met à tout casser dans l'appartement, les meubles du salon et ceux de sa chambre.*

> *En retraçant l'histoire, on voit que ces actes font suite à des reproches de son père lui demandant de ne pas sortir jouer au foot tant que ses devoirs ne seront pas achevés. Arthur se sent humilié, redevenir petit garçon, minable. D'autant plus qu'il vit alors des relations difficiles avec ses copains et qu'il est plus ou moins rejeté par sa bande car il a refusé de participer à un acte délictueux en groupe.*

Ces épisodes de violence peuvent rester isolés. Quand ils se répètent, ils témoignent de difficultés psychologiques mais aussi parfois de dysfonctionnements familiaux – notamment lorsque existe une mésentente parentale actuelle ou ancienne. Il arrive que l'adolescent soit le porte-parole de l'agressivité d'un parent contre l'autre.

Certains parents tolèrent et banalisent des crises de ce type, qui se répètent comme si elles étaient le prix à payer pour éviter une séparation.

> *C'est le cas de Luc, grand gaillard de 16 ans et fils unique, qui a fait plusieurs crises de ce type avant de m'être adressé. Cet enfant a été très investi par ses deux parents. Ils l'ont « attendu » six ans, recourant à plusieurs traitements pour stérilité. La survenue d'une prématurité a fait de cet « élu » un enfant surprotégé car longtemps considéré comme fragile. Habituellement, à ses crises de violence font suite des mouvements de grande culpabilité et des demandes de pardon. C'est l'occasion pour toute la famille de se réunir dans les pleurs. Jamais le père n'a élevé la voix et les atteintes contre les biens n'ont jamais fait l'objet d'une quelconque punition.*

> *En entretien, la mère finit par reconnaître l'incapacité pour elle d'envisager réellement un avenir sans son fils, qui est le principal ciment de son couple. Les parents, sidérés tous deux dans la crainte d'une séparation d'avec leur fils, font comme si Luc n'avait pas passé le cap de la puberté, s'adressent à lui de la même façon que lorsqu'il était enfant, en axant toutes leurs actions sur la satisfaction de ses besoins élémentaires. Une thérapie familiale leur permettra de prendre conscience du caractère figé de leurs interactions et autorisera chez le fils une dynamique d'émancipation sans violence ni culpabilisation.*

D'autres manifestations de conduite agressive en solitaire se rencontrent, comme les agressions excrémentielles. L'adolescent va en secret recouvrir d'urine ou de selles des biens personnels ou institutionnels (voiture, portail, mur de l'école ou d'un magasin). Ces comportements témoignent de la réactivation des pulsions anales décrites plus haut et rappellent l'enfant de 3-4 ans qui faisait dans sa culotte pour s'opposer à sa mère. Ces conduites ne sont pas du même registre que la violence physique car elles n'ont pas son caractère d'impulsivité. Elles sont davantage « réfléchies ». En ce sens, si elles sont répétées, elles deviennent pathologiques et témoignent d'une faillite de la pensée à élaborer l'agressivité, comme c'est le cas pour les toxicomanes.

La pyromanie consiste en la provocation d'incendies sans autre but que la jouissance de l'acte. On peut évoquer une contrainte interne (l'adolescent ne peut s'en empêcher) et une satisfaction de nature sexuelle, dans la mesure où les tests psychologiques chez ces adolescents montrent souvent une confusion totale entre pulsions agressives et pulsions sexuelles. Le plus souvent, les adolescents pyromanes présentent de graves troubles de la personnalité (psychose). Mais, parfois, le contact avec la réalité est moins perturbé.

J'ai suivi Lofti sur injonction judiciaire après qu'il a été inculpé et condamné pour incendie volontaire. Il reconnaît le caractère délictueux de son acte et éprouve du remords et de la culpabilité.

> *Issu d'un milieu modeste, Lofti est l'aîné de quatre garçons. Il a reçu une éducation très stricte, empreinte de rigidité et parfois de violence. Le feu a toujours retenu son attention. Il cite La Tour infernale, un film sur l'incendie d'un immeuble qu'il a vu enfant à la télévision, comme son plus fort souvenir. Enfant, il rêvait d'être pompier. Depuis sa puberté, il est obsédé par la crainte de mettre le feu chez lui, évitant de toucher allumettes et briquets. Ces pensées sont, en fait, la seule façon que ce garçon doux et soumis, mettant en sourdine toutes ses pulsions actives, a trouvée d'exprimer sa souffrance intrafamiliale. Élève médiocre mais travailleur et discipliné, il ne s'est jamais fait remarquer par une quelconque bagarre ou violence verbale. L'image du père, telle qu'elle*

*apparaît dans les tests et dans l'interprétation des rêves, le révèle comme omnipotent et destructeur. Malgré une forte fascination, Lofti résiste à lui ressembler. Sa vision de la sexualité renvoie à des images destructrices. Elle s'est mise en place dans la petite enfance autour de ce que Lofti a perçu de la sexualité entre ses parents.*

Ardeur, brûlure amoureuse, feux de l'amour, éclat, étincelle amoureuse, brûler pour, amour torride, chauffer, consumer sont autant de signifiants communs au feu et à l'amour qui aident à comprendre que, dans la pensée inconsciente, les fantasmes sexuels puissent se trouver court-circuités par des fantasmes pyromaniaques. On y retrouve alors le même type de culpabilité. C'est ce qui s'est passé avec Lofti dans la mise en place de son organisation œdipienne, réactivée lors de l'adolescence.

## VIOLENCE EN CHŒUR

La violence gratuite contre les biens est habituellement une conduite de groupe. C'est le cas du vandalisme. Ces actes sont allés croissant ces dernières années et trouvent un retentissement important auprès des médias et de l'opinion publique de par leur caractère spectaculaire. C'est un phénomène essentiellement suburbain, touchant les grands ensembles, où s'additionnent des difficultés économiques, le chômage, une proportion importante de moins de 20 ans, une carence en équipements sportifs et culturels, un manque d'effectifs policiers, la disparition de l'État de droit... La bande de jeunes, éventuellement désinhibée par l'alcool ou d'autres toxiques, va détruire, de préférence en profitant de l'obscurité, les équipements collectifs (panneaux de signalisation, cabines téléphoniques, écoles) ou des biens individuels (voitures). On peut y inclure la délinquance graphique, mais, pour ce qui est des graffitis élaborés, ils sont souvent le fait de jeunes agissant seuls ou à deux et témoignent de capacités d'élaboration mentale plus avancées et de pulsions non formellement sadiques. Il y a dans le tag un appel à la reconnaissance sociale.

La violence gratuite qu'est le vandalisme s'associe de plus en plus souvent à des vols. C'est le cas du saccage de magasins, en particulier lors des manifestations. Il peut s'agir d'émulations ludiques, avec le sentiment d'impunité que procure la bande, mais cela évolue parfois vers une démarche tactique sous-tendue par la malveillance, le profit (vol), la vengeance ou l'idéologie. L'acte est généralement hors de proportion avec l'incident originel. Ainsi une école peut être saccagée après un avertissement donné à un élève.

Aux facteurs sociaux s'ajoutent les facteurs familiaux. Les jeunes concernés se rencontrent plus volontiers au sein de familles désorganisées. Mais la prise en compte ici du phénomène des bandes et de ses mécanismes propres éclaire ce type de comportements. La bande, bien analysée par G. Mauger (*Les jeunes en France, état des recherches*, La Documentation française, 1994), est surtout le fait des milieux populaires et concerne essentiellement les garçons. Actuellement, le terme même de « bande » est devenu obsolète. Les jeunes concernés se définissent davantage par le groupe ou le secteur. Les dénominations administratives des lieux de vie sont reprises pour nommer les bandes. Ainsi, ceux du « neuf-cinq » désignent les Val-d'Oisiens ou ceux du « secteur A » correspondent à tel secteur d'une cité. Les couples ne sont pas admis dans les bandes. La constitution d'un couple marque souvent la sortie de la bande. D'ailleurs, un proverbe suédois énonce : « Les jeunes vont par bande, les adultes par couples, et les vieux tout seuls. » Les jeunes qui la composent sont pour la plupart en échec scolaire. Parfois déscolarisés, ils sont en stage ou font des « petits boulots ». La bande prend la suite du milieu familial et se présente comme un lieu d'apprentissage de la virilité par l'intermédiaire d'épreuves – affrontements, excès, transgressions (des règles scolaires) ou déplacements.

Les affrontements ont lieu contre d'autres bandes, avec comme objectifs déclarés la défense d'un territoire, obtenir le « respect » ou conquérir une fille. Les affrontements avec la police sont recherchés. Elle est considérée alors soit comme une autre bande, quand elle ne se conduit que sur un mode répressif, soit, de façon plus ambivalente, comme une image paternelle, admirée en secret pour sa force « virile », qu'on essaie de rencontrer en la provoquant.

Les agressions contre le monde de la culture, notamment les écoles, traduisent la volonté d'affirmer la supériorité du physique sur le mental. Mais je pense que c'est aussi pour le jeune un moyen de détruire symboliquement le petit garçon qui sommeille en lui et gêne le passage au stade d'homme viril. L'enfant à l'école lui paraît contraire au développement de sa « virilité », car il y a une soumission aux règles et un état de passivité face à l'enseignement qu'il reçoit. Or cette passivité évoque, inconsciemment pour certains jeunes, une position féminine angoissante. Le déclin des métiers manuels dits de « force » fait que les jeunes se tournent vers ceux des « forces » de l'ordre (police, société de vigiles, armée).

Les agressions contre les centres commerciaux témoignent à la fois d'un sentiment d'injustice et des prémices d'une conscience de classe, d'un refus « viril » des règles capitalistes, mais aussi, à l'inverse, de la volonté de s'approprier des biens qui permettent d'être conforme au modèle bourgeois qu'offre notre société.

Les atteintes contre les personnes représentent 10 % des délits. Elles regroupent les vols avec violence sur les personnes (20 % de la violence infanto-juvénile), les coups et blessures, et les violences sexuelles (viol).

Les coups et blessures touchent surtout les adolescents eux-mêmes. Un sur dix, parmi les 12-19 ans, déclare avoir été victime de coups violents ou de blessures au cours des douze derniers mois. Et un tiers d'entre eux l'ont été à plusieurs reprises. Mais ces chiffres cachent une grande disparité. C'est surtout dans les villes de plus de vingt mille habitants que les jeunes sont victimes de violences. Dans certaines villes, ce sont les deux tiers des adolescents qui ont le sentiment d'être victimes de violences – essentiellement de la part des adultes, déclarent-ils. Beaucoup de violences ne sont pas signalées ; c'est le cas notamment de certaines violences intrafamiliales.

Les vols avec violence vont de celui du sac d'une femme à l'arraché au racket d'adolescents ou d'enfants commis par des garçons agissant à deux ou plus.

> *Boris, 14 ans, a été accosté à la sortie d'un collège parisien des beaux quartiers par deux jeunes d'environ 18 ans. Ils lui ont demandé de les suivre en le menaçant d'une arme blanche cachée dans une poche. Apeuré, Boris les a suivis et, au coin de la rue, a dû se départir de ses baskets de marque et de son portable. Il a refusé de donner les clefs de son domicile. Les voyous l'ont alors molesté, avant de s'échapper sous le regard vide des passants. En plus de contusions physiques, cela provoqua chez Boris une phobie scolaire (un refus angoissé de se rendre au collège) pendant plusieurs semaines.*

En 1998, 3 % des jeunes de 12 à 19 ans ont osé révéler avoir été victimes de racket. C'est essentiellement un phénomène urbain. Les garçons en sont davantage victimes et il touche surtout les plus de 15 ans, les plus jeunes étant mieux protégés.

Les violences sexuelles sont habituellement le fait d'adolescents ayant eux-mêmes été victimes de maltraitances sexuelles ou ayant eu, au sein de leur famille, des modèles de satisfaction sexuelle fondés sur la brutalité ou l'impulsivité. Les adolescents sont eux-mêmes les cibles privilégiées de ce type de violence et 4 % des 15-19 ans déclarent avoir été victimes de rapports sexuels forcés au moins une fois dans leur vie. Il s'agit trois fois sur quatre de filles. Ce peut être le viol collectif d'une adolescente par des mineurs, favorisé par l'alcool ou d'autres toxiques. Il existe aussi des violences sexuelles incestueuses commises par des adolescents sur des membres de leur famille. Elles sont en relation avec une mauvaise intégration des interdits de l'inceste due à une mauvaise transmission parentale, à des troubles psychologiques (psychose, psychopathie) empêchant cette intégration ou à un climat familial incestueux. Les enfants sont beaucoup moins informés de l'interdit de l'inceste entre frères et sœurs que de celui avec les ascendants.

Les meurtres restent très rares, bien que l'on assiste, depuis quelques années, à une discrète augmentation des cas signalés et à un abaissement de l'âge des coupables. Les garçons, cette fois encore, sont les acteurs principaux. Les crimes sont commis avec la complicité de la bande et sont précédés habituellement d'autres actes délictueux, de toxicomanie ou de troubles psychiatriques. Les victimes sont des adolescents ou des inconnus (sans domicile fixe). Le motif apparaît généralement futile par rapport à l'acte (insulte, rivalité amoureuse).

Les matricides et les parricides sont exceptionnels. Ils surviennent dans des familles où existent des troubles du fonctionnement global (carences, conflits, conduites perverses). L'adolescent qui tue son père le fait souvent dans un contexte d'alcoolisme paternel avec violence sur la mère ou la fratrie. Des troubles psychiatriques graves et une toxicomanie de l'adolescent sont également des facteurs de risques.

Les adolescents qui agissent la violence la subissent également. Selon une enquête de Marie Choquet (M. Choquet, S. Ledoux, C. Hassler, C. Pare, *Adolescents (14-21 ans) de la protection judiciaire de la jeunesse et santé*, enquête de l'ISEAM U 472, Direction de la protection judiciaire de la jeunesse, 1998), 40 % des garçons signalés pour délinquance à la Protection judiciaire de la jeunesse et 55 % des filles ont été victimes de violences physiques. Un tiers des filles et 6 % des garçons ont subi au moins une agression sexuelle.

## VIOLENCES EN CAUSE

Les causes sociologiques de l'augmentation de la violence des jeunes sont dominées par la crise économique et le chômage des jeunes. Mais le chômage des parents, en particulier des pères de famille, occupe une place particulière. Les garçons ont une image paternelle déconsidérée, qui est encore aggravée si s'ajoutent un divorce, une pathologie (alcoolisme) ou une difficulté d'inscription sociale du fait de l'immigration. Être issu d'une famille monoparentale ou avoir un père absent sont des facteurs de risques supplémentaires de comportements violents à l'adolescence. Le statut professionnel du père est un facteur important. Quand ce sont exclusivement les femmes qui tiennent les cordons de la bourse, via le système d'aide sociale, et que cette situation n'est pas le souhait du père, cela altère les capacités d'identification de l'adolescent à une image masculine fiable. Il peut par sa violence, notamment contre les lieux de richesse économique (grands magasins), affirmer une masculinité héroïque et tenter de restaurer dans l'action cette image défaillante.

On peut distinguer la violence en groupe qui n'est que délinquante d'une violence de contestation de l'ordre établi et de la modélisation des rejets parentaux sur l'ensemble des projets de société. Les idéologies politiques ont été très agissantes de la fin du XVIIIᵉ au XXᵉ siècle. Elles ont permis de canaliser cet esprit de révolte propre à la jeunesse. Les idéaux communs seraient de nos jours en perte de vitesse. Les guerres, malheureusement, ont toujours été un moyen institutionnel d'encadrer et de tirer profit de l'énergie chargée de violence des jeunes gens. Ce n'est pas un hasard si, en moyenne, chaque génération a eu droit à la sienne. Heureusement, on renonce à ces méthodes, en tout cas au sein de nos frontières, puisque la dernière guerre de conscription a été celle d'Algérie.

D'autres mutations de la société sont avancées, comme facteurs causaux, telles que la baisse d'influence des religions et de ses mouvements d'encadrement de la jeunesse. L'éclatement des familles, du fait des déplacements de population vers les villes pour cause d'emploi, prive l'adolescent d'autres repères identitaires que ses parents et d'un cadre plus vaste pour endiguer son agressivité.

La montée du consumérisme est repérable dans la structure des villes nouvelles, où le centre n'est plus l'église, la mairie ou la salle des fêtes, mais bel et bien le centre commercial. Le rôle de la télévision est également mis en avant. On lui reproche de banaliser la représentation de la violence auprès d'adolescents particulièrement réceptifs. *Last but no least*, la désidéalisation des élites, surtout masculines (corruption des politiciens, dopage des sportifs), prive les jeunes hommes de modèles.

En dehors des causes sociales et familiales, la violence est au cœur de l'adolescent. Des facteurs strictement individuels sont à l'origine de son éclosion. Dès les premières découvertes génétiques, on a considéré que la violence d'un individu était probablement liée à ses gènes. Cela faisait suite aux théories psychomorphologiques des XVIII^e et XIX^e siècles, qui associaient caractères violents et physionomies particulières. Actuellement, les recherches avancent à grands pas dans le domaine de la génétique, mais les pistes concernant les gènes de l'impulsivité, de l'intolérance à la frustration et du recours facile à la violence n'ont pas abouti. Des recherches se font également sur des lésions cérébrales en relation avec des comportements régulièrement violents grâce au progrès de l'imagerie cérébrale (scanographe, RMN). Les recherches concernent aussi les neurotransmetteurs, ces molécules qui servent de liant entre les nerfs. La sérotonine serait impliquée dans l'agressivité et l'impulsivité. Elle l'est également dans la dépression. D'ailleurs, les nouveaux traitements antidépresseurs augmentent son taux. Cette substance existe à l'état naturel dans le fromage et le chocolat. Mais il est difficile de savoir si les modifications de ces neurotransmetteurs sont la cause ou le reflet d'un trouble du comportement.

Pour ce qui est des hormones, ces substances sécrétées dans le sang par des glandes et agissant sur des organes, la testostérone, hormone sexuelle mâle, est impliquée. C'est une des explications possibles pour comprendre pourquoi les garçons sont plus violents, en moyenne, dans leurs actes que les filles.

La prise de toxiques, que ce soient de l'alcool, des solvants ou d'autres drogues, est une cause fréquente de comportements agressifs. Elle entraîne, au minimum, une levée des inhibitions morales et peut aller jusqu'à déclencher un état confusionnel. Avec certaines drogues, l'attaque de biens et de personnes peut aussi être motivée par le besoin d'argent nécessaire pour s'en procurer.

## C'EST L'ANGOISSE !

À côté des facteurs génétiques, biologiques et toxiques, il y a des facteurs internes, psychologiques, qui, associés ou non aux facteurs sociaux et familiaux, facilitent le recours à un agir susceptible d'être violent.

L'angoisse occupe le premier rang de ces facteurs. C'est un sentiment d'insécurité interne indéfinissable, qui peut se manifester sous forme physique (sensation d'étouffement). Elle a des sources multiples à l'adolescence. La quiétude de l'enfant qui vit dans le climat serein de parents protecteurs disparaît. Il ne les croit plus aussi solides qu'auparavant pour le protéger. L'adolescent est brutalement confronté aux angoisses communes à tous les hommes, qui ont conscience de la fragilité humaine. Si paradoxal que cela paraisse, au vu de son âge, l'adolescent est très angoissé par la vieillesse et la mort. On a vu aussi que les transformations corporelles sèment le trouble en lui. L'accession à la sexualité est également génératrice d'angoisse. Sa façon de percevoir le monde (liée à ses nouvelles capacités intellectuelles) et ses nouveaux désirs, nourris de pulsions sexuelles, le projettent dans un univers qu'il ne maîtrise pas et le soumettent à un état de tension interne quasi permanent. Si l'angoisse est la plus fidèle compagne de l'adolescent, elle est inconstante dans sa façon d'être. Comme un coup de tonnerre dans un ciel sans nuage, elle est parfois vive et soudaine, disparaissant spontanément en quelques heures sans que l'on retrouve des causes directes l'ayant provoquée.

> *Vanessa, 17 ans, me raconte en consultation : « J'ai parfois brusquement, sans raison, alors que je ne fais rien de particulier, une barre au ventre, des palpitations et des sueurs. C'est insupportable, j'ai l'impression que je vais mourir ou que mes jambes se détachent et ne sont plus à moi. Mon médecin de famille m'a fait tous les examens imaginables, mais on n'a rien trouvé. Il dit que c'est psychologique. »*

L'angoisse peut être nocturne et éclater sous forme d'un cauchemar si intense qu'il vient interrompre le sommeil, laissant l'adolescent quelques minutes prostré dans son lit. Plus souvent, elle s'installe progressivement et varie en fonction des conditions extérieures, comme la présence rassurante d'une amie.

> *Camille a presque 17 ans. Elle est jolie, bonne élève, a des amies de longue date, des parents aimants et n'a pas de difficultés particulières. Enfant elle était sensible, mais depuis deux ou trois ans elle manifeste une émotivité qu'on ne lui connaissait pas. Elle s'inquiète pour sa réussite scolaire et son avenir professionnel et affectif. Elle se plaint souvent de maux de tête et de crampes abdominales. Elle se pose beaucoup de questions sur elle-même et s'« écoute » beaucoup. Elle se décrit comme tendue et ne supporte pas de rester seule, ce à quoi elle remédie parfaitement car elle sait se rendre attachante. La présence des autres est le remède le plus efficace à ses angoisses.*

L'angoisse fait partie de la crise adolescente nécessaire. Mais son acuité ou sa durée peuvent être telles qu'elle bloque le développement normal. Si elle empêche l'adolescent de sortir de chez lui, de se faire des amis, de dormir, ou si les plaintes physiques sont continues, elle doit alors être prise en charge.

En plus des angoisses nouvelles, on assiste à la résurgence d'angoisses infantiles. Car les mécanismes de défense psychiques mis en place durant l'enfance pour les contenir deviennent obsolètes en attendant la réorganisation psychologique. C'est ce qui fait que Françoise Dolto comparait l'adolescent à un homard en mutation, fragilisé par la perte de sa carapace, attendant que la nouvelle s'élabore.

L'angoisse et les moyens de la soulager ou de la contenir ont différents masques, dont je vous ai présenté certains, comme les plaintes somatiques, surtout présentes chez les filles. Il en existe d'autres, tels les phobies, la timidité ou certains tics. Ce sont alors des méthodes relativement élaborées par notre psychisme pour ne pas laisser l'angoisse libre flotter à l'intérieur de nous.

L'agressivité est le moyen le plus primaire, le plus direct et le plus facile pour se décharger de l'angoisse. C'est d'ailleurs le premier procédé utilisé par le nourrisson, qui crie et s'agite quand il est mécontent. Ce type de décharge motrice s'observe volontiers, surtout dans les premiers temps de l'adolescence. Une mère me confie au sujet de son fils de 13 ans : « *Il a parfois de drôles de réactions. Il passe près de sa sœur et lui met un coup sur la tête sans raison ou il donne un coup de pied dans un meuble. Quand je lui demande la raison de son geste, il me dit ne pas savoir pourquoi et part d'un rire gêné.* »

Il arrive que l'angoisse soit déclenchée par une situation ordinaire mais vécue comme menaçante par le jeune.

> *C'est le cas de Léonardo, 16 ans : « Quand le surveillant du lycée s'est approché de moi, j'ai cru qu'il allait me frapper comme mon père. Je l'ai cogné pour me défendre. »*

Ce genre de situation a lieu aussi en famille. Il importe que les adultes qui s'adressent aux adolescents parlent avant d'agir et les préviennent de ce qu'ils vont faire.

Tout ce qui va aider l'adolescent à apaiser ses angoisses participera à le rendre moins agressif. Mais il faut se méfier de ce que l'adolescent va prendre de lui-même pour tenter de les calmer, que ce soient des calmants chipés dans l'armoire à pharmacie, de l'alcool ou du haschich.

## LES COUPS CONTRE LA DÉPRESSION

Face aux bouleversements qui l'assaillent, aux changements qui sont hors de son contrôle, l'adolescent se sent passif. L'action, en particulier l'action violente, est un moyen de se redonner un rôle actif, de tenter de reprendre en main le cours des choses qui lui échappe. Parfois, des situations banales ravivent ce vécu de passivité.

> *Paul, 15 ans, a de quoi se sentir « nul ». Son père le lui dit assez régulièrement, au vu des mauvaises notes qu'il rapporte à la maison depuis deux ans. Le foot a toujours été son domaine de réussite et son défouloir. Mais, ces derniers temps, ses performances en match laissent à désirer. Son entraîneur lui a dit être déçu par lui. C'est sans doute en pensant à tout cela qu'il s'est laissé entraîner par un groupe de jeunes de son quartier, lui qui n'avait aucun antécédent délinquant, à démanteler une voiture avant d'y mettre le feu.*

Le vécu de passivité touche aussi le questionnement de l'adolescent sur sa virilité. Comme le petit garçon qui est aussi amoureux de sa maman que de son papa, l'adolescent passe par une période de flottement quant à l'orientation de ses désirs et de son choix sexuels. La recherche de son identité est un des travaux de l'adolescence. L'identité sexuelle, être un garçon ou une fille, est une composante de l'identité globale. La question de la différence entre le masculin et le féminin, qui se posait dans la petite enfance, est à l'ordre du jour. Souvent l'adolescent adopte des positions manichéennes, associant la masculinité au caractère actif et dominateur et le féminin à la passivité et à la soumission. S'affirmer dans l'agressivité et l'agir serait alors pour lui une garantie de l'affirmation d'une virilité qu'il recherche.

> *Omar, 16 ans, a agressé deux copains au collège. Il dit s'être senti agressé dans sa fierté : « Quand je passais devant eux deux, ils me regardaient en souriant. J'ai bien compris qu'ils se*

*moquaient de moi car ma meuf m'avait largué. Je leur suis rentré dedans. Je leur ai montré que j'en avais. »*

La lutte contre la dépression chez l'adolescent emprunte volontiers le passage à l'acte. Au contraire de l'adulte déprimé, chez qui l'on observe un ralentissement moteur, chez l'adolescent on assiste à une lutte active pour contrer cette inertie – d'ailleurs au prix de grands moments de fatigue. L'adolescent qui se sent menacé par la dépression va avoir des périodes d'hyperactivité mais aussi d'agressivité contre lui-même ou les autres. La parole est aussi violente et la colère est quotidienne. C'est pourquoi des comportements violents répétés doivent conduire à rechercher une menace de dépression.

## LA VIOLENCE SANS PAROLE

Le manque de mots est aussi un des facteurs internes qui expliquent le recours de l'adolescent à l'action violente. L'acte intervient à l'endroit où la parole fait défaut. Beaucoup d'enfants loquaces se transforment en carpes en entrant dans l'adolescence. Ils se méfient de la parole, qu'ils maîtrisent mal dans sa formulation (crainte inconsciente de laisser échapper des mots grossiers ou à caractère sexuel) et dans son intonation (mue). Ils craignent qu'elle ne laisse trop transparaître leurs pensées et leurs désirs secrets. Le silence de l'adolescent est pudeur, méfiance et protection. Pourtant, l'ado a un besoin intense de communiquer. Il n'a pas encore les mots pour exprimer les ressentis nouveaux qui s'agitent en lui et sa nouvelle façon de penser, plus abstraite. D'où l'utilisation d'un néo-langage propre à chaque génération d'adolescents et qui participe à l'évolution de la langue d'un pays. Il est souvent composé de raccourcis, de simplifications et de mots-valises, comme chez le petit enfant. Un mot résume à lui seul plusieurs expressions possibles : ainsi « kiffer » signifie « aimer, apprécier, s'attacher, s'intéresser à » ; « avoir la haine », c'est autant être contrarié par soi-même en raison d'une mauvaise note qu'en vouloir à mort à quelqu'un. Le nombre de passages à l'acte violents est sans doute proportionnel à la difficulté d'expression verbale. On constate la même chose chez le petit enfant qui a un retard de langage et qui est toujours décrit comme agressif car c'est alors son unique moyen d'entrer en communication avec les autres.

## FOLLE VIOLENCE

Les graves troubles de la personnalité survenant chez l'adolescent sont à l'origine de passages à l'acte violents et impulsifs. Leur prise en compte implique une prise en charge de l'adolescent malade qui n'est pas toujours aisée à mener. Certains adolescents, déficients intellectuels, ne mesurent pas la portée de leurs actes et intègrent difficilement les règles sociales. Intolérants aux frustrations, ils ont du mal à patienter et se laissent dominer par le « tout, tout de suite ». Mais un accompagnement éducatif permanent peut suffire à contenir cette violence circonstancielle, qui est facile à prévoir.

Les psychoses correspondent à une désorganisation du système psychique interne, associée à une perte de contact avec la réalité, à l'origine de la fabrication de délires. Un acte violent peut s'inclure dans un comportement dirigé par un délire.

> *Pierric, 18 ans, a brûlé les yeux d'une passante avec une cigarette. Heureusement, les suites furent sans séquelle grave. Hospitalisé à nouveau en service de psychiatrie après cet acte, il déclara que le regard de cette personne lui lançait des ondes néfastes.*

Les adolescents ont fréquemment recours à la violence comme modalité expressive. Celle que l'on repère n'est souvent que la pointe émergée de l'iceberg. En effet, beaucoup de cette violence demeure silencieux. Il n'y a pas d'adolescence sans violence. Elle est hétérocentrée, dirigée contre les biens ou les personnes. Elle est aussi autocentrée, allant de l'automutilation au suicide.

Cette violence a des racines internes. Chez le garçon, la sécrétion d'hormones sexuelles (testostérone) est un facteur important d'agressivité. Sur le plan psychologique, elle est l'écho de la violence liée aux processus de séparation et d'individuation qu'est l'adolescence. On a vu en effet que, pour un adolescent, il n'est pas aisé de rompre les liens affectifs qu'il avait tissés jusqu'alors entre lui et ses parents. Comme l'enfant de deux ans qui s'oppose pour s'affirmer (période du « non »), l'adolescent qui brise les chaînes de la dépendance infantile libère de la violence. Au même titre que dans les processus chimiques, le passage d'un état à un autre libère de l'énergie. Les libérations des pulsions agressives et sexuelles, le temps que de nouveaux réaménagements psychiques permettent de les contenir, expliquent aussi cette violence interne.

Cette violence est utile et permet un soulagement quand l'angoisse monte, quand la dépression pointe, quand le narcissisme est lésé. Elle est la garantie du sentiment d'exister qui fait parfois défaut. Elle est nécessaire pour délimiter son territoire sans cesse menacé par autrui, parent ou étranger. Elle est intimement liée à la parole, au geste, à la sexualité, à la vie.

Elle a des racines externes, familiales, institutionnelles ou sociales. Elle est universelle et concerne tous les âges et tous les milieux. L'adolescent, homard débarrassé provisoirement de sa carapace, est nécessairement poreux pour s'ouvrir au monde, et est particulièrement réceptif et sensible à l'ambiance comme à sa violence potentielle.

C'est pourquoi les règles familiales et les lois sociales qui permettent de contenir la violence doivent être solides et constantes. Les carences éducatives, la démission parentale expliquent le laisser-aller dans la violence de beaucoup d'adolescents. Mais ces règles ne doivent pas être elles-mêmes violentes ou tyranniques, sinon elles pourraient faire, par des processus d'identification, le lit de comportements violents chez l'adolescent.

Enfin, qu'elle soit individuelle ou de groupe, la violence des adolescents n'est pas le propre de notre présent. Les sociétés du passé s'en accommodaient bien. V. Nahoum (« Histoire et anthropologie des conduites d'excès : les jeunes et l'alcool », in *Adolescentes, adolescents*, ouvrage collectif sous la direction d'Alain Braconnier, Paris, Bayard, 1995) rappelle la pratique du charivari au XIVe siècle, conduit par des jeunes hommes non mariés qui faisaient irruption la nuit dans une maison pour y terroriser l'occupant. Le bruit sous forme de tintamarre, l'alcool, les déguisements se mêlaient de manière festive. Sous l'Ancien Régime, le prétexte était souvent un mariage contesté, à cause, par exemple, d'une différence d'âge trop marquée. Les charivaris se limitaient parfois à la simple dérision mais l'impunité offerte par le groupe, la nuit et les masques rendaient aisée l'agressivité, allant jusqu'au viol collectif.

# 6

# ERRANCES ET DÉPENDANCES

*Jeunesse et adolescence*
*ne sont qu'abus et ignorance.*

François Villon, *Le Testament* (1461)

La dépendance, corps et âme, de l'enfant à ses parents est profitable à son développement. S'en défaire à l'adolescence est tout aussi nécessaire car elle devient alors handicapante et dangereuse. La difficulté d'accéder à une indépendance psychologique et affective est à l'origine des conduites addictives, si fréquentes chez l'adolescent. L'addiction caractérise la dépendance à un produit impliquant sa consommation et le besoin impérieux d'en répéter la prise ultérieurement. « Addiction » était au Moyen Âge un terme juridique. Il signifiait la contrainte par corps des débiteurs qui ne payaient pas leurs créances. Il contenait déjà l'idée d'asservissement.

Dans un état d'addiction, la liberté est aliénée et l'existence se fonde sur une relation à un produit ou à un comportement. Certains produits ont la faculté de faciliter une dépendance. La dépendance est à la source d'une addiction. Mais toute consommation de ces produits n'est pas synonyme d'addiction. Des expériences uniques ou limitées sont fréquentes à l'adolescence. On fait ainsi la différence entre un buveur occasionnel excessif et un alcoolo-dépendant. La communauté scientifique internationale désigne trois types de consommation de produits susceptibles d'induire une dépendance : l'usage, l'abus et la dépendance. L'usage est occasionnel ou régulier ; c'est la consommation d'un produit actif sur le psychisme mais en quantité n'entraînant pas de complications ni de dommages. L'abus, c'est la consommation d'un produit actif sur le psychisme portant atteinte à la santé, physique ou mentale, incluant des conséquences psychoaffectives, professionnelles ou socio-économiques. La dépendance est le risque principal ; elle implique des dommages sur la santé. Elle diffère d'un produit à l'autre ; mais, pour une même substance, les adolescents sont inégaux face à la dépendance. Elle est fonction de la constitution physique, de la personnalité et de l'état psychoaffectif au moment des premières prises. La dépendance va souvent de pair avec le déni : l'adolescent dépendant ment aux autres et à lui-même.

Les produits créant un état de dépendance sont le tabac, l'alcool, les différentes drogues illicites, les médicaments contre l'angoisse ou l'insomnie. Chacun d'eux a des effets propres sur le corps et sur le psychisme. Mais ils ont en commun, à un degré plus ou moins élevé et à plus ou moins long terme, de provoquer une accoutumance, c'est-à-dire le besoin de répéter la prise. À la longue, une tolérance au produit entraîne la nécessité d'augmenter les doses pour obtenir l'effet initial. Un arrêt des prises, après un usage répété, apporte des troubles désagréables : c'est le phénomène d'assuétude. Accoutumance, tolérance et assuétude constituent le trépied de la dépendance qu'induisent ces produits. La dépendance est physique et psychique. Elle s'installe à une vitesse variable. Ainsi la dépendance à l'héroïne est extrême et sans comparaison avec celle au tabac ou au haschich, puisque, rapidement, l'individu et le produit ne forment plus qu'un.

Mais les conduites de dépendance à l'adolescence touchent également d'autres champs que celui des substances psychoactives. Ainsi nous verrons que certains comportements alimentaires comme la boulimie ou la dépendance à des jeux vidéo entrent aussi dans ce cadre.

La consommation d'alcool, de tabac et de certaines drogues (Virgile cite l'usage du pavot dans les *Géorgiques*) fait partie de l'histoire des civilisations et de nombreux facteurs culturels la régissent. De nos jours, leur usage abusif et extensif par la jeunesse est un phénomène social, mais qui peut s'analyser également sur le plan individuel. L'adolescent est particulièrement vulnérable à l'alcoolisme ou à la toxicomanie car la question de la dépendance est au cœur de sa dynamique. Son passage à un état de dépendance à un comportement ou à une substance est facilité par sa sortie d'une dépendance parentale. Cette dépendance à un produit témoigne souvent de la vulnérabilité de l'adolescent dans le domaine de l'attachement. Mais tous les adolescents ne deviennent pas dépendants après quelques prises. On découvrira sans doute des explications génétiques à la dépendance plus ou moins rapide à un produit. Mais ce sont surtout son histoire et sa personnalité qui vont lui permettre ou non d'être capable de négocier son accès à l'indépendance psychologique et affective sans tomber sous la dictature d'un toxique.

La famille joue un rôle majeur. C'est un rôle actif car ses membres qui sont dépendants d'un produit ou d'une conduite sont autant de modèles possibles. Les enfants de fumeurs sont plus souvent que les autres des fumeurs réguliers à l'adolescence. La première prise d'alcool se fait généralement lors d'une fête de famille. Un alcoolisme parental ou d'autres conduites de dépendance au sein de la famille sont des facteurs de risque importants qui s'expliquent par des mécanismes d'imitation ou d'identification. Nous verrons plus loin que les carences affectives ou les distorsions éducatives, tout au long du développement de l'enfant, favorisent des conduites de dépendance à l'adolescence. Un enfant qui bénéficie d'un environnement affectif suffisamment aimant, rassurant, serein et respectueux de ses besoins d'autonomie pourra se construire avec un état de sécurité interne qui le protégera des risques d'entrée en dépendance à un toxique. À l'inverse, des parents aux réactions incohérentes, imprévisibles, étouffants, peu disponibles, inquiets quand l'enfant manifeste un besoin d'autonomie, indifférents ou malveillants, vont induire chez l'enfant un état de fragilité interne. Des troubles de l'attachement en résultent. L'enfant va ignorer la richesse des modalités relationnelles. À l'adolescence, du fait des remaniements psychologiques, cette fragilité est mise à nu et la dépendance à un toxique est utilisée pour la masquer. Elle vient occuper la place de toute relation à un autre ; car, au contraire d'une relation humaine avec tous ses aléas, la relation au produit est aisée à appréhender et à contrôler, se limitant au couple besoin-satisfaction du besoin.

## J'AI DU BON TABAC DANS MA TABATIÈRE...

Le tabac doit être considéré à part car il n'induit pas de trouble psychologique. Sa toxicité est uniquement physique. Sa consommation bénéficie d'ailleurs d'une grande tolérance parmi les parents. Il est particulièrement prisé des jeunes, puisqu'un quart des 12-19 ans déclarent être des fumeurs réguliers. On parle de tabagisme à partir de dix cigarettes quotidiennes. L'âge moyen d'initiation est 15 ans. La quasi-totalité des jeunes fumeurs sont conscients du caractère délétère du tabac pour leur santé, et la moitié d'entre eux souhaitent arrêter. Les campagnes d'information et de prévention ne sont pas vaines puisque la consommation de tabac a diminué de 50 % en vingt ans. Mais c'est surtout le tabagisme occasionnel qui baisse, tandis que le nombre de fumeurs réguliers est en hausse parmi les jeunes.

Il existe une véritable dimension initiatique soutenue par un aspect culturel évident. La première cigarette est le principal rituel exprimant la volonté de sortir de l'enfance. Longtemps essentiellement masculin, ce rite se féminise de plus en plus. Sur le plan individuel, le plaisir de fumer, comme celui de boire de l'alcool, est aussi l'écho d'une réactivation des pulsions orales. La cigarette dans la bouche évoque les premiers plaisirs du nourrisson et les premiers types d'échanges centrés sur le sein ou le biberon. La chaude fumée s'écoule dans les bronches comme s'écoule, jusqu'au ventre, le lait chaleureux. Se fixer sur les pulsions orales, peu menaçantes à l'adolescence, est aussi un moyen de compenser la réactivation d'autres types de pulsions plus gênantes, notamment agressives et sexuelles : « Je fume car ça me calme » est la principale réponse que me font ces jeunes quand je les questionne sur leurs motivations à l'usage du tabac.

Si la plupart des fumeurs occasionnels se limitent à cette conduite de dépendance, il existe cependant une loi d'accumulation qui établit un lien avec d'autres prises. Ainsi, chez les jeunes fumeurs, un sur deux a bu au moins une fois dans l'année de l'alcool, contre un sur sept chez les non-fumeurs. Les chiffres sont sensiblement les mêmes pour la prise de cannabis. Les jeunes fumant le plus sont également ceux qui consomment le plus d'alcool et qui ont essayé au moins une drogue illicite. À noter également que les jeunes pris en charge par la Protection judiciaire de la jeunesse (missionnée pour la délinquance juvénile) sont fumeurs à plus de 90 %. L'âge moyen du début de la consommation pour ces derniers est 13 ans.

L'influence parentale est évidente. Le nombre des jeunes fumeurs est trois fois plus important quand les deux parents fument que quand le couple est non fumeur. Les consultations antitabac se développent dans les hôpitaux. Mais la volonté d'arrêter reste le meilleur garant d'une réussite.

## Boire un petit coup, c'est agréable...

À l'adolescence, on quitte l'univers étroit de sa chambre d'enfant réchauffé par l'amour de sa famille pour affronter un monde gigantesque qui s'offre à nous. Des voies multiples sont possibles et des pouvoirs aussi grands que ceux des parents sont entre nos mains. Dans quel sens orienter sa vie ? Quelle direction prendre ? Avec qui se lier ? Les dangers de l'existence, jusqu'alors masqués par la protection des parents, deviennent apparents. Face à cette immensité inquiétante de questions et de choix, la dépendance à un produit est une fuite que l'adolescent imagine protectrice. Le produit vient résumer l'ensemble des besoins et des désirs. C'est une simplification rassurante du sens et de la quête de la vie.

> Michaël, 16 ans, que je suis pour des états d'ivresse fréquents, me déclare : « Quand je suis ivre, je ne me pose plus de questions. Je ne me prends plus la tête. La vie me paraît tellement plus simple. »

Les jeunes Français ne boivent pas, comme leurs aînés, du vin à chaque repas, mais privilégient la bière ou les alcools forts pris irrégulièrement ou le week-end. Près de 80 % des jeunes de 12 à 19 ans ont déjà consommé de l'alcool. Près d'un quart en consomment une fois par semaine ! Comme pour les drogues, ce sont surtout les garçons qui s'alcoolisent. Mais plus d'une fille sur cinq avoue avoir déjà été ivre. Elles consomment essentiellement des alcools forts. À 18 ans, deux tiers des adolescents, tous sexes confondus, ont déjà été ivres, l'âge moyen étant 15 ans et demi. La première « cuite » a également une valeur initiatique. Une prise unique ou occasionnelle ne signifie pas un état de dépendance, c'est la répétition des prises qui signe la pathologie qualifiée d'addictive.

Chez les adolescents alcoolo-dépendants, la première ingestion d'alcool a eu lieu en moyenne vers 10-12 ans. Mais l'âge du début de la consommation serait de plus en plus précoce, parfois dès 7 ou 8 ans ! En France, 7 % des moins de 10 ans boiraient régulièrement de la bière à table. En fait, si les jeunes boivent moins depuis une dizaine d'années, la fréquence des prises d'alcool chez les très jeunes augmente et touche essentiellement les milieux très défavorisés.

L'état d'ivresse est volontiers recherché, éventuellement par l'association de l'alcool à d'autres produits (haschich). Ce qui est recherché, c'est la perte de conscience, l'oubli et l'anesthésie de toute sensation. Les angoisses et le vécu dépressif sont, le temps de l'ivresse, étouffés. « Quand j'ai bien bu, ça me donne confiance en moi », me dit Steven, 14 ans.

Il existe un lien net entre alcoolo-dépendance et délinquance juvénile puisque 40 % des jeunes délinquants sont des consommateurs réguliers.

L'influence parentale est, là aussi, massive. Si le risque pour l'adolescent est multiplié par 1,5 en cas de père grand buveur, il l'est par 3 si c'est la mère qui est alcoolo-dépendante. La permissivité des parents joue aussi un rôle. Il serait plus grand dans les catégories socio-économiques élevées, ce qui expliquerait que, contrairement aux idées reçues, la consommation d'alcool est plus importante chez les adolescents dont les parents sont cadres que chez les ouvriers.

Il n'y a pas de portrait-robot de l'adolescent victime d'addiction. Tous les adolescents pourraient se rendre prisonniers d'un état de dépendance s'ils se trouvaient dans des conditions affectives ou relationnelles particulières.

Mais les adolescents ayant bénéficié, enfants, d'un environnement suffisamment aimant, harmonieux et équilibrant sont mieux armés pour passer le cap sans recourir à des drogues, licites ou non. Je développerai ce point plus loin.

## LA MAUVAISE HERBE

La consommation de cannabis, ou « herbe », est en augmentation chez les jeunes et tend à être banalisée. C'est le plant femelle du chanvre indien. Il en existe différentes variétés. En France, le cannabis est surtout fumé en cigarette (joint). Il peut aussi être bu en infusion ou intégré à un gâteau (space-cake). Le phénomène concerne tous les milieux sociaux. Trois fois sur quatre, le cannabis est associé à la prise de tabac. Plus d'un fumeur de tabac sur deux en a pris au moins une fois dans sa vie. Comme l'alcool et le tabac, la première prise a depuis quelques années valeur initiatique. Le nombre de jeunes l'expérimentant est passé, en quinze ans, de 20 à 45 %. Sa consommation ne cesse de croître. Chez les débutants, certains incidents – crise d'angoisse, troubles de l'équilibre, nausée, sueurs froides ou malaise – sont possibles. Cela renforce la valeur du rituel aux yeux des ados.

Dans certains lycées, un jeune sur cinq en consomme au moins une fois par semaine. Mais les chiffres sont sans doute sous-évalués en raison de la gêne à avouer une conduite illicite. Les garçons sont plus concernés que les filles. Ils sont davantage sollicités et acceptent plus volontiers. Si les filles expérimentent autant, également dans un contexte initiatique, elles répètent en moyenne moins souvent les prises.

Les jeunes habitants des zones très urbanisées sont beaucoup plus sollicités. Ce sont ceux qui consomment le plus de cannabis. Il en est de même des jeunes des milieux socio-économiques favorisés. La permissivité parentale augmente le risque de prise (ou facilite l'aveu dans les enquêtes conduites auprès des jeunes). Cependant, les trois quarts des consommateurs occasionnels déclarent que les parents ignorent leur conduite. Les consommateurs réguliers sont aussi ceux qui sont le moins satisfaits de leur orientation scolaire et se sentent le moins bien dans leur lycée. Ils sont plus souvent absents de l'école que les autres, sortent plus et sont plus émancipés sexuellement. Ils font aussi moins de sport.

Parmi les jeunes pris en charge par la Protection judiciaire de la jeunesse, les deux tiers reconnaissent avoir consommé ce produit.

Les facteurs familiaux qui protègent, statistiquement, d'une consommation régulière sont une ambiance agréable à la maison, des relations sereines entre enfants et parents, l'absence de conduite de dépendance chez un parent.

Chez les consommateurs réguliers de cannabis, on peut quelquefois observer des toux, maux de tête ou crises d'asthme en cas d'allergie au produit. L'effet recherché est un état de détente, de discrète euphorie, le sentiment que le temps suspend son vol, une impression toute subjective de facilité dans les mécanismes intellectuels et artistiques, une plus grande sensibilité aux perceptions visuelles, auditives et tactiles. Il n'entraîne classiquement pas d'agressivité, mais, mêlé à l'alcool, il aggrave l'ébriété qui peut être facteur de violence. Consommé entre copains à l'occasion de réunions hebdomadaires, il a valeur de signe de reconnaissance. Apaisant les tensions, il permet d'être « bien » ensemble, de faire le lien, d'où, je suppose, l'adoption commune du terme « joint », qui désigne la cigarette de cannabis. On parle aussi de « pétard », qui renvoie à la dimension festive, ou de « tard-pet » (en verlan), qui exprime symboliquement la retenue de l'agressivité (pulsion anale) qu'il rend possible. Il n'y a pas de dépendance physique mais à long terme une dépendance psychique est possible.

Il prend une autre signification quand sa consommation est plus régulière et solitaire.

> *C'est le cas de Rémi, 17 ans, qui en prend tous les jours. À la suite d'un contrôle de police, on a découvert sur lui une quantité laissant penser qu'il « dealait ». Après cet épisode, son père, un homme d'affaires très occupé, me le conduit de force. Le bon contact qui suit rend possible une prise en charge.*
>
> *Sa première prise a eu lieu à 15 ans, proposée par deux amis de son âge. Les prises qui suivirent furent irrégulières, à l'occasion de retrouvailles avec ses amis. Mais depuis six mois elles ont été plus fréquentes et solitaires, jusqu'à devenir quotidiennes. Les parents de Rémi se sont séparés quand il avait 2 ans et il vit seul avec son père depuis l'âge de 14 ans, car il ne supportait pas le nouveau compagnon de sa mère. Il est facilement en conflit avec elle après en avoir été très proche, dormant dans le même lit jusqu'à 7-8 ans. Il y a quelques mois, à la suite d'une déception amoureuse en apparence banale, sont apparus un désintérêt grandissant pour l'école, des troubles du sommeil, un état de tension intérieure entrecoupé de moments de tristesse intense. Le cannabis est alors utilisé pour tenter d'effacer ces symptômes dépressifs.*
>
> *Une psychothérapie, orientée sur l'étude des premiers attachements affectifs de Rémi et sur ses difficultés de séparation ultérieures, permettra une sortie de la crise en quelques mois.*

La consommation occasionnelle ne présente pas en soi de caractère de dangerosité physique ou psychologique – à l'exception de l'usage par des jeunes anxieux qui peuvent présenter de subites crises d'angoisse très vives ou des sentiments de persécution, ou bien de certaines variétés de cannabis aux puissants effets, pouvant être à l'origine d'hallucinations visuelles ou auditives.

Une consommation plus régulière doit alerter les parents. Il s'agit moins de prévenir des effets psychologiques à long terme (passivité) que de déceler le malaise éventuel qui pousse à une forme d'automédication et de ne pas retarder une aide psychologique nécessaire.

## ANCIENNES ET NOUVELLES DROGUES

Les autres drogues (héroïne, cocaïne, ecstasy, solvants, crack) entraînent davantage de dépendance et ont de graves conséquences physiques et psychologiques. Leur consommation est heureusement plus rare. Dans la population, parmi ceux qui vont faire l'expérience d'un produit illicite, 99 % prendront du cannabis et 1 % une autre drogue. La consommation de produits illicites en dehors du cannabis existerait chez 5 % des jeunes. Mais ces chiffres sont sujets à caution car la consommation n'est pas facilement reconnue. Les services sociaux et de police signalent que les sollicitations en zones urbaines vont croissant.

L'héroïne, aux effets dramatiques bien connus, est en perte de vitesse, comme la plupart des produits injectables. De 1 à 2 % des jeunes en auraient consommé au moins une fois. Mais les vrais chiffres sont malaisés à connaître. Les consommateurs, deux fois sur trois, présentent au préalable des troubles graves de la personnalité. Mais tout adolescent traversant une période dépressive ou anxieuse intense peut à l'occasion d'une mauvaise rencontre être tenté. 7 % des jeunes se sont vu proposer une drogue illicite autre que le cannabis au moins une fois.

Parmi les drogues stimulantes, la cocaïne (consommée par 2 % des adultes) est peu utilisée par les ados en raison de son prix. C'est un stimulant extrait des feuilles de coca, mais semi-synthétique. Elle est habituellement « sniffée » (inspiration nasale) sous forme de poudre blanche. Beaucoup plus rarement, elle est injectée en intraveineuse ou absorbée par voie anale. L'effet recherché est une augmentation de la vigilance et une stimulation euphorisante de l'humeur. L'adolescent lutte ainsi contre un vécu dépressif et de passivité. Il se sent tout-puissant, ayant l'impression d'avoir des capacités intellectuelles, motrices et sexuelles démultipliées. Il ne sent plus la fatigue, les coups physiques et n'a plus faim. La « montée » est très rapide après le « snif ». La « descente » associe épuisement physique, crampes et frissons. La dépendance psychique est extrême. Le risque est l'installation d'une anxiété et d'un état dépressif massifs. Chez les filles enceintes existe un risque de malformation fœtale.

Le crack est un dérivé de la cocaïne, sniffé comme elle, entraînant une dépendance physique particulièrement rapide. Il fait des ravages aux États-Unis et est à l'origine de nombreux délits pour s'en procurer. En France, il ne concerne qu'environ deux mille jeunes et sévit essentiellement aux Antilles.

Les amphétamines sont un stimulant psychique et physique très puissant. La sensation de fatigue est supprimée. On se sent tout-puissant pendant plusieurs heures. Elles sont habituellement consommées pour tenir pendant toute une nuit de fête, sous forme de cachets à avaler ou de poudre à « sniffer ». Leurs noms d'usage sont « amphèt », « speed », « ice » ou « cristal ». Les conséquences à court terme sont des comportements inconséquents, avec notamment une agressivité exacerbée. Les « descentes » induisent épuisement physique, état dépressif ou anxieux (crise de tétanie), avec un risque suicidaire.

De nouvelles drogues, généralement des dérivés de la cocaïne ou des amphétamines (stimulants), font chaque année leur apparition.

Parmi celles-ci, l'ecstasy fait déjà figure d'ancienne. Elle appartient à la famille des amphétamines, mais elle est souvent mélangée avec diverses substances (caféine ou atropine). Avalée en cachets, elle donne un état d'excitation, une euphorie, un sentiment de bien-être qui en font la drogue des noctambules. Sa consommation est en augmentation parmi les jeunes. Le prix à payer est un état de grande fatigue, de malaise, des évanouissements et une déprime aiguë lors de la « descente ». Si sa prise peut être occasionnelle, certains jeunes ne peuvent s'en passer pour sortir le soir. Parmi les risques encourus, celui d'une absence de mesures de protection liée à l'euphorie lors de rapports sexuels n'est pas des moindres. Chez les personnes vulnérables, des états de panique sont possibles. Voici les recommandations à donner aux jeunes si l'on ne parvient pas à les convaincre de s'en dispenser pour faire la fête : ne pas associer différents produits, boire beaucoup d'eau, ne pas en prendre avec de l'alcool, se dispenser de conduire, se faire accompagner d'un ami non consommateur et avoir sur soi des préservatifs.

Le GHB est moins connu. C'est une substance utilisée à l'origine comme anesthésique. Il est consommé sous forme d'une poudre blanche diluée dans l'eau. L'effet recherché est un état d'euphorie, de désinhibition, de légèreté et un effet aphrodisiaque. Les risques sont des troubles respiratoires, des crises d'épilepsie, voire un coma, surtout s'il est associé à l'alcool.

La kétamine est un anesthésique. Elle est nommée usuellement « Kéta », « Kristal », « Kit-Kat » ou « spécial K ». C'est une poudre blanche. L'effet recherché est en quelques minutes une perte de la notion du temps et de la sensation corporelle : « on flotte », « on ne sent plus rien de désagréable », « on plane ». Les perceptions auditives sont modifiées. Les risques sont un arrêt respiratoire, un ralentissement cardiaque et des troubles psychiatriques graves (état confusionnel ou délirant).

Les poppers sont à part du fait d'absence de dépendance et de toxicité maligne. Il s'agit de dérivés nitrés, dilatant les vaisseaux, qu'on inhale dans des flacons. Ils ont l'odeur de l'eau de Javel. Certains ne sont pas interdits à la vente. L'effet recherché est une sensation très brève de vertige, de chaleur interne, de sensualité augmentée. Les dommages sont des maux de tête et des palpitations.

## COLLE ET DÉCOLLE

Les solvants sont contenus dans les colles (colle de moquette, peinture), les gaz d'aérosols, l'essence automobile ou l'éther. Leur facilité d'accès en a fait la drogue des pauvres et des plus jeunes. Ce phénomène n'est pas le privilège de notre temps. L'éther a été découvert au XVIᵉ siècle et les ouvrages de psychiatrie du XIXᵉ évoquent son utilisation par inhalations et ses effets. Le produit s'inhale à l'air libre (« sniff »), versé dans un récipient ou bien le plus souvent imprégné dans un chiffon appliqué sur le nez (évoquant le « doudou » des enfants qui a sans doute fait défaut aux consommateurs). Les jeunes se réunissent en groupe pour le prendre ou pratiquent en solitaires.

Les effets des solvants ressemblent dans un premier temps à ceux de l'alcool : une impression de bien-être, d'euphorie, d'ivresse se déclare en quelques minutes. Des hallucinations visuelles très colorées, rappelant la vision dans un kaléidoscope, sont possibles. Plus rarement, le jeune consommateur peut être victime d'un sentiment de perte de contact avec la réalité. Il ne sait plus où il se trouve et différencie mal ce qui est réel de ce qui ne l'est pas. Cela peut entraîner des comportements de fuite, avec un risque d'agressivité envers lui-même (auto-agressivité) ou les autres. Aux modifications psychologiques et sensorielles peuvent faire suite des vomissements ou des troubles de l'équilibre. À long terme, des altérations de différents organes s'ajoutent au tableau.

Ce type de consommation se rencontre essentiellement dans les milieux défavorisés, notamment dans le cadre des grands ensembles urbains sinistrés socialement. Il témoigne de carences importantes et touche en particulier les jeunes adolescents. 4 % des jeunes auraient utilisé un solvant au moins une fois, mais les chiffres sont possiblement sous-évalués car les jeunes les plus sensibles sont difficilement accessibles aux études statistiques.

> *Kévin a 13 ans. Il vit dans le Val-d'Oise et a été surpris par une patrouille de police. Avec d'autres enfants plus âgés, il était en train de s'intoxiquer volontairement avec des solvants. Il a été confié à la brigade des mineurs et ses parents ont été convoqués et mis en demeure de consulter au dispensaire de psychiatrie de l'enfant où je les reçois.*
>
> *Le père, technicien, est sans emploi depuis deux ans et la mère est employée administrative. Elle a un discours très négatif sur son fils. Ses résultats scolaires sont mauvais et l'ont toujours été. Il est « insupportable » à la maison comme à l'école, d'où il est souvent renvoyé. Il se renvoie d'ailleurs lui-même en jouant les buissonniers. La mère se plaint également de ses mensonges et de ses attitudes de provocation. Il a un frère plus âgé et un autre plus jeune. S'il s'entend assez bien avec le cadet, à condition qu'il lui obéisse, il rivalise beaucoup avec l'aîné et les bagarres sont quotidiennes. Il se bat aussi hors de chez lui. « Ce sont les autres qui viennent me chercher », commente-t-il. Il sèche de nombreux cours : « Je n'arrive pas à rester assis en classe, c'est pas de ma faute. » Son comportement agressif et son incapacité à respecter les règles ont entraîné son éviction du club de football municipal.*
>
> *Pour le père, le problème vient de l'école : « Ils ne savent pas tenir les enfants. » Mais il reconnaît que son fils « n'entend rien ». Il a lui-même, dit-il, renoncé à lui « mettre des*

torgnoles » car « ça ne servait plus à rien ». « Mon mari ne s'en occupe pas, se plaint son épouse. Il passe son temps à prendre des bières avec les copains et à regarder les matchs. »

Kévin alterne cauchemars et rêves heureux : « Celui d'hier, j'étais avec Djamel au Maroc et l'on était sur des chameaux. On rigolait bien, on était tranquilles. Ceux qui nous poursuivaient étaient loin. Mais une tempête de sable est venue nous recouvrir. Quand je me suis réveillé, j'ai cru que j'étais mort. » Du solvant qu'il prend avec son copain, il me dit : « Avec ça j'oublie tout. Je vois la vie en rose. Ça me fait des vacances. »

Sa mère me dit qu'elle n'a eu que des ennuis avec Kévin : « J'ai eu des problèmes de tension pendant la grossesse. Bébé, il pleurait tout le temps. Il mangeait mal. Je n'en voulais pas. Le premier m'avait tout pris, j'étais trop fatiguée pour un autre. Au début, j'ai voulu avorter, mais ma belle-mère me l'a déconseillé. C'est d'ailleurs elle qui l'a gardé. Au bout de trois mois, je n'en pouvais plus et je lui ai donné. Ça ne se passait pas mal avec elle. Mais elle est morte quand il a eu 2 ans et je l'ai repris. À nouveau il ne dormait pas bien, je devais lui donner du somnifère en sirop. Il n'a jamais bien travaillé à l'école. Sauf les deux dernières années de maternelle. La maîtresse s'était entichée de lui. Il s'appelait comme son fils. Il devait le sentir parce qu'il l'appelait "maman". La maîtresse était gênée ; moi, je m'en fichais. C'est le portrait de son père. Il n'a pas mauvais fond, mais il ne pense qu'à s'amuser. »

Kévin est un enfant déprimé. Non investi par sa mère, il est symboliquement inscrit dans la lignée paternelle, mais il n'est pas soutenu à ce niveau. Sa grand-mère, maternante primordiale, est « partie » et son père, sans doute fragilisé par son chômage, démissionne.

Le suivi de cet enfant est difficile. Les rendez-vous sont fréquemment manqués jusqu'au jour où la mère décide que cela ne sert à rien de venir. J'ai sollicité l'Aide sociale à l'enfance pour qu'une aide éducative à domicile soit mise en place mais aucune décision en ce sens n'a été prise, faute de moyens *sans doute. Le maintien scolaire ne pouvant se faire, il est décidé qu'il sera orienté vers un établissement médico-éducatif mais il n'y aura pas de place disponible avant deux ans. Kévin fait l'école buissonnière, traîne, parfois tard, seul dans les rues, malgré son signalement, transmis aux structures judiciaires chargées de la protection des mineurs. Un an plus tard, la famille a déménagé, la mère ayant trouvé un emploi à plein temps en province. Je n'ai plus eu de nouvelles depuis.*

## DROGUES EN PHARMACIE

Les médicaments contre l'angoisse sont de plus en plus consommés par les jeunes. En cela, ils rejoignent l'ensemble de la population puisque les boîtes à pharmacie des Français en regorgent. C'est d'ailleurs là qu'ils les trouvent. Vingt-cinq millions d'ordonnances de tranquillisants sont rédigées chaque année. Ce sont surtout des médicaments de la famille des benzodiazépines. L'effet est garanti sur les tensions internes dues à l'angoisse. À la paix intérieure se greffe un état de somnolence pouvant aller jusqu'au sommeil. Les perceptions sont amoindries, la mémoire et l'attention fonctionnent au ralenti. À forte dose, un état d'ivresse peut voir le jour. En association avec l'alcool, l'effet est décuplé. L'adolescent plonge dans un univers délivré des pressions liées notamment aux conflits ou à la défaillance des adultes autour de lui, comme à ses propres tensions internes. Cet état cotonneux vient compenser, un temps, la carence d'un véritable cocon familial comme nous le verrons un peu plus loin. La nécessaire prise de distance avec les parents dans le domaine affectif place l'adolescent en carence d'apport. Même si les parents continuent à vouloir l'abreuver de leur amour, l'adolescent se ferme à cette offre, de crainte, inconsciemment, de s'y noyer. Il puise alors sur ses réserves internes, collectées dans l'enfance, en attendant de pouvoir élaborer avec d'autres des relations amoureuses de type adulte. Mais parfois ces réserves sont insuffisantes ou inaccessibles, n'apportant pas le bien-être que l'adolescent attend. C'est artificiellement qu'il va le créer.

On constate que ce sont surtout les filles qui sont demandeuses de ce type de médicaments. Les explications sont sans doute plurielles. Le caractère « médical » du produit offre peut-être l'illusion d'une toxicité moindre que l'alcool ou les drogues, en tout cas une dimension transgressive peu présente. La recherche d'une détente ne s'accompagne pas ici d'une volonté d'autodestruction comme avec les drogues dures. Derrière le médicament, il y a l'image du médecin prescripteur. La dépendance au médicament reste imaginairement en lien avec une dépendance relationnelle. Elle est moins en rupture avec la dépendance parentale que les autres drogues.

Après une consultation médicale, elles sortent cinq fois plus souvent que les garçons avec une prescription de calmants ou de remontants. Les parents ont un rôle important puisqu'ils servent de modèles. Les consommateurs de ces médicaments ont plus de risques que les autres de voir leurs enfants en prendre.

Les prescriptions de médicaments contre l'angoisse ou de somnifères ne doivent pas dépasser trois mois. Au-delà, une prise en charge spécialisée par un psychiatre se justifie.

On constate que, parmi les adolescents, 90 % ont consommé au moins une fois de l'alcool, du tabac ou du cannabis. Et plus d'un sur quatre a au moins essayé les trois. Parmi les 10 % restants, certains ont pris des médicaments psychotropes.

L'expérimentation semble donc faire partie de la crise nécessaire. La fonction initiatique paraît évidente. Mais la vulnérabilité des adolescents rend aisée la mise en place, à cet âge, d'une conduite d'addiction qui n'a plus rien à voir avec les rites de passage. La banalisation parentale est la plus grande complice des conduites de dépendance.

Il existe d'autres formes de ce type de conduite, qui ne recourent pas aux produits toxiques mais profitent de la même vulnérabilité. Les troubles du comportement alimentaire, qui sont de plus en plus fréquents en Occident, en font partie.

## BOULIMIE : NOURRITURE EN OVERDOSE

Les conduites d'addiction ne concernent pas seulement le tabac, l'alcool, le cannabis ou autres drogues. L'adolescent peut se rendre dépendant de la nourriture. Ce sont majoritairement les filles qui s'inscrivent dans cette forme particulière de toxicomanie. On peut considérer qu'elles deviennent dépendantes des aliments pour des raisons et par des mécanismes analogues à ceux auxquels sont soumises des personnes toxicomanes ou alcooliques.

*Pauline, 16 ans, n'a jamais été mince. Les photos d'enfance en témoignent. Elle contraste, en cela, avec sa mère, qui a été une adolescente anorexique et qui reste une femme plutôt maigre. À partir de 13 ans, année de sa puberté, Pauline a beaucoup grossi et est devenue presque obèse. Les examens médicaux, conduits cette année-là, l'attestent : cette prise de poids a pour seule explication un apport calorique excessif. Pauline a toujours été appréciée pour son appétit. Sa mère, bonne cuisinière, s'est sentie reconnue comme telle par sa fille. Mais depuis deux ans son appétence alimentaire a tourné à la voracité. Pauline mange de tout sans discernement. Elle finit chaque plat. Entre les repas, elle se livre au grignotage. Dans son sac de classe, les biscuits font de la concurrence aux cahiers. La nuit, elle se lève pour visiter le réfrigérateur ou bien se sert dans le placard de sa chambre, transformé en garde-manger. Sa mère veut qu'elle mène un régime mais Pauline s'y oppose. Elle mange, dit-elle, car elle a faim. Pourtant, son surpoids la* dérange. Elle se dit complexée et évite la piscine pour ne pas se mettre en maillot de bain. Son poids est au cœur de toutes les discussions à la maison – de tous les conflits également. Pauline est décrite comme une enfant très proche de sa mère : « Elle était toujours collée à moi. Elle ne supportait pas que je sorte. À la maternelle, je ne pouvais la laisser qu'à mi-temps », me dit la maman. Entre elles, dorénavant, le conflit autour du poids forme un nouveau lien. Le terrain de la nourriture est le seul sur lequel Pauline s'oppose à elle. Pauline refuse, salutairement, la liposuccion que sa mère lui impose. Quand elle mange à l'excès, l'adolescente transgresse la puissance maternelle et s'affirme indépendante. Le père se met volontairement en dehors et n'intervient pas sur cette question, ni sur beaucoup d'autres d'ailleurs. Mère et fille forment un couple uni sous le régime de la communauté alimentaire, complices les premières années et dans l'opposition actuellement.

La souffrance de cette jeune fille se retrouve dans ses relations difficiles avec les autres. Enfant, elle était déjà en retrait. Timide, elle avait le souci d'être conforme à ce que l'on attendait d'elle. Actuellement, elle n'a que deux ou trois copines, fortes comme elle, et ses relations paraissent plaquées et superficielles. Sa dépendance alimentaire, écho de sa dépendance maternelle, l'isole.

La psychothérapie que j'entreprends avec elle sera difficile. Je dois l'associer à une prise en charge familiale conduite par une collègue, mais les parents sont aussi résistants qu'elle aux changements. Pauline, au premier entretien, me surprend en demandant à dessiner – ce que les enfants font volontiers, mais que ne font qu'exceptionnellement les adolescents. Elle me montre la petite fille qu'elle est restée. C'est une petite île déserte au milieu d'une mer immense qu'elle représente, avec un coucher de soleil traversé de quelques mouettes esquissées. La mer au bord de laquelle elle dit être si bien. J'interprète cette image comme le besoin d'être entourée d'un cocon protecteur maternel. Sa chaude enveloppe de graisse joue-t-elle dorénavant ce rôle matriciel ? Le crépuscule exprime le *regret d'une enfance protégée qui n'est plus. Les oiseaux me rassurent. Bien que discrets, ils montrent que Pauline accepte sa nécessaire envolée adolescente.*

*La psychothérapie va l'éclairer sur la dimension addictive de son comportement alimentaire. Elle va expérimenter d'autres modes d'émancipation par rapport à sa mère, non liés à la problématique alimentaire. Elle s'ouvrira aux autres, acceptant d'autres pulsions que les pulsions orales. Elle traversera d'ailleurs une phase de grande agressivité qui mettra en péril le suivi. Elle maigrira et retrouvera un poids qui ne la mettra plus en danger physiquement. Un internat lui permettra, dans un second temps, de prendre plus avant son envol et de se remplir intellectuellement et affectivement.*

La boulimie est un trouble du comportement alimentaire véritablement toxicomaniaque. Contrairement à une idée répandue, elle est rarement associée à un surpoids : uniquement dans 15 % des cas. Le poids est normal dans 70 % des situations. Habituellement, la boulimie va de pair avec la hantise de grossir.

*C'est le cas d'Amélie, lycéenne de 16 ans. Elle fait attention à sa ligne depuis l'âge de 11 ans, me dit-elle. Elle voulait, à cet âge, devenir mannequin. Depuis un an, elle contrôle davantage son alimentation et pourtant elle tend à grossir, ce qui l'affole. La première crise de boulimie est apparue à la dernière rentrée scolaire. Au stress de la terminale s'est ajoutée une rupture amoureuse. Les grandes vacances ont été fatales au gentil couple qu'elle formait avec un garçon du même âge. Ils étaient ensemble depuis un an et Amélie vivait avec lui sa première histoire. Un après-midi, rentrant de cours et se trouvant seule dans la maison, elle se dirige sans réfléchir vers le réfrigérateur et consomme ce qu'elle peut y trouver : yaourts, fromages, charcuterie, confitures… Ce qui a débuté comme un en-cas s'achève en ripaille. La quantité avalée est inhabituelle. D'autres épisodes suivent, jusqu'à plusieurs par semaine. Les parents s'en rendent compte et consultent. Elle* me raconte que, lors des crises, elle est « en dehors de la réalité », « comme une somnambule ». Après s'être bâfrée, elle ressent un bien-être provisoire, un sentiment de plénitude. En entretien, elle manque d'évoquer le mot « extase », mais, honteuse, se retient. Il lui arrive de s'assoupir une demi-heure sur le divan du salon. À son réveil, c'est un sentiment de dégoût et un malaise profond qui l'envahissent. Rapidement, Amélie provoque des vomissements moins d'une heure après chaque crise boulimique. Boulimie et vomissements deviennent intimement liés en un pas de deux onaniste.

Les entretiens mettent en évidence un vécu dépressif important chez Amélie. La boulimie est utilisée comme une automédication antidépressive. Au sentiment de vide caractéristique de la dépression, elle répond en se remplissant concrètement d'aliments. Elle ne trouve pas ou ne parvient pas à puiser dans ses réserves affectives ou intellectuelles de quoi se nourrir suffisamment. Le contrôle de sa vie lui échappe. Elle essaie de la contenir en contrôlant son alimentation (ses pulsions orales), qui résume inconsciemment alors l'ensemble de ses désirs. Sa rupture amoureuse la pousse à mettre aux fers ses pulsions dirigées vers les autres (amoureuses et sexuelles). Mais la tension monte comme au sein d'une Cocotte-Minute. Elle doit lâcher du lest et la chose s'emballe en boulimie. Le vomissement est une tentative non consciente de reprise en main. La violence du cycle absorption-expulsion provoque des sensations physiques intenses qui lui donnent le sentiment d'exister et compensent l'anesthésie affective qui la gèle. C'est un électrochoc interne. L'ensemble reste dans le domaine de l'oralité. Elle retrouve alors le champ de ses premières sources de satisfaction, un temps où tout allait pour le mieux dans le meilleur des mondes. Mais le bien-être est de courte durée. La honte de cette régression et la fatigue physique réactivent vite le vécu dépressif. Amélie souffre également du sentiment angoissant d'aliénation car elle se rend bien compte qu'elle est devenue dépendante de sa conduite boulimique.

> Le traitement psychothérapique dans un premier temps accueille la dépression. Il conduit aussi Amélie à prendre conscience du rôle défensif de sa boulimie. Elle va élaborer peu à peu d'autres modes de jouissance. Une fois libéré de son entrave due à cette conduite de dépendance, le processus mental de son adolescence reprend sa dynamique. La prise en charge d'Amélie donne des résultats positifs assez promptement. On le doit, en premier lieu, à la vigilance des parents, qui ont découvert rapidement le comportement pathologique et ont demandé des soins sans tarder.

Ce type de prise en charge nécessite une grande confiance de la part des parents dans le psychiatre qui mène la psychothérapie. Car dans un premier temps les patients boulimiques remplacent leur dépendance alimentaire par une addiction au médecin. Le pendant de cette conduite est la tendance à une résistance et à une dérobade aux soins, qu'il faudra analyser avec la patiente et qui doit être comprise par les parents. On retrouve la même difficulté dans le traitement des autres conduites de dépendance.

## POURQUOI LES ADOLESCENTS SONT-ILS SI VULNÉRABLES AUX DROGUES, À L'ALCOOL ET, PLUS GLOBALEMENT, AUX CONDUITES DE DÉPENDANCE ?

Il y a une réponse à chaque étape du remaniement interne de l'adolescent.

Le besoin d'autonomie, qui est nécessaire mais difficile et qui fait partie du processus adolescent, est un facteur de vulnérabilité. La drogue peut être utilisée pour tenter d'échapper à l'emprise intellectuelle et affective des parents. C'est un contre-pouvoir. Si l'ado, présenté comme un être épris d'indépendance et de liberté, accepte de s'y soumettre, c'est simplement parce qu'il s'oppose au pouvoir parental. Il va dépendre d'une substance afin de ne plus dépendre de ces êtres adorés. Pour se détacher du roi et de la reine de son enfance, il se livre à la dictature napoléonienne d'un produit au vernis libertaire.

Heureusement, l'adolescent a d'autres moyens pour se détacher. Les passions diverses, propres à cet âge, ont cette fonction. Ne pas pouvoir se passer de sport, de musique ou d'Internet est le moyen de tenter de se passer de ses parents. En l'absence de centres d'intérêt suffisamment accrocheurs, le jeune peut devenir « accro » à un toxique. Mais l'inscription passionnelle dans une activité ne met pas à l'abri de la toxicomanie. Chez les sportifs de haut niveau, par exemple, la nécessité de se dépasser et la dépendance à la réussite conduisent parfois à l'usage de produits dopants.

Les angoisses de séparation accompagnent souvent l'émancipation psychique et affective de l'adolescent. Cette émancipation est la répétition de celle du petit enfant quand il devient indépendant en pensée (sentiment d'identité), en langage, en motricité (acquisition de la marche). Le chemin de l'autonomie a été, pour l'enfant jusqu'à 5 ans, bordé d'angoisses. Pour se défendre contre ces angoisses de séparation, il a mis en place un système psychologique qui lui est propre. L'attitude de son entourage et en particulier de ses parents a été, bien sûr, fondamentale. Leur comportement éducatif et leur amour ont donné le cadre et ont fourni les plans de montage à ce système de protection. Ils se sont montrés suffisamment disponibles sans être étouffants ; ont bien supporté que leur enfant soit toujours plus autonome ; n'ont pas été eux-mêmes angoissés par chaque mini-séparation (quand l'enfant va se coucher ou va à l'école, par exemple) ; étaient prévisibles dans leur conduite et leurs propos (des parents lunatiques désorientent l'enfant) ; et, enfin, ont été rassurants dans la plupart des circonstances. Ainsi, l'enfant a pu se construire une sécurité interne à l'image de l'enveloppe élaborée par son entourage. Cette enveloppe a été suffisamment protectrice pour qu'il se sente à l'abri, et pas trop hermétique pour pouvoir affronter le monde environnant. Des parents surprotecteurs, ne laissant aucune initiative et aucune prise de risque à leur enfant, aggravent l'angoisse de séparation.

À l'inverse, des parents indifférents ou malveillants, laissant toujours l'enfant se débrouiller seul, le critiquant ou se moquant de lui quand il échoue, induisent un état d'insécurité interne. Un enfant de constitution sensible et un entourage imprévisible, étouffant, peu disponible, carençant, angoissé par toute prise d'autonomie, incohérent dans ses réactions, non respectueux de l'individualité de l'enfant, ne vont pas permettre la construction d'un monde interne sécurisant. Cela placera l'enfant dans un état de dépendance relationnelle. Les enfants très carencés sont connus pour s'attacher sans différenciation à la première personne s'occupant d'eux et ont une facilité de contact en surface qui ignore les modalités et les modulations de la relation humaine.

Les angoisses de séparation de la petite enfance, mal contenues par un système de protection défaillant, vont réapparaître à l'adolescence. L'adolescent trouvera alors peut-être autour de lui des individus suffisamment solides, affectueux et respectueux grâce auxquels il pourra se restaurer, en réapprenant des relations humanisantes. En ce sens également l'adolescence peut être une deuxième chance pour reconstruire ce qui a été mal élaboré dans les premières années. S'il ne trouve pas cet accueil, le risque est grand qu'il n'ait, pour toute réponse à ses angoisses de séparation, que l'entrée et l'enfermement dans une conduite d'addiction. À l'inverse, un adolescent qui aura eu enfant une sécurité affective et relationnelle aura moins de risques de dépendre d'une drogue ou de l'alcool.

Le besoin de régression fait partie de la crise nécessaire. Les conduites de dépendance l'accompagnent. Le paquet de cigarettes en poche ou la cibiche à la main, le jeune retrouve, selon les termes de Dolto, un « microclimat personnel et rassurant ». Il renoue avec le temps où ses parents fumaient, détendus, en fin de repas, sans le déranger. Lors de ces moments privilégiés, ils étaient à côté de lui, sereins, et ne le sollicitaient pas importunément. C'est ce type de climat que l'adolescent aimerait avoir avec eux, les savoir bien dans leur peau, partageant l'appartement sans lui demander trop de comptes.

La régression, c'est aussi le temps du plaisir simple par consommation orale – le temps du biberon. La cigarette, le joint, la bière ou le comprimé d'ecstasy en bouche, c'est retrouver ce mode de satisfaction, où du bon était mis à l'intérieur de soi par une mère aimante. Ce type de plaisir, largement expérimenté, est bien connu – au contraire, par exemple, du plaisir sexuel, qui devient accessible, mais demeure mystérieux. Il est donc moins menaçant. Se fixer sur la pulsion orale, c'est aussi un moyen de « fixer » au sol les autres pulsions plus dangereuses. On « biberonne » de l'alcool pour être plein comme un « œuf » ou comme une « outre ». On s'encoconne comme un papillon effrayé ou nostalgique qui chercherait à redevenir chenille.

L'impétuosité, caractéristique fréquente des adolescents, est une autre cause de vulnérabilité. Les adolescents impétueux sont connus pour être, davantage que d'autres, sujets à la prise de toxiques. Ils ont des difficultés à différer une satisfaction et ont alors un recours plus facile aux calmants du type alcool, drogues ou tranquillisants. La capacité à différer est une qualité qui se transmet très tôt, dès le nourrissage, par la façon dont la mère va répondre aux différentes attentes de son bébé d'être nourri, changé, porté ou câliné. L'immédiateté dans la réponse apportée par l'entourage, tout comme la brusquerie, nuit à la construction personnelle de ce que j'appelle une « aire d'attente ». Tout cela influencera l'ado dans sa capacité à tolérer les petites ou grandes frustrations quotidiennes de la vie. Quand la parole accompagne les différents échanges avec la mère, répondant aux besoins de son enfant, elle prend une valeur apaisante. J'ai constaté qu'un adolescent que l'on peut soulager en lui parlant a été un bébé à qui l'on a parlé. Des études ont montré que, parmi les adolescents toxicomanes, on trouvait un pourcentage plus important que dans l'ensemble de la population de nourrissons ou d'enfants auxquels on avait donné des somnifères pour dormir. La sécurité interne obtenue grâce à un environnement familial aimant et rassurant est mise à contribution par l'enfant qui doit s'endormir ou qui se retrouve seul. Il se fabrique un cocon imaginaire et protecteur à partir des images positives qu'il a des personnes qui l'élèvent. L'adolescence est une autre naissance. Le jeune doit se créer un nouveau cocon interne sur les bases du précédent. La qualité du premier sera un fondement solide pour le nouveau. Un enfant habitué à être soulagé instantanément et artificiellement dans ses difficultés à s'endormir (une forme d'angoisse de séparation) ne pourra construire son « somnifère interne ». Devenu adolescent, confronté à ces angoisses réactualisées, il répondra sur le même mode en utilisant un toxique en guise de cocon artificiel.

Aux États-Unis, on commence à s'alarmer au sujet des millions d'enfants à qui l'on prescrit des tranquillisants. Un certain médicament est donné systématiquement depuis une dizaine d'années aux enfants considérés comme agités, chez lesquels on diagnostique une « hyperactivité ». L'« hyperactivité » d'un enfant est rarement sans cause. C'est, par exemple, une dépression chez un parent que l'enfant essaie de « réveiller » par son agitation ou bien le signe d'une angoisse, qui a elle-même ses causes propres. Mais l'approche américaine actuelle concerne essentiellement les symptômes et non leur cause. La puissance des laboratoires pharmaceutiques favorise les réponses médicales de type médicamenteux. Une fois découvert ce médicament qui arrête l'agitation des enfants, on a sorti un vieux concept du XIXᵉ siècle, l'« hyperactivité », pour inventer une nouvelle maladie résumant cette agitation avec inattention et problèmes de concentration. La définition de cette maladie se résume caricaturalement à ce que calme le médicament. C'est le médicament qui définit la pseudo-maladie. Le problème, c'est que ce médicament est un dérivé des amphétamines. Les amphétamines sont utilisées comme des drogues car elles possèdent un grand pouvoir stimulant physique et intellectuel. Le danger est qu'elles entraînent une forte dépendance. La « descente » est caractérisée par un ralentissement global, une fatigue intense et un état dépressif massif pouvant conduire au suicide. Chez l'enfant, le mécanisme d'action de ce médicament est mal connu. Stimulant artificiel, il est probable qu'il limite la fabrication interne des stimulants nerveux « naturels » et ralentisse l'activité de l'enfant. Mais les causes de son « hyperactivité » n'ayant pas été décelées et levées, l'enfant n'aura pas pu élaborer ses mécanismes de protection internes. Plus âgé, il n'aura d'autre recours que les drogues stimulantes pour se soulager de tout malaise. On observe d'ailleurs chez les adolescents américains traités enfants de cette manière un trafic du médicament concerné.

Il existe sans doute un lien entre le nombre croissant des prescriptions de psychotropes aux enfants et l'augmentation constante de la consommation de drogues chez les adolescents américains. Cette consommation démarre parfois dès la petite enfance. C'est avant 3 ans que doit débuter la prévention de l'alcoolisme et de la toxicomanie chez le futur adolescent.

La dépression avec laquelle flirte, ne serait-ce qu'un court moment, tout adolescent fait volontiers entrer dans la danse une ou plusieurs dépendances. L'adolescent perd ses joies avec l'enfance. Ce qui, bambin, le ravissait, l'enjôlait ou le réjouissait glisse dorénavant sur lui sans effet. La satisfaction de ses parents ne suffit plus à la sienne. L'alcool et les drogues profitent également du sentiment de vide et d'ennui qui remplit souvent l'adolescent, pour s'introduire en offrant stimulations et sensations. Le vécu dépressif normal, propre à cet âge, entrouvre la porte à la toxicomanie. Tout ce qui aggrave ce vécu en augmente le risque. Il y a les remaniements psychologiques et affectifs internes, les conditions familiales et sociales, la fragilité individuelle (mécanismes de défense psychologiques mal élaborés) et les aléas de la vie (échec scolaire, rupture amoureuse, deuil…). L'environnement peut être facteur de stress à tout âge de la vie. Mais l'adolescent est particulièrement réceptif et sensible aux événements externes car son organisation interne est en ébullition. Cette sensibilité, qui rappelle encore une fois celle du tout-petit, est aussi ce qui lui permet de croître mentalement en s'imprégnant de ce qui l'entoure. Détournant son regard de ses parents pour ouvrir grands les yeux sur le monde, il reçoit sa violence mais aussi sa richesse.

Si tout adolescent fait l'expérience d'un moment dépressif intense, il peut quitter cet état aussi subitement qu'il y est entré. Une réussite sportive, une bonne note, le sourire d'un bien-aimé font revenir le soleil en son cœur de manière spectaculaire. Les moments dépressifs chez l'adolescent ordinaire sont des orages d'été. Le danger d'une drogue est qu'elle peut piéger l'adolescent qui s'appuie sur elle quand son humeur flanche. Au-delà des moments dépressifs, qui font partie du développement normal d'un adolescent, une véritable dépression peut s'installer dans la durée. Le risque d'entrée en dépendance est alors plus important. Qu'il soit normal ou pathologique, la drogue

entretient ce vécu dépressif et rend plus difficile sa disparition. Prise au long cours, elle empêche un certain
nombre de processus internes lors des moments dépressifs
normaux, notamment la mise en place de mécanismes
mentaux antidépresseurs qui font la solidité mentale d'un
adulte.

La cristallisation de l'imaginaire chez certains adolescents
est un autre facteur de vulnérabilité. Le raz-de-marée
pulsionnel a parfois un effet sidérant sur l'adolescent.
Pour mettre sa conscience à l'abri de pulsions exigeantes
(en particulier sexuelles), il va construire dans son
psychisme une muraille épaisse, qui va séparer les fonc-
tionnements cognitifs (les processus intellectuels purs) et
les processus affectifs. La raison d'un côté et les passions
de l'autre : ce clivage a largement nourri la réflexion des
auteurs du XVIIᵉ siècle. Ces adolescents apparaissent assez
froids, impassibles, se gardant de sourire ou de pleurer,
bannissant toute expression d'émotion. Leur pensée est
concrète, parfois un peu rigide. Ils cherchent à intellectua-
liser tout ce qu'ils ressentent. Ils ne font aucun lien affectif
entre leurs différentes pensées. Ils ne se rappellent pas
leurs rêves et ne laissent pas les souvenirs, même récents,
occuper leur mémoire car ils craignent qu'ils ne fassent
pénétrer avec eux dans l'espace conscient du psychisme
des pulsions déguisées. Ils sont dans le factuel. Leurs sentiments sont mis sous clef. Souvent matérialistes, ils ne
connaissent que des besoins, se gardant des désirs.

Cette ligne Maginot les protège parfaitement des
angoisses que générerait l'irruption des pulsions dans la
conscience. Mais, en gelant tous les affects, elle les prive
de sensations. Ils ne sont plus que des êtres robotisés et
désanimés. Ce désert affectif finit par leur être pénible.
L'alcool ou les drogues peuvent leur fournir ces sensations
qui leur font défaut. Il s'agit de sensations artificielles, qui
ne sont donc pas angoissantes pour l'adolescent car elles

ne sont pas directement liées à ses propres pulsions. Mais les drogues et l'alcool libèrent également des émotions personnelles par déverrouillage des mécanismes protecteurs. C'est la dimension désinhibitrice bien connue de ces toxiques. Si elles sont acceptées, c'est, à mon avis, parce qu'elles sont liées directement et électivement aux prises, et qu'ainsi l'adolescent a l'impression de les contrôler. Elles restent compartimentées, écartées du reste de la conscience. À l'inverse, et contrairement à une idée répandue, les adolescents qui ont une vie imaginaire développée, c'est-à-dire les adolescents rêveurs et fantaisistes, sont plus à l'abri de ce type d'entrée en dépendance.

L'angoisse fleurit à l'adolescence. Parfois, elle éclôt brutalement, réveillant le sujet ou le surprenant en pleine journée. Le cœur s'emballe, le souffle manque, la pâleur gagne, la sueur perle et les membres tremblent. Si elle s'efface en quelques heures, elle laisse cependant un parfum pénible. Ces crises d'angoisse donnent, quand elles sont violentes, une sensation de mort imminente. L'adolescent ne comprend pas la cause de ces malaises subits et craint leur réapparition brutale. Plus souvent, l'angoisse est diffuse. C'est une inquiétude vague mais tenace, sans raisons précises, qui va et vient sans prévenir. On a vu qu'elle utilise le corps pour s'exprimer et les plaintes physiques ou les craintes centrées sur le corps sont des manifestations anxieuses classiques à cet âge. L'angoisse a d'autres costumes, que je vous présente au gré de ces pages. Quelle que soit sa forme, ses sources sont multiples et liées, on l'a vu, aux remaniements internes.

L'alcool et le haschich ont un effet calmant et apaisant important. Ils sont utilisés par l'adolescent pour éteindre le feu de l'angoisse, comme peuvent l'être les médicaments tranquillisants.

Gaétan, 16 ans, qui vit seul avec sa mère et sa sœur, me dit que s'il n'avait pas le haschich pour se calmer, il aurait depuis longtemps frappé l'une d'elles tellement elles l'agacent.

L'objectif est ici de brider les pulsions libidinales et agressives, facteur d'angoisse. Mais si l'angoisse est bien soulagée provisoirement, des prises au long cours de ces produits la rendent plus intense à chacun de ses retours. Les autres drogues stimulantes peuvent au contraire raviver l'anxiété au moment de la prise.

La drogue est aussi employée pour lutter contre le sentiment d'étrangeté qui fait partie de la crise d'adolescence ordinaire. Il est dû aux transformations physiques rapides et à l'arrivée de ressentis nouveaux. L'adolescent sent son apparence externe lui échapper et ne reconnaît plus son monde interne. Des sensations inédites le tirent de tous les côtés. Les effets d'une drogue peuvent, transitoirement, recouvrir tout cela d'une sensation globale et unitaire. La drogue vient imposer un paysage unique qui sera reconnu à chaque prise ; connu, donc supposé maîtrisable. Cela donne l'illusion d'un meilleur contrôle de soi. La dictature toxique rassure le psychisme petit-bourgeois de l'adolescent confronté à l'anarchie de ses perceptions.

La transgression est une autre des explications à la prise de toxiques. Le caractère illicite des drogues donne tout son sens à leur consommation dans ce cadre. Certaines conduites de transgression peuvent se comprendre comme la répétition de transgressions antérieures dans la famille. Mon amie le Dr Sylvie Angel parle de « loyauté transgénérationnelle ».

> *Parmi les motivations conduisant Paul-Henri, 15 ans, à consommer du haschich, la principale semble être de provoquer ses parents. Ils y sont, en effet, farouchement hostiles. Or c'est rarement à l'extérieur de la maison que Paul-Henri en consomme. En outre, il ne prend guère le soin d'aérer sa*

*chambre après usage, comme pour mieux informer ses parents de ses prises et déclencher leur fureur. Il suit de cette manière les traces transgressives d'un oncle maternel rejeté par sa famille pour avoir épousé une Africaine musulmane. Il l'avait connue à 19 ans et avait renoncé au catholicisme pour épouser également la religion de sa femme. La découverte de ce secret de famille en libère d'autres et l'on découvre que chaque génération de la famille maternelle a son « rebelle », exclu du groupe. En démêlant cela, la chaîne sera brisée et Paul-Henri pourra s'affirmer autrement.*

La dimension transgressive entre aussi dans le champ des conduites à risques que je présenterai en détail plus loin. La transgression n'est alors plus seulement par rapport aux règles familiales et aux lois sociales, mais aussi, plus largement, par rapport à la vie et à la mort. Il s'agit d'éprouver son pouvoir sur son existence par l'intermédiaire du corps.

La peur des autres peut se déclencher à la puberté, alors que l'enfant était très social. L'adolescent ne va pas oser parler en public, aborder un inconnu ni même parler au téléphone. Ses parents ne comprennent pas qu'il refuse de demander un renseignement à un commerçant. La parole devient pour lui chargée de pulsions agressives et il craint de faire violence aux autres en desserrant les dents. Il craint aussi inconsciemment de se dévoiler et de livrer, par ses mots, ses pensées secrètes car honteuses.

Mais cette retenue lui est pénible. N'arrivant pas à sortir de lui-même, il va user de produits qui vont le rendre moins timide ou inhibé et lui permettre de s'ouvrir aux autres, malgré sa peur. Par ailleurs, la sensation obtenue par le toxique comble le manque lié au vide relationnel.

Les relations humaines ne sont pas aisées à contrôler. Elles sont pleines d'aléas et de surprises. Ceux qui s'en défendent mal préfèrent s'en passer et portent sur un produit (drogue, alcool ou aliments) leur besoin d'attachement.

La peur de s'adresser aux autres, c'est aussi la peur de s'attacher à eux, avec le risque d'être un jour abandonné. On retrouve les angoisses de séparation déplacées cette fois sur d'autres que les parents. La drogue, elle, est toujours fidèle pour peu qu'on la paie.

Mais les autres, c'est-à-dire l'environnement social des adolescents, concourent également aux prises d'alcool ou de drogue. Les premières ivresses comme les premières prises de drogue se font rarement en solitaire. C'est généralement en groupe que l'adolescent saute le pas. À la curiosité et à la recherche d'évasion s'ajoute la pression du groupe. Il s'agit de vivre une expérience commune et de nier ainsi les différences et les conflits entre copains. La prise de toxique réunit ces solitaires. Être ivre ou planer ensemble, c'est échanger le même bien-être et les mêmes sensations. On ressent la même chose à quelques nuances près. On est dans le partage. La visée communautaire est prégnante à cette période de la vie. Elle est due au besoin de créer une « famille » d'amis en créant du semblable pour mieux quitter la dépendance à la sienne. Entre 12 et 16 ans, les transformations sont si importantes qu'il y a plus de différences entre les personnes qu'à n'importe quel autre âge. Les bandes d'adolescents sont des troupeaux bigarrés où le Tom Pouce à peine pubère côtoie la géante au corps de femme. Le besoin de trouver un terrain commun n'en est que plus nécessaire.

L'expérience, éventuellement répétée occasionnellement, a valeur initiatique d'entrée dans la communauté des futurs adultes. C'est un moyen d'affirmation de soi parmi ses pairs. L'histoire de l'humanité montre que l'alcool ou les drogues issus des plantes ont de tout temps accompagné les cérémonies rituelles et ont été associés au sacré. On quitte ici le cadre de la dépendance. Mais, pour certains adolescents, le rite va devenir habitude.

# 7

# L'ANOREXIE OU L'ILLUSION
## DE L'INDÉPENDANCE

L'anorexie existait dans l'Antiquité gréco-romaine et a été décrite en détail par l'Anglais Morton au XVIIᵉ siècle avec les mêmes traits que les descriptions cliniques actuelles. Elle concerne les filles à 90 %. Elle exprime l'incapacité d'assumer les transformations corporelles propres à la puberté. C'est un refus volontaire de s'alimenter qui s'accompagne d'un régime alimentaire particulier, d'une crainte de grossir qui entraîne un amaigrissement et souvent un arrêt des règles. Elle entre dans le cadre des troubles de l'image du corps dans la mesure où l'adolescente ne reconnaît pas son état de maigreur. Même quand celui-ci est impressionnant, elle continue de se voir comme obèse. Par cette restriction alimentaire, elle retient sa croissance et retarde le plus possible l'apparition des caractères sexuels secondaires (seins, hanches). L'anorexie concerne 1 % des filles de 12 à 18 ans mais est en augmentation en Occident. Ces adolescentes sont généralement hostiles à toute prise en charge et il est fréquent que des hospitalisations sous contrainte soient nécessaires. L'anorexie mentale reste une maladie énigmatique quant aux mécanismes qui la régissent, variés et complexes. On y trouve l'incapacité de faire le deuil du corps de l'enfance. Le nouveau corps est l'objet de haine et d'une tentative folle de maîtrise absolue. À l'extrême, les anorexiques se voudraient désincarnées. On pourrait dire que l'anorexique refuse sa nouvelle carapace.

## DISPARAÎTRE POUR ÊTRE

L'anorexie est probablement un moyen, non conscient, de lutter contre toute forme de dépendance. Cette lutte est d'autant plus importante que l'adolescente éprouve, au fond d'elle, une tendance à dépendre de façon fusionnelle d'une personne, d'une conduite ou d'un produit. Ce n'est pas un hasard si beaucoup de femmes toxicomanes, « guéries » de leur toxicomanie, ont une tendance à l'anorexie. Souvent les jeunes filles anorexiques ont, en secret, une profonde attirance pour les aliments. Elles étaient d'ailleurs souvent « boulottes » avant leur puberté, moment où débute généralement l'anorexie. Ingrid, qui a 18 ans et qui présente une anorexie depuis trois ans, adore cuisiner pour sa famille et ses amis. Elle a même écrit un livre de recettes qu'elle espère faire éditer. L'anorexie, chez de nombreuses jeunes filles, est une lutte contre une tendance à la boulimie. Ce combat, ardu, contre la dépendance aux aliments est rendu possible grâce aux satisfactions qu'il suscite. L'une de ces satisfactions est physique. En effet, la sensation de faim est peu à peu érotisée. C'est-à-dire que cette rétention devient source de plaisir, comme peuvent l'être des positions masochistes bien que les fondements en soient différents. (E. Kesterberg et S. Kesterberg, *La Faim et le corps*, PUF, Paris, 1972, évoquent l'« orgasme de la faim ».) À cela s'associent des sécrétions d'endorphines, productions naturelles de morphine qui produisent un état de bien-être interne. Les anorexiques ont souvent des activités physiques importantes, et ce sont ces exercices qui induisent ces sécrétions. Une autre satisfaction, non physique cette fois, est provoquée par les réactions, inquiètes ou hostiles, des personnes de son entourage. Elles donnent à l'adolescente le sentiment d'une prise d'indépendance par rapport à eux, en particulier quand la mère investit grandement son rôle nourricier avec ses enfants.

L'anorexie est une distance prise vis-à-vis du plaisir alimentaire mais aussi des autres formes de plaisir, en particulier le plaisir sexuel. L'énergie libidinale est mise au service du contrôle alimentaire. L'amaigrissement, avec la disparition des formes et l'arrêt des règles, porte atteinte aux aspects de féminité. La pratique sexuelle est possible mais est souvent mécanique, peu sensuelle, sans plaisir ou ne livrant qu'un plaisir très localisé. La dépendance amoureuse est crainte. Il arrive assez souvent que les jeunes filles débutent leur anorexie à la suite d'une déception sentimentale. L'anorexie est alors une tentative d'isolement, de repli sur soi narcissique pour se prémunir contre les douleurs de l'amour. L'anorexie est alors une forme de couvent.

Cette affection évite la dépendance, donc la déception et la frustration. C'est, selon l'expression de Bernard Brusset, le désir de ne rien désirer.

La prise d'indépendance par rapport à la famille est un échec car l'isolement affectif et relationnel qu'elle entraîne renforce la dépendance au milieu familial. Les hospitalisations avec séparation du milieu familial qui sont actuellement décriées avaient pour but de rompre cette interdépendance. Mais ce n'est pas simplement en séparant brutalement les personnes, physiquement, qu'on les rend moins dépendantes les unes des autres. C'est par un travail au long cours qu'on peut aider les jeunes filles anorexiques à couper dans leur tête et dans leur cœur les liens trop fusionnels qui les lient à leur famille. Sinon, le risque de cet échec d'indépendance est de les pousser à aller toujours plus loin dans l'anorexie, parfois jusqu'à la disparition dans la mort.

Contrairement à l'idée générale, je ne pense pas que l'anorexie soit un équivalent suicidaire. Le but véritable n'est pas de disparaître mais d'être. L'anorexie est une tentative désespérée d'exister. Or, pour ces jeunes filles (et parfois ces jeunes hommes), dépendre de quelqu'un ou de quoi que ce soit, c'est risquer d'être dépossédé de soi. La tendance à la dépendance est si importante que dépendre, pour elles, c'est être « possédé par ». Le thème universel de la possession diabolique reste présent dans l'inconscient collectif comme chez Myriam, 17 ans, qui me dit : « Quand je mange, j'ai l'impression d'être un monstre. » Être possédé par un plaisir ou une passion, c'est être dépossédé de soi-même.

L'anorexique cherche à ne plus dépendre d'autrui mais aussi à ne plus dépendre de son corps propre. L'anorexie mentale est une forme d'ascétisme, tel que j'en ai décrit les mécanismes intimes au début de ce livre, poussé à l'extrême. Les jeunes filles anorexiques présentent d'ailleurs souvent une hyperactivité physique et sportive. L'énergie qu'elles dépensent surprend quand on la compare à la faiblesse de leur poids. À cela s'ajoutent parfois des conduites comme sortir dans le froid en étant peu vêtues ou prendre des douches froides. Tout cela concourt à une tentative supplémentaire de maîtrise sur le corps.

## ÈVE

*Voici le cas d'Ève que j'ai suivie pour anorexie quand elle avait 15 ans.*

*Ève ne pèse que quarante kilos pour un mètre soixante. Durant la préadolescence, elle est devenue un peu boulotte. Elle considère être devenue énorme. Elle a d'ailleurs déchiré* les photos de cette période tandis qu'elle s'épanche avec nostalgie sur celles de sa petite enfance où elle était « un vrai garçon manqué », toujours dehors et grimpant aux arbres. Son amaigrissement impressionnant a débuté par un banal régime, « pour perdre deux ou trois kilos » disait-elle. Ses parents n'y voyaient aucun inconvénient d'autant que la mère décida d'en faire un (un de plus) dans le même temps. Mais quand Ève est devenue très maigre, les parents commencent à s'inquiéter. Ils découvrent plus tard qu'elle se fait vomir et utilise des laxatifs empruntés dans la pharmacie familiale. C'est à la suite d'un premier malaise par manque de sucre dans le sang qu'ils se décident enfin à consulter. Ève se présente avec des vêtements amples qui cachent mal une grande maigreur. Elle a le visage diaphane. C'est une jeune fille intelligente, sensible, très active, passionnée de sports (aïkido) et de musique traditionnelle celtique. C'est une bonne élève qui dévore la littérature médiévale. Ève exprime son dégoût de manger alors qu'enfant elle raffolait de la cuisine de sa mère. Par contre, elle affectionne de préparer des petits plats type world cuisine et collectionne les recettes. Elle reconnaît, en entretien avec moi, éprouver de la faim, mais savoure sa victoire sur elle-même quand elle résiste à son appétence.

Ève exprime une forte nostalgie du passé. Elle idéalise son enfance et rejette tout projet d'avenir autonome. Son ébauche de corps de femme la dégoûte. Elle dit haïr ses « formes » et trouver « grossier » tout intérêt pour le corps et le sexe. Elle voudrait un corps épuré de sexualité et de ligne. La grosseur évoque pour elle, comme pour beaucoup d'anorexiques, la grossesse et les règles, la capacité d'enfanter mais également le plaisir sexuel. L'anorexie lui confirme une neutralité sexuelle. Elle n'est plus fille ni garçon pour devenir une anorexique.

La mythologie celtique la passionne. Elle aimerait être, me confie-t-elle, un lutin. C'est-à-dire ni homme ni femme mais un enfant avec l'intelligence d'un adulte qui ne grandirait jamais et vivrait éternellement. Pour elle, garder un corps d'enfant, c'est aussi s'assurer qu'elle ne prendra pas celui de sa mère au *moment de l'apparition des caractères sexuels secondaires. C'est ce qui m'est apparu dans l'interprétation d'un de ses cauchemars : une femme dans la rue (représentant sa mère par différents liens métaphoriques) est assaillie par un adolescent et sa compagne qui, avec violence, lui arrachent ses bijoux et ses vêtements avant de la jeter dans une bouche d'égout ouverte (notion d'oralité récusée). Le garçon (son double dans le rêve) met alors la robe et imite vulgairement une femme aux formes généreuses.*

*En maintenant un état de maigreur sans forme, Ève laisse le volume à sa mère. Elle maintient ainsi avec elle un lien, dominé par la complémentarité et la dépendance.*

*Ève guérit de son anorexie par une psychothérapie sans avoir besoin d'être hospitalisée (ce qui est rare). Les parents en suivirent une, en parallèle, comme cela se fait classiquement. Mais, pour sortir du tunnel, Ève est passée durant sa psychothérapie par une période dépressive importante. On peut le comprendre en considérant que cette anorexie était chez elle une tentative (suicidaire) d'échapper à un vécu dépressif. La guérison de l'anorexie passait donc par la guérison de la dépression.*

La prise en charge des parents est nécessaire, ne serait-ce que pour les accompagner et les aider à surmonter leur inquiétude et leur souffrance face au drame que vit leur enfant. Le médecin va permettre aux liens de dépendance, trop contraignants, de se détendre. L'anorexie devient souvent le nœud central des relations intrafamiliales. Des cercles vicieux s'instaurent. Par exemple, devant la maigreur de l'anorexique, les parents (la mère le plus souvent), culpabilisés, vont chercher à la nourrir toujours plus. Le médecin, une fois le nœud défait, doit aider à retisser sur un autre mode les différentes interactions.

# 8

# ATOUTS RISQUES

L'adolescence est la période de tous les dangers. C'est l'âge des prises de risque. Il y a une mise en péril physique et mentale de la vie à partir d'actions décidées plus ou moins consciemment. On l'a vu avec l'alcool et les drogues. Dans l'enquête « Baromètre, santé jeune » de 1997-1998, sur une population de 4 115 jeunes âgés de 12 à 19 ans, 15 % reconnaissent avoir fait quelque chose de dangereux par plaisir ou par défi au cours du mois précédant l'enquête, et parmi eux les garçons sont deux fois plus nombreux que les filles.

Ce phénomène n'est pas nouveau. Il y a plus de deux mille ans, les jeunes combattants gaulois, nous raconte le futur empereur César dans ses écrits, jouaient à se pendre en se jetant d'un arbre, une corde nouée autour du cou. Le défi consistait à couper soi-même la corde au-dessus de sa tête avec une épée avant qu'il ne soit trop tard.

De nos jours encore, l'adolescent va fréquemment tenter le sort à l'occasion d'épreuves sous le regard d'un public (sports à risques) ou dans ses activités quotidiennes. Cela semble faire partie de la crise nécessaire. Il va sortir l'hiver sans se couvrir, traverser la rue au feu vert ou encore franchir des rails quand un train s'approche. C'est l'âge aussi des sports à risques et des conduites imprudentes à Mobylette, vélo ou en skateboard.

Les accidents sont d'ailleurs la première cause de mortalité des adolescents. Ils représentent 40 % du total des décès. La prédominance masculine est nette, avec un rapport de trois garçons pour une fille. La plupart des accidents ne sont, heureusement, pas mortels, mais peuvent avoir de graves conséquences. Un jeune sur cinq déclare avoir eu un accident nécessitant une intervention médicale. Les plus fréquents sont les accidents de loisirs et de sport, qui représentent la moitié du total. Viennent ensuite, pour 25 %, les accidents de la circulation.

## Courir sa chance

La prise de risque en véhicule motorisé était déjà fréquente chez les adolescents américains dans les années cinquante et a été illustrée au cinéma. Actuellement, c'est à Mobylette, roulant sans casque, ou en voiture, sans permis, ne respectant pas le code de la route, que les adolescents prennent des risques. Certains jeunes adoptent des conduites particulièrement dangereuses, qui ne sont pas à mettre sur le même plan tant les dimensions suicidaires et agressives sont prégnantes : il s'agit par exemple de conduite sur l'autoroute à contresens, souvent au volant d'un véhicule volé, en tentant d'éviter les voitures roulant en sens inverse. Ces conduites ne sont pas purement solitaires. La pression du groupe est un puissant facteur d'influence. La conduite à risque à vélo, en roller ou en skateboard est habituelle. On voit de jeunes rollers s'accrocher derrière les voitures ou des « skateurs » zigzaguer entre elles.

Les sports dangereux occupent une place croissante au sein des comportements à risques des adolescents. Je mets dans ce cadre l'ensemble des sports qui présentent un risque d'atteinte à l'intégrité corporelle avec connaissance d'un danger véritable. Les émissions télévisées consacrées aux aventures humaines ont beaucoup de succès auprès des jeunes. Dans les années soixante-dix, c'étaient l'alpinisme et les descentes de rivière qui occupaient le haut du panier des sports à risques. Le film *Le Grand Bleu*, dans les années quatre-vingt, a mis à la mode la plongée profonde. Actuellement on assiste à une diversification des pratiques : vols en ULM, sauts à l'élastique, escalade à mains nues, spéléologie, ski et surf hors-piste, parapente…

Les vacances en montagne se prêtent particulièrement bien aux sports à risques. Le risque s'insinue également dans les conditions que s'impose le jeune dans sa pratique sportive.

> *Tom, 17 ans, me raconte avec délectation une journée intense de surf des neiges après une nuit blanche passée en boîte :* « J'étais dans un état second, comme dans un jeu virtuel. »

C'est souvent à l'occasion de l'ivresse de la première descente ou de l'outrance de la dernière qu'ont lieu les accidents de sports de glisse.

Le saut à l'élastique procure de véritables moments d'extase.

> « Quand je saute, me dit Diana, 17 ans, j'ai à chaque fois l'impression que je m'envole. C'est un vrai délire. Une heure après, c'est comme si j'étais encore dans les airs. Je me sens si légère. J'oublie mon corps. » *Elle me dira par la suite qu'elle se sent mal dans sa peau et supporte difficilement sa silhouette. Elle ajoutera :* « Grâce à l'élastique, je ne suis ni fille ni garçon, je suis un oiseau ! »

> *Pour William, 16 ans, c'est un excellent remède à l'angoisse :* « Quand je saute, je vois la mort en face. À force, elle ne me fait plus peur. »

> *Karim, 16 ans, libère en toute impunité les pulsions* « masculines » *qui l'envahissent :* « À chaque coup, c'est le pied. Je saute comme un dieu. Quand je saute, je kiffe vraiment. »

## LES JEUX DE L'AMOUR ET DU HASARD

Les rapports sexuels non protégés sont aussi une forme, hélas non rare, de conduites à risques chez l'adolescent. Deux types de risque, très différents, sont possibles : celui d'une grossesse et celui d'une maladie sexuellement transmissible.

Les maladies sexuellement transmissibles sont décrites depuis l'Antiquité. La syphilis, appelée « mal français » ou « mal de Naples », selon les pays, conduisait en quinze ans à la folie et au trépas. La découverte des antibiotiques au milieu du XX$^e$ siècle a libéré, après des millénaires, la sexualité de ce danger de mort. La liberté a été de courte durée. L'apparition du sida a fait de la sexualité non protégée une conduite potentiellement mortelle. Malgré les campagnes d'information, l'usage du préservatif chez les adolescents reste aléatoire, en particulier chez les plus jeunes. Paradoxalement, une étude américaine a montré que les jeunes les plus inquiets du sida sont ceux qui prennent le plus de risques en ce domaine. Toutes les variations de la conscience du risque sont possibles. De la simple négligence apparente, en passant par l'excitation qui fait oublier la prévention, jusqu'au risque volontairement pris. Comme si la prise de risque était une tentative de maîtriser l'angoisse.

> *Voici le cas de Ralph, 19 ans, qui est serveur dans un bar. Son travail est son « territoire de chasse », dit-il. Il y fait de nombreuses rencontres et a des partenaires multiples. Le sexe, me confie-t-il, est son « unique passion ». Il connaît les risques relatifs au sida, mais n'utilise de préservatif que si sa partenaire le réclame. Tous les trois mois environ, il fait un test de dépistage dans un centre anonyme. C'est avec un émoi certain qu'il s'y rend. L'annonce de sa séronégativité est accueillie avec allégresse, comme une réussite à un jeu de hasard. C'est d'ailleurs souvent le prétexte à faire une fête entre amis. Le résultat de ces tests est comme la preuve réitérée que le sort*

*lui est favorable. Il me dit avoir la « main chaude », selon une formule empruntée aux joueurs et digne du don Juan qu'il pense être.*

Près de la moitié des nouveaux cas d'infection par le virus du sida survient chez des jeunes de moins de 25 ans. Dans le monde, statistiquement, cinq adolescents, chaque minute, sont infectés.

## ENTRER EN LICE

Plus des deux tiers des individus de la planète sont confrontés aux dangers naturels. En France, et plus généralement en Occident, la question de la sécurité est synonyme de progrès. Nos frontières sont à l'abri des guerres, la médecine n'a jamais été aussi performante, la Sécurité sociale devient universelle, la peine de mort n'existe plus, le niveau de vie permet à l'immense majorité de manger à sa faim. Tout concourt à la sécurité de l'individu. Les prises de risque de l'adolescent contredisent cette logique. En France, celui qui prend des risques se marginalise. Serait-ce l'expression d'un héroïsme moderne ?

En fait, prendre des risques a des significations et des fonctions multiples pour l'adolescent. L'adolescent n'a pas toutes les capacités, la maturité ni le recul d'un adulte pour repérer et jauger correctement les risques encourus. La prise de risque l'est parfois par méconnaissance ou par mauvaise appréciation de la situation. En outre, si la force et la souplesse sont présentes, la coordination parfaite d'un corps tout neuf fait défaut. Le nombre d'accidents s'explique aussi par cette immaturité. Par ailleurs, le caractère impétueux des adolescents, leur ressort, leur turbulence, la versatilité de leur humeur favorisent les actions impulsives.

Mais prendre des risques, c'est aussi un moyen de connaître les limites du pouvoir que l'adolescent exerce sur son nouveau corps. Ce corps, il lui faut le dompter comme un animal sauvage. Avec les transformations physiques qui s'opèrent en lui, il hérite d'un vaste territoire dont il n'a pas la carte géographique. En prenant des risques, il part à la conquête de ses nouvelles terres pour en découvrir les frontières. Une fois connues, grisé par la force qui le submerge, il va alors tenter de les repousser le plus loin possible.

Mettre son corps en jeu à cet âge, c'est aussi une façon de se le réapproprier. Quand on a l'impression qu'il s'échappe, c'est le remettre en soi, en « je ». C'est l'enraciner, reprenant ici l'étymologie du mot « risque », qui vient du grec *rhiza*, « racine ». C'est également briser la tutelle que ses parents exercent sur soi. L'enfant se vit comme la propriété de ses parents. Ils lui disent : tu es « mon » enfant. Si le jeune enfant est si désagréable avec ses parents quand il est malade, c'est qu'il imagine que ceux-ci sont à l'origine de sa maladie, ou du moins qu'ils sont aptes à le rétablir. Il croit même inconsciemment que ses parents, lui ayant donné la vie, ont le pouvoir de la lui reprendre.

> Jordan, 12 ans, me raconte un cauchemar dont il s'est souvenu, qu'il avait déjà fait beaucoup plus jeune à plusieurs reprises : ses parents l'emmènent dans une navette spatiale dont il est le pilote. Il s'envole. Mais il retrouve, dans le vaisseau, ses parents devenus des extraterrestres qui veulent le tuer, c'est-à-dire reprendre ce qu'ils lui ont donné.

À l'adolescence, pour s'émanciper véritablement, il faut récupérer le feu de l'Olympe – ce pouvoir divin de vie ou de mort sur soi-même. Prendre des risques, c'est expérimenter sur sa vie. C'est, comme pour le corps, mettre sa vie en « je » et donc se donner la vie à soi-même. C'est un auto-engendrement.

Je crois aussi que les prises de risque sexuelles dans le cadre d'une sexualité non protégée cachent parfois la volonté inconsciente de donner la vie. C'est vrai notamment pour les filles, toujours dans le dessein de s'octroyer ce divin pouvoir parental. Malgré le niveau d'information sur les méthodes contraceptives, on compte de nombreuses grossesses d'adolescentes dites « non désirées ». Ce type de prise de risque est souvent transgénérationnel. Les mères de ces adolescentes ont fréquemment été elles-mêmes enceintes très jeunes.

L'adolescence est l'âge des questions dites « existentielles » : ce que vaut la vie, le sens de l'existence et celui de sa propre vie. Surmonter des épreuves, c'est un moyen symbolique de s'assurer qu'on a une certaine valeur, surtout quand la réussite scolaire, puisque c'est elle qui est reconnue par les parents, n'est pas au rendez-vous. Quand on quitte l'enfance, le champ s'élargit. On découvre l'immensité de l'humanité et l'on perd sa mégalomanie infantile. On prend conscience atrocement qu'on n'est qu'une poussière d'étoile, après avoir cru être le roi du monde parce qu'on était l'enfant roi au cœur de l'attention de ses parents. Prendre des risques, c'est alors une façon de mettre à distance le sentiment pénible de son insignifiance face au monde environnant.

On a vu que l'adolescent était facilement envahi par des fautes imaginaires et par un sentiment de culpabilité à fleur de peau. Cela s'explique notamment par l'apparition de désirs nouveaux que le surmoi juge honteux et par les différentes pulsions qui fleurissent. La prise de risque devient alors un mécanisme inconscient de s'éprouver comme pour se soumettre à un jugement divin. On pourrait traduire cela ainsi : « Si je m'en sors indemne, c'est que je suis innocent. » Par extension, on pourrait ajouter : « Et que je suis digne de vivre. » C'est l'équivalent de l'ordalie au Moyen Âge. Cette épreuve judiciaire était aussi connue sous le nom de « jugement de Dieu ». En l'absence de preuves suffisantes, on plaçait le suspect dans une situation périlleuse. Il pouvait être, par exemple, jeté au milieu d'un fleuve. S'il en réchappait, c'est qu'il était protégé par Dieu, donc innocent. Au contraire, s'il périssait, cela signait sa culpabilité. À l'innocence proclamée s'ajoute un supplément divin qui fait de l'individu survivant un élu. Ayant survécu à un parcours de vie semé de prises de risque, l'adolescent peut se considérer du côté des forces protectrices et légitimé dans sa qualité d'homme ou de femme.

> *Amet, 18 ans, est décrit comme un adolescent instable après avoir été un enfant sans problème. Depuis deux ans, ses études d'électronique sont conduites avec médiocrité. Coléreux, irritable, il se montre insupportable en famille comme à l'extérieur. À la suite d'un accident de Mobylette qui aurait pu lui coûter la vie, il se métamorphose. Sa mauvaise humeur le quitte, il se montre sérieux dans son travail et fait preuve d'une joie de vivre et d'un entrain convivial qui font le bonheur de son entourage. Il présente d'ailleurs sa vie en deux parties : un avant et un après l'accident.*

Chez Amet, l'accident présente une valeur symbolique aussi forte qu'un baptême (ou autre rituel de naissance) ou un mariage. Il s'est senti élu et légitimé dans son envie de vivre. Il s'est senti désiré. Au même titre que nous pouvons nous demander si nos parents nous « désirent » ou si nous n'avons été qu'un « accident », l'adolescent s'interroge, plus ou moins lucidement, pour savoir si la vie le « désire ». Je me demande d'ailleurs si le fait de ne pas s'être senti ou cru suffisamment désiré à sa naissance par ses parents n'est pas un facteur qui favorise les prises de risque. Échapper à la mort devient la preuve que l'on mérite de vivre. C'est le garant du droit de vivre.

Le comportement à risques a aussi une valeur de rite de passage. Nombreux sont les adolescents qui ont besoin d'accomplir un acte héroïque ou simplement de bravoure comme pour mériter leur vie. La guerre a été pour les grands-parents des adolescents actuels l'occasion d'actes de ce type. Sur les barricades des grandes manifestations de Mai 68 on se croyait parfois glorieux. L'acte héroïque donne le droit de ne plus vivre désormais dangereusement. À l'image de ces héros de l'Antiquité gréco-romaine, on peut se reposer sur ses lauriers le reste de son existence.

Les garçons adolescents supportent mal la passivité. Elle est pour eux synonyme de féminité ou de position infantile. Les remaniements qu'ils subissent font qu'ils se sentent parfois passifs face aux changements internes et de physionomie qu'ils subissent. Prendre des risques, c'est aussi se donner un rôle actif.

Un succès après une prise de risque est pour l'adolescent une réussite sur lui-même. Elle le valorise de surcroît aux yeux de ses pairs et des autres en général. Ces victoires contribuent à renforcer son estime de soi, qui est, on l'a vu, souvent altérée à cet âge. La mésestime de soi et les sentiments de culpabilité sont au cœur du vécu dépressif. Il en est de même de l'ennui. La recherche du risque est aussi une recherche de sensations. En ce sens, je considère, avec d'autres, que ces comportements à risques à l'adolescence sont aussi un moyen de lutter contre la dépression.

La prise de risque est parfois un moyen inconscient de se punir.

> *Jérôme, 17 ans, a droit à des reproches de son père à propos de ses résultats scolaires, qui ne sont pas à la hauteur de ses possibilités. Le sermon a lieu devant sa petite amie, ce qui vexe terriblement Jérôme. Il réagit de façon inhabituelle en insultant son père. Quelques heures après, il a un accident de scooter, responsable d'un traumatisme crânien. Un refus de priorité, un*

*excès de vitesse et l'absence du port du casque sont notifiés sur le rapport de police.*

*Jérôme s'est inconsciemment puni de son manque de respect vis-à-vis de son père. On pourrait trouver le châtiment disproportionné par rapport à la faute, mais l'inconscient n'a que faire du code pénal.*

## RETOMBER SUR SES PIEDS ET RENOUER LA PARTIE

On voit donc qu'à l'adolescence la prise de risque relève diversement d'une méconnaissance du danger, d'une mauvaise évaluation des risques, d'une recherche inconsciente de limite, d'une volonté d'autopunition, d'un mode de soulagement d'un état de tension, d'une conduite ordalique ou encore du désir d'un flirt volontaire avec la mort.

Certaines attitudes font partie de la crise nécessaire, mais d'autres témoignent d'une pathologie sous-jacente à prendre en charge. Il ne s'agit pas tant de la nature de la prise de risque que de sa répétition ou du désir de jouer avec la mort. L'épreuve ordalique rate alors son but. Les conduites à risques répétées traduisent une absence d'accession au sens symbolique. On quitte le champ sociologique pour le champ pathologique. Ainsi en est-il des prises de risque qui sont des équivalents suicidaires. Le jeu de la roulette russe est un exemple historique (très prisé par les soldats de la Russie impériale) qui revient à la mode. La consommation d'alcool ou de drogue favorise la prise de risque car elle a un effet désinhibiteur, facilite l'impulsivité et donne un sentiment de toute-puissance. Les rapports sexuels non protégés sont plus fréquents chez les jeunes présentant des troubles anxieux ou dépressifs, une dépendance à l'alcool, à une drogue, ou ayant subi des traumatismes divers.

À propos de dépendance, on constate que certains jeunes sont quasiment dépendants des conduites à risques. Ils sont toxicomanes du danger. Le comportement risqué devient une manière de vivre, qui est utilisée pour tenter de se donner une identité quand celle-ci fait défaut. C'est alors une façon d'être reconnu quand on ne parvient pas à l'être autrement par un entourage vécu comme indifférent. Il ne s'agit plus de dépassement de soi mais d'une modalité pathologique d'existence analogue aux autres états de dépendance – avec la mort en bout de course.

La prise de risque est souvent un appel lancé à l'adulte : « Regarde-moi ! Vois ce que je peux faire désormais ! Considère-moi ! Reconsidère-moi ! » Cet appel ne doit pas rester lettre morte. Il importe que les parents, qu'ils soient ou non les témoins directs de ces prises de risque, ne les dévalorisent pas. Ils doivent rappeler les règles de sécurité et les dangers encourus, mais ne doivent pas, selon moi, déprécier dans sa valeur intrinsèque l'action effectuée. Sinon, l'adolescent aura tendance à lever la barre toujours plus haut, en quête d'admiration. Ils diront par exemple : « Tu as pris de grands risques. J'ai eu très peur. Je sais maintenant de quoi tu es capable. Je vois que tu n'es plus un enfant. » L'information sur les risques liés à une activité est indispensable car les adolescents ont une mauvaise capacité d'évaluation. Mais insister trop sur le caractère dangereux pourrait inciter l'adolescent à tenter le diable. L'adolescent, en effet, va préférer de beaucoup un risque connu dans une activité qu'un risque uniquement lié au hasard. En prenant des risques, il tente d'ailleurs de lutter contre la loterie absurde de la vie. Risquer sa vie, c'est tenter de maîtriser l'aléatoire.

Les parents ne doivent pas cacher la peur qu'ils ont eue. Ils doivent surtout reconnaître que leur enfant a changé et se montrer satisfaits de cette dynamique. Car les prises de risque sont un moyen d'émancipation. C'est une façon de se déclarer autonome, détaché de la protection parentale. C'est, je pense, l'écho des premières prises de risque de la petite enfance. Quand, petit, on escaladait les meubles en regardant du coin de son œil coquin sa mère, inquiète mais fière de notre autonomie naissante.

Par rapport au groupe des pairs, prendre des risques, c'est le moyen d'être admis. C'est le gage qu'on n'est plus le petit enfant de ses parents et qu'on substitue sa dépendance familiale à une dépendance à la bande.

Les parents doivent aussi rappeler à l'adolescent qui souhaite prendre des risques que sa liberté s'arrête là où commence la sécurité des autres. La prise de risque doit être individuelle et ne pas mettre en danger la vie des autres. Rouler à contresens ou en état d'ivresse, avoir des partenaires sexuels multiples sans se protéger, c'est aussi menacer l'autre et cela n'est pas tolérable.

Il faut tenir compte du besoin d'héroïsme des jeunes. La conduite à risques n'est pas le seul moyen de l'obtenir. La réussite scolaire à des concours difficiles est une voie possible. Elle est, bien sûr, fonction de l'environnement et du regard familiaux. Une réussite au bac dans un milieu de polytechniciens n'est, hélas, guère valorisée. Tandis que dans une famille où les parents ouvriers se sont saignés aux quatre veines pour mener leur enfant jusque-là, c'est une victoire. Pour d'autres, faire la une de la presse locale pour une réussite sportive, une élection de miss, ou passer à la télé pour un radio-crochet suffisent à satisfaire ce besoin d'« un quart d'heure de célébrité ».

Prendre des risques, c'est tenter de se mettre à la hauteur de l'adulte. Les jeunes travailleurs prennent statistiquement moins de risques que les lycéens. Plus on confiera de responsabilités à un jeune et moins il prendra de risques.

# 9

# LES RITUELS DE PASSAGE

L'adolescence est un passage entre deux mondes : de l'état d'enfant à celui d'adulte. Le verbe *adolescere*, qui signifie « croître », est la racine latine à la fois du mot « adolescence » et du mot « adulte ». Le passage à l'âge adulte est donc inscrit dans le mot « adolescence ». Pourtant, sa durée, qui serait selon les historiens et les sociologues de plus en plus longue, en fait un état à part entière. Cet allongement m'apparaît simplement proportionnel à l'augmentation de la durée de la vie. Contrairement à beaucoup, je considère que ce prolongement est un atout. Une plus longue maturation contribue à ce que les adultes soient potentiellement plus développés. Au même titre que l'immaturité neurologique des petits d'hommes comparativement aux autres petits mammifères (le cerveau continue de grandir et le bébé est plus longtemps dépendant de ses parents) favorise la prééminence humaine.

Je vous ai présenté les différents remaniements internes que l'individu tente d'apprivoiser par des mécanismes psychologiques et des comportements personnels. Mais il existe également une réaction de la communauté humaine pour accompagner ce processus, lui donner un sens commun, l'encadrer et lui permettre une évolution allant dans le sens de la société. Chaque étape de la vie humaine (naissance, union, maladies, retraite, décès) est l'occasion de manifestations sociales particulières. D'autres événements naturels font l'objet de rites. Ainsi en a-t-il longtemps été du passage des saisons, occasion de fêtes diverses. La fonction est toujours, pour le groupe, de tenter de maîtriser le cours des événements. « Quand les choses nous dépassent, feignons d'en être les organisateurs », a écrit Jean Cocteau. La nature de ces différentes manifestations donne des couleurs spécifiques à une société donnée.

Les rites de passage sont le moyen pour les membres du corps social d'assimiler une transformation de l'un d'entre eux. À l'individu, cet encadrement social donne une enveloppe externe protectrice durant sa mue, période de fragilité physique et psychologique. L'adolescence en particulier, je vous l'ai montré, est une période riche en tensions internes multiples. Par les rituels, nous dit le Pr Jeammet, le groupe social prend à son compte une partie de ces tensions et se charge de leur donner un sens. L'adolescent initié se sent transformé et il est reconnu comme tel par l'entourage familial et social. Il acquiert de ce fait une nouvelle autonomie.

## RITES ANCIENS

Dans de nombreuses sociétés dites « traditionnelles », les rituels d'initiation se pratiquent pendant une période allant de quelques jours à plusieurs années. À chaque étape, l'individu acquiert de nouveaux droits et devoirs. Filles et garçons sont initiés ensemble ou séparément selon la différenciation des rôles féminins et masculins dans la société en question. Habituellement, ces divers rites ont en commun un temps d'isolement du reste de la communauté, un marquage corporel et un certain nombre d'épreuves. Le marquage corporel passe souvent par une ablation : une dent est arrachée, les cheveux sont coupés, le corps épilé par endroits, ou bien encore le prépuce sectionné (circoncision). On compense ces pertes qui symbolisent l'enfance que l'on quitte par des ajouts : parures, tatouages ou scarifications symbolisent aux yeux de tous les transformations corporelles. Ils marquent aussi les nouvelles limites corporelles et sociales. Les rites d'initiation ne sont pas, ou pas seulement, un apprentissage. Ils sont le passage nécessaire pour avoir accès à un savoir. Ces signifiants extérieurs qui illustrent le corps sont les représentations de ce qui va être transmis en termes de savoir (culturel, naturel ou spirituel) communautaire.

Le jeune est généralement isolé de sa famille et du reste de la communauté pendant une période donnée. Cette exclusion ritualisée est orchestrée comme une mort symbolique : celle de l'enfance. Dans certaines tribus indiennes, rapporte Carlos Castaneda (*Le Voyage à Ixtlan*, Paris, Gallimard, 1972), les garçons devaient quitter le village, s'installer à l'écart et s'abstenir de manger jusqu'à ce qu'ils aient des visions. Ces visions étaient considérées comme une mort spirituelle puisqu'elles témoignaient d'une visite aux ancêtres. À Mayotte, encore de nos jours, les adolescents doivent construire une cabane à l'orée du village. Ils vivent ainsi, entre eux, à l'écart du reste de la population, avant de revenir pour se marier. Dans la tribu aborigène des Warlpiri, le garçon, à 11 ans environ, débute son initiation en étant séparé des femmes et en séjournant dans un campement avec d'autres garçons du même âge. Au Siam, l'ancien royaume de Thaïlande, tous les garçons entraient au monastère à l'aube de leur puberté et en sortaient pour se marier. En France, les communions religieuses catholiques étaient souvent précédées d'une retraite sous la conduite d'un curé.

Durant cet isolement ou par la suite, le futur initié subit des épreuves. Généralement, il doit rester silencieux. Cet ensemble équivaut symboliquement à la gestation qui précède la nouvelle naissance de l'adulte qu'il sera. Filles et garçons ont habituellement des épreuves distinctes. Ces rituels signent symboliquement la différence des sexes, après qu'a été marquée la différence des générations par la séparation entre enfant et parents. La circoncision, répandue en Afrique, concerne également les garçons des tribus aborigènes entre 10 et 15 ans. Une épreuve de chasse d'un animal sauvage, en solitaire ou en groupe, était courante en Afrique ou en Océanie. En Australie, les jeunes filles devaient subir leur défloration en public, effectuée au doigt par une vieille femme ou un vieil homme. Ailleurs, on incisait le vagin pour l'élargir, facilitant les accouchements futurs. Dans d'autres ethnies, toujours en public, c'était par plusieurs hommes et sexuellement que les adolescentes étaient dépucelées. Les garçons en Océanie étaient invités à avaler après fellation le sperme d'un homme adulte, prenant ainsi possession de leur virilité. Chez des ethnies du Kenya, après la circoncision et l'excision, garçons et filles sont réunis et invités à coucher ensemble, avec échange de partenaires, sans pénétration.

Les différentes épreuves passées, les interventions corporelles subies, le jeune est réintégré dans la communauté à l'occasion d'une fête. C'est une nouvelle naissance, une renaissance. Il a de nouveaux droits et de nouveaux devoirs. En règle générale, le jeune reçoit un nouveau nom. Au Kenya, dans certaines populations, on enroulait un tissu autour des jeunes, évoquant un cordon ombilical. Une accoucheuse le sectionnait. Des parents « adoptifs », équivalents de parrains, étaient désignés. Durant quelques semaines, les jeunes initiés avaient la liberté de faire ce que bon leur semblait. À l'issue de ces vacances, les garçons recevaient un équipement de guerrier. Dans la Rome antique, à l'occasion de fêtes issues des bacchanales, l'adolescent échangeait sa toge infantile pour revêtir une toge virile, symbolisant son accession au statut adulte. En Asie, les épreuves étaient plus modestes, les rituels moins étalés dans le temps et le marquage corporel limité à la coiffure et à la parure. Barbara Glowczewski, chercheur au CNRS, dans son livre *Adolescence et sexualité*, explique que cela est lié à l'existence séculaire de l'écriture, à une organisation administrative ancienne et à une organisation sociale et politique établie de longue date, ce qui permet de bien fixer les principes de filiation, d'alliance et d'autonomie individuelle. Au contraire, dans les sociétés sans écriture, c'est autour de ces rituels mêmes que se tisse la structure sociale.

## RITES MODERNES

En France, ces derniers siècles, ce sont les rituels relevant des religions (majoritairement les religions chrétiennes) qui ont fait office de rites de passage. Je citerai, pour exemples, la première communion et la confirmation. Dans la religion juive, la bar-mitsva signe la majorité religieuse autour de la puberté du garçon et parfois, à partir du XIXᵉ siècle, de la jeune fille. Se sont ajoutés ici ou là des rites païens ou laïques. Des rites républicains sont apparus après la Révolution, comme la conscription pour les jeunes gens.

Citons également, parmi les rituels modernes, le permis de conduire ou le bac. Comme le bateau du même nom, le bac est ce qui sert à passer d'une rive à l'autre. Ceux qui le ratent restent à quai ou empruntent d'autres voies. Pour les filles, il y a également la consultation en vue de la contraception puisque rien ne vient solenniser l'arrivée des règles. Les rites régionaux, avec leur spécificité, ont disparu pour laisser place à ces grands rites nationaux.

Aux rites de passage communs à l'ensemble de la société s'ajoutent différents rites selon les communautés. Pour entrer dans la grande maison des adultes, il existe de nombreux passages possibles. Les rites d'initiation sont propres à des sous-groupes sociaux et correspondent à la transmission d'un savoir ou d'un savoir-faire nimbés de secret. Les compagnons ou les francs-maçons sont des exemples, bien connus en France, de confréries proposant des rites d'initiation secrets et offrant la transmission d'un savoir et d'une éthique maturants. Plus loin de nous, la chevalerie proposait également ses rites d'initiation propres. L'individu devait sortir vainqueur d'un certain nombre d'épreuves qui impliquaient des souffrances. La mort réelle était un des risques, alors qu'elle n'est que symbolique ailleurs. « Mort », « souffrance », « secret », « sacré », « élu » sont les grands signifiants des rites d'initiation.

Avec le déclin de l'apprentissage traditionnel et la disparition des anciennes corporations et du compagnonnage, l'Éducation nationale est devenue le grand maître d'œuvre de l'organisation des rites de passage des adolescents. Pour eux, trois moments clefs se distinguent : l'entrée au collège, l'orientation en fin de troisième et le passage du bac. Ce système semble convenir au plus grand nombre. Cependant, la scolarité obligatoire jusqu'à 16 ans maintient en situation scolaire des jeunes qui échouent à se réaliser par la médiation purement théorique. Ils gagneraient à rejoindre une initiation davantage organisée sous la forme d'un compagnonnage. Car pour qu'il puisse y avoir initiation, il faut des initiateurs reconnus par l'adolescent. Le rapport hiérarchique ne suffit pas. Il faut un langage commun, une envie de transmettre et une reconnaissance mutuelle. Le futur initié doit avoir envie de ressembler, en partie, à l'initiateur, et l'initiateur doit retrouver un peu de lui-même chez le jeune. Cette reconnaissance mutuelle est indispensable à la transmission de la connaissance. Il n'y a pas d'apprentissage possible sans elle. Les enseignants ne peuvent continuer de croire qu'ils ne sont là que pour communiquer un savoir. Ils sont partie prenante de la transmission de ce savoir. Ils sont

« avalés » en même temps que lui. C'est ce qui fait de leur métier le plus majestueux et le plus difficile.

Les mouvements de jeunesse ont été très en vogue au cours du XX<sup>e</sup> siècle. Les mouvements ouvriers ou religieux en étaient à l'origine. Citons la Jeunesse ouvrière chrétienne, le scoutisme ou les Vaillants (jeunesse communiste). Ils n'ont pas disparu mais sont moins présents de nos jours. Ces mouvements regroupaient des jeunes autour de codes, d'objectifs, voire de valeurs communs. Ils avaient établi pour certains des étapes de promotion interne.

Les événements sociaux qui touchent une génération servent d'écrin communautaire, que les jeunes en soient à l'origine ou qu'ils les aient subis. Ces événements viennent définir une génération avec ses héros (ses élus), ses martyrs et ceux qui se sont exclus du mouvement. Ils participent ainsi d'une notion essentielle : la différenciation des générations. On distingue, de ce point de vue, la génération de 14-18, celle de Mai 68 ou les enfants de Décembre (manifestations lycéennes de décembre 1986).

## À QUOI SERVENT LES RITES ?

Les rites de passage à l'adolescence ont comme fondement symbolique de marquer la différence des sexes et celle des générations. Ce symbolisme repose sur des fondements anatomiques, qui sont l'existence de deux sexes chez les mammifères et d'une maturation sexuelle séparant les générations des adultes de celle des enfants. Le thème de la mort est également omniprésent puisqu'il donne corps à la vie.

Le rite marque une séparation entre l'état antérieur et l'état futur. Il y a donc la notion fondamentale de séparation, avec la définition de limites. Le regroupement entre pairs ou membres d'une même communauté est un autre point commun entre les différents rituels de passage. C'est au sein ou à partir d'une communion que le passage s'opère. La notion de limites implique la découverte de nouveautés. Les rituels à l'adolescence ont une part de connu, de commun et d'établi symbolisant le monde que l'on quitte. Ils comprennent également une part d'expérience individuelle sous le regard de l'entourage, mais en marge du groupe. L'adolescent, bien qu'il soit entouré, va gravir seul et une à une les marches du temple. Il y a l'ensemble de la communauté au sein de laquelle s'isole, se marginalise le groupe d'adolescents. L'adolescent doit être reconnu par toute la communauté comme membre du groupe formé par ses pairs et doit se faire reconnaître par ces derniers comme un des leurs. Il doit ensuite pouvoir les quitter pour rejoindre l'ensemble de la communauté sociale, une fois devenu adulte.

Les rites ont une portée fondamentale sur l'évolution psychique et affective de l'adolescent. Selon Philippe Jeammet, ils permettent les décharges de tensions internes que le groupe reprend à son compte. Ces décharges sont de natures diverses. Un rite est efficace s'il donne sens à des désirs conscients ou inconscients. Par exemple, pour Boris, 17 ans, réussir au bac satisfait un désir inconscient de domination sur un grand frère qui l'a toujours raté. Un même rite permet à des individus différents de se libérer de tensions liées à des désirs sans que le sens caché de ces désirs n'apparaisse. Il s'agit d'un processus différent d'une psychothérapie, qui découvre le sens caché au prix d'interprétations vécues souvent comme intrusives. Ici, l'espace psychique interne n'est pas bousculé, mais les désirs, les pulsions et les sentiments sous-jacents se libèrent.

## LES NOUVEAUX RITES

Les différents rites contemporains sont en perte de vitesse. Le bac n'a plus l'aura du passé. D'une manière générale, les diplômes n'ont plus la reconnaissance sociale d'antan. Les nouveaux héros proposés aux jeunes par les médias sont ceux qui font fortune rapidement grâce à la Bourse ou autres « jeunes pousses » (*start up*). La valeur initiatique des examens perd de son poids. L'Éducation nationale est attaquée de toute part. Jamais les professeurs n'ont eu droit à si peu de considération. L'entrée dans un milieu professionnel n'offre plus un cadre défini. Les confréries corporatistes disparaissent avec les « petits métiers ». Les grandes entreprises, autrefois familiales, où l'on entrait en apprentissage pour en sortir retraité après avoir suivi une promotion interne, vont bientôt faire partie de l'histoire. La crise économique et la mondialisation de l'économie ont transformé le système. Stages et contrats à durée déterminée ne font pas du premier emploi une entrée fiable dans le monde adulte. Beaucoup des métiers proposés aux jeunes ne sont pas connus des parents, empêchant la notion d'une transmission de mémoire et mettant à nouveau ces derniers ou les autres adultes à l'écart de la dimension initiatique. Dans les rituels traditionnels, en effet, si les adultes sont mis de côté, ils savent, pour les avoir vécus, ce qui s'y passe.

Les rites religieux sont en déclin. On peut noter que le christianisme s'est installé en rejetant ou en transformant bien des rites qualifiés de « païens ». On assiste d'ailleurs à un renouveau religieux. Mais ce sont les sectes qui profitent du besoin individuel de rituel. Elles proposent isolement, cérémonie d'initiation, transmission de savoirs secrets, étapes hiérarchiques. Le décorum répond bien à celui des rites. Mais elles ne permettent nullement l'intégration dans la communauté sociale puisqu'elles se définissent elles-mêmes comme la seule communauté valable. En ce sens, elles sont un leurre, une impasse, comme, à un autre niveau, le sont les conduites addictives.

Le service militaire est supprimé. Il est trop tôt pour évaluer la portée symbolique de son remplacement par une journée indifférenciée, destinée aux deux sexes.

Dans l'attente de la mise en place de nouveaux rites régionaux, nationaux ou européens, on assiste actuellement à la recherche de nouveaux rites, sur les plans à la fois communautaire (l'ensemble des adolescents) et individuel. Des mini-rites persistent. Les enterrements de vie de garçon ou de jeune fille sont une tradition qui semble revenir en force. Dans les grandes écoles, on trouve encore le bizutage. Mais sa valeur initiatique est dévoyée car il n'est qu'humiliation ; l'aspect symbolique est absent. Le bizutage ne change pas le statut, c'est l'admission administrative dans l'école qui le fait.

L'absence d'un accompagnement par des adultes autour de rites initiatiques serait à l'origine des « difficultés à être » des adolescents. C'est le regard porté par les jeunes sur les aînés qui donne toute la valeur à un rite. Quand les parents en particulier, les adultes en général ne sont plus perçus comme une référence, quand leur sort n'est pas enviable, quand c'est la jeunesse qui leur sert de modèle, ils perdent leur capacité à accompagner une initiation. Ce n'est peut-être pas de rituels dont manquent les jeunes, mais de modèles adultes. Le tissu social dans les cités est déguenillé. Cette porosité de l'espace et du cadre de vie est perçue par le jeune comme une dévalorisation personnelle. Le soutien familial défaillant n'est pas compensé par un soutien social qui conviendrait à tous pour décerner une valeur personnelle et un sens à l'existence. Alors les jeunes se créent leurs propres rites sur un mode solitaire puisque le social et le culturel échouent à les mettre en œuvre.

On peut se demander, avec le Pr Bernard Brusset, si les troubles psychopathologiques des adolescents ne viennent pas occuper cette fonction rituelle. Je pense en particulier, chez les filles, aux troubles du comportement alimentaire et, chez les garçons, aux expériences alcooliques ou toxicomaniaques. La prise en charge de ces troubles par le corps médical est vécue par l'adolescent comme une forme de reconnaissance sociale de son individualité. La famille se mobilise autour du cas validé par la médecine, donc par la société. L'hospitalisation crée une séparation de la famille avec isolement au sein d'un groupe de pairs (les autres adolescents hospitalisés), comme c'est le cas dans la plupart des rites traditionnels. La médiatisation actuelle des troubles psychopathologiques de l'adolescent renforce ce caractère rituel, avec une dramatisation (au sens théâtral du terme) qui participe à la mise en scène du rite. Sur les plateaux de télévision ou dans des reportages, on voit des adolescents raconter et parfois exhiber leurs troubles, agrémentés de commentaires journalistiques épicés. La conséquence néfaste de cette médiatisation, selon moi, est que le trouble vient alors définir l'adolescent, la pathologie lui servant d'identité. S'en défaire sera d'autant plus malaisé. À la différence des rites traditionnels, la structure du rite n'est pas ici seulement externe. Même quand il y a stigmates physiques, ils restent, dans les rites traditionnels, extérieurs : scarification ou tonsure. Ici, le rite prend corps avec une conduite pathologique qui met en jeu l'ensemble du corps et son fonctionnement.

Les comportements sexuels à risque et les conduites délinquantes axées sur l'agir (fugue, vol, violence contre les biens ou les personnes) occupent aussi peut-être la fonction de rituel chez des adolescents à qui la société n'en offre plus de suffisamment établis et qui sont en quête d'un cadre de reconnaissance sociale de leur passage. Cette démarche correspondrait à une nécessité individuelle de comportement initiatique. La bande est souvent l'organisatrice de ces actions. Ces conduites entraîneraient une mise à l'écart du reste du corps social. Mais si, dans les sociétés traditionnelles, les rites mettaient à l'écart les jeunes provisoirement, l'enjeu était de pouvoir les réintégrer dans la communauté après les avoir définis socialement, sexuellement et spirituellement. Dans les comportements délinquants, on assiste à une marginalisation, avec un retour dans la société bien compromis, si ce n'est dans la société mafieuse.

Les comportements à risques sont également à prendre en considération dans ce cadre de réflexion. Ce n'est plus, comme dans les sociétés traditionnelles, le collectif qui déclare l'élu, mais une puissance supérieure, hasard, destin ou Dieu, qui décidera si l'individu est reconnu comme digne de vivre. Le comportement à risques devient un acte solitaire ou sous le regard du groupe de pairs. Par rapport aux rites traditionnels, il y manque la reconnaissance de l'entourage social dans son ensemble. Celle-ci existe surtout en cas d'accident et d'hospitalisation. Le jeune est alors séparé de sa famille. On lui rend visite selon un certain cérémonial et des règles (liées à la réglementation hospitalière). Il y rencontre d'autres adultes. Il y apprend des « secrets » sur son corps, sur la maladie, sur la mort. Son corps est physiquement marqué : piqûres, prises de sang, perfusions, plâtre, intervention chirurgicale procurant des cicatrices qui inscrivent à même la peau la mémoire du changement de statut attendu. La douleur est présente comme dans tous les processus rituels traditionnels.

Certains comportements suicidaires sont malheureusement utilisés également à fin de rituel. Voici ce qu'écrit Anny Duperey dans son autobiographie, *Le Voile noir* : « Mon suicide manqué fut sans doute pour moi l'équivalent de ces rites initiatiques qui font passer les adolescents d'un état à un autre. J'en gardais même une petite trace dans mon corps, à l'instar des mutilations symboliques pratiquées dans certaines tribus pour marquer le passage, une cicatrice sur la gauche du crâne, petit carré de peau où mes cheveux n'ont jamais repoussé. »

Les sports à risques, surtout quand ils sont encadrés et socialisés, offrent une solution de rechange au rituel plus satisfaisante que les conduites pathologiques ou délinquantes. Mais il faudrait, pour éviter qu'ils ne soient pratiqués de façon excessive ou sans mesures de sécurité, que l'entourage familial et social reconnaisse la transformation de soi qu'établit symboliquement l'épreuve. Il faut passer du singulier au général.

En dehors des sports à risques, la pratique de sports de haut niveau remplit une fonction initiatique. La mémoire et le mythe sont présents car les Jeux olympiques sont nés il y a presque trois mille ans. L'entrée dans un club de haut niveau est soumise à la réussite d'épreuves. La société sportive, comme l'écrit le Dr Claire Carrier (*L'Adolescent champion*, op. cit.), est secrète et fermée. L'adolescent est séparé de sa famille et soumis à l'autorité d'autres adultes qui sont de nouveaux modèles. Filles et garçons sont dans des équipes séparées. Dans les rituels d'initiation traditionnels, il y a modification de l'alimentation (ici, le régime du sportif), de la tenue (vêtements sportifs), de l'apparence (cheveux courts). La douleur est présente et validée. Le corps est marqué, que ce soit par les lésions ou par la transformation musculaire dues à l'entraînement.

Les vacances en groupe type camps d'adolescents ou les premiers voyages entre copains sont d'excellents rituels de passage modernes. Au XVIII\ᵉ siècle, la pratique du Grand Tour était presque devenue une obligation. Pour parfaire leur éducation, les jeunes aristocrates allaient étudier l'histoire classique de l'Europe. Les principales étapes du voyage étaient des grands sites, comme Rome et Naples. Citons également les séjours en kibboutz israéliens parmi les rites de passage contemporains. Dans les années soixante-dix, c'est à Katmandou que les quinquagénaires actuels ont fait leur voyage initiatique ; mais les ravages de la drogue en ont empêché beaucoup de revenir.

De nouveaux engagements semblent prendre le relais des anciens mouvements de jeunes et sont un pied de nez à ceux qui se lamentent sur l'absence de sens des valeurs chez les jeunes. La protection de la nature, les droits de l'homme, les causes humanitaires sont les grands cadres au sein desquels les jeunes éprouvent de nos jours leurs capacités et prennent des risques qui font sens. Ils y rencontrent des adultes et acquièrent une reconnaissance sociale, notamment relayée par les médias.

On assiste à une séquentialisation des rites. Des groupes se constituent autour d'initiations spécifiques. C'est le cas, on l'a vu, du bizutage, mais aussi des jeunes sportifs de haut niveau qui représentent une jeunesse française à nouveau férue de sport et célébrant notamment ses « dieux du stade ». En fait, cette séquentialisation n'est pas si nouvelle car dans certaines sociétés traditionnelles existaient déjà des rites réservés à certains jeunes. Les rites de la Grèce antique n'étaient proposés qu'aux adolescents de haut rang social. Tout se passait comme si ces jeunes devenaient les représentants de toute leur classe d'âge. Les filles se regroupaient pour former des chœurs, et des épreuves guerrières étaient destinées aux garçons. De même, avant la conscription, en 1905, seuls les jeunes tirés au sort devaient faire le service militaire.

De nos jours, à chaque génération, s'élabore, à partir de films à succès devenus cultes, une référence mythique commune. Les livres à clefs, avec des scénarios interactifs, sont construits sur un mode initiatique. Les adolescents (essentiellement les garçons) en reprennent les thèmes pour ces jeux de rôles qui inquiètent tant les parents. Actuellement, les jeux virtuels, en plein développement, plongent l'adolescent dans un univers qu'il construit lui-même, fait d'épreuves diverses. Est-ce le moyen moderne pour chaque adolescent de s'initier sur un mode purement individuel ? En fait, l'interaction n'est pas absente. Ces jeux virtuels peuvent se faire à plusieurs, en connectant les ordinateurs en réseau. Des espaces se créent pour cela dans les villes. Même si des adultes s'y intéressent, ces jeux font pleinement partie de la culture des adolescents et nourrissent leurs échanges.

Les jeunes cherchent à se regrouper. Ils ont besoin de s'apparier, de se détacher ensemble du groupe des parents. Manifestations diverses ou concerts en sont l'occasion. On observe également ce phénomène à l'occasion des manifestations initiées par les coordinations lycéennes ou étudiantes. Les boîtes de nuit sont aussi des lieux communautaires. L'adolescent s'y sent en fusion avec ses pairs, en chœur. La fonction cathartique est évidente. La musique occupe une fonction de liant. L'évolution de styles musicaux sert de marquage des générations. Au sein d'une même génération, différents sous-groupes s'émancipent, créant de nouvelles différenciations. La différenciation sexuelle continue d'être marquée : le rap était essentiellement masculin à l'origine, jusqu'à ce que, tout récemment, des groupes féminins apparaissent. Les *boys bands*, en revanche, s'adressent aux filles ; les garçons qui s'y intéressent sont souvent moqués.

Les coiffures, les accessoires en guise d'emblèmes, les modes vestimentaires, musicales, sportives (roller, skate), d'expression (tag) créent un univers particulier aux jeunes. Il sert de cadre à un regroupement de pairs. En y pénétrant, le jeune exprime familialement et socialement sa sortie de l'enfance, et, à la fois, il se distingue du monde des adultes. Mais de nombreux adultes, nostalgiques ou immatures, brouillent les pistes en collant aux modes adolescentes vite médiatisées. Ces modes doivent, pour résister à cette invasion, changer à un rythme qui s'accélère d'année en année.

C'est au sein de ces cadres que des règles s'établissent et que des rites s'instaurent. Des épreuves s'y rencontrent. C'est la série des premières fois. L'une d'elles, particulièrement fréquente et bien reconnue, est la première nuit blanche. Il y a aussi la première soirée en discothèque. Pour montrer qu'il est grand, l'adolescent (comme le tout-petit) « dé-couche ». Je vous ai déjà parlé de la première cigarette ou de la première « cuite ». De plus en plus souvent, à l'adolescence, on fume son premier joint. Les épreuves érotiques sont, bien entendu, très signifiantes. Elles vont de la première fois où l'on « sort » avec un garçon ou une fille à la première fois où l'on « couche ».

Notre société vit le bouleversement d'une mondialisation et de progrès technologiques très importants, expliquant des réorganisations nécessaires. L'avenir n'est pas sombre sous prétexte que les structures anciennes disparaissent. En ce qui concerne les rites, de nouveaux se mettent en place. Ils sont nécessaires. Ils permettent de parer aux vécus dépressifs à l'adolescence. La mission des parents est de reconnaître la valeur des nouveaux rites et de ne pas déconsidérer les expériences de l'adolescent. Mais ils ne doivent pas estimer comme initiatiques des comportements qui ne le sont pas, comme la toxicomanie ou les engagements sectaires. Ce sont des leurres et des impasses. Le rôle des parents est de se définir comme des modèles gratifiants et non comme des observateurs et imitateurs envieux de la jeunesse. Il appartient à la société dans son ensemble de commémorer et de soutenir l'entrée dans la vie adulte. Tant que devenir adulte sera considéré comme péjoratif, tant que les adultes se satisferont d'être restés de « grands enfants », les rituels de passage n'auront aucune efficacité puisque l'endroit où ils mèneront n'aura rien d'enchanteur. L'adolescent prend appui sur l'avenir pour surmonter son vécu dépressif. Il fait le saut, le grand écart entre une enfance idéalisée et un futur porteur d'espoir. Si la maturité lui est présentée comme disqualifiante, il perd pied et peut chuter dans la dépression.

# 10

# L'ADOLESCENCE DE MORPHÉE

Les troubles du sommeil sont parmi les plaintes les plus fréquentes que m'adressent les adolescents. Le sommeil ne semble pas réparateur : selon l'INSERM, entre 13 et 19 ans plus d'une personne sur deux ne se sent pas reposée le matin. Une sur quatre se réveille régulièrement.

C'est souvent l'entrée dans le sommeil qui est perturbée. On parle d'insomnie d'endormissement. Statistiquement, plus d'un adolescent sur deux se plaint de troubles d'endormissement !

> *« Je n'arrive pas à m'endormir avant 2 heures du matin, me dit Clélia, 15 ans. Je me couche vers minuit, mais ensuite je me tourne dans mon lit tout en essayant de trouver le sommeil. Je lis, j'écoute la radio, je regarde la télévision dans ma chambre, mais rien n'y fait. Je suis toujours la dernière à m'endormir à la maison. Et de savoir que tout le monde dort, ça m'angoisse et m'empêche de dormir. »*

Ces troubles du sommeil sont un autre point commun entre l'adolescence et la petite enfance car, entre 2 et 5 ans, on les observe à la même fréquence. Ils ne justifient pas tous des soins. Leur caractère pathologique dépend de leur fréquence, de leur intensité et de leur association avec d'autres troubles. Comme à l'adolescence, ils sont liés à l'intense activité psychique et aux nombreux remaniements affectifs lors de cette période. En revanche, entre 6 et 12 ans, ils deviennent rares et leur présence signe habituellement une souffrance psychologique.

Le sommeil remplit une fonction essentielle dans la maturation du cerveau. Il permet l'effacement des enregistrements d'informations parasites et la conservation de celles qui sont utiles. Un sommeil de qualité est indispensable pour une bonne mémorisation et pour les apprentissages. À l'adolescence, il permet également de tamiser toutes les émotions ressenties la veille. Les automatismes de la journée sont en grande partie programmés pendant le sommeil. Le cycle veille-sommeil conditionne la sécrétion de nombreuses hormones. Ainsi une carence en sommeil entraîne un retard de croissance par troubles de la sécrétion de l'hormone de croissance. À l'inverse, des sécrétions hormonales dysharmonieuses peuvent altérer la qualité du sommeil.

Les difficultés à s'endormir sont pour certains adolescents l'occasion de réclamer des somnifères ou d'utiliser ceux que prennent leurs parents. Ils ont d'autant plus tendance à user de somnifères qu'on leur en a donné quand ils étaient enfants. Le risque d'adopter une conduite de dépendance à ce type de médicaments est important. Aux États-Unis, des prescriptions de ce type concernent des millions d'adolescents, car aucune autre modalité de prise en charge n'est proposée. Ce sont majoritairement les filles qui se plaignent de ces troubles et consomment des somnifères.

Les difficultés à s'endormir expliquent aussi certaines consommations vespérales de cannabis par l'adolescent, qui en attend un effet apaisant. Mais, en règle générale, c'est la lecture ou l'écoute de la radio qui permettent à l'adolescent de trouver le sommeil. Elles servent de berceuses et participent à la création d'une aire transitionnelle entre la veille et le sommeil. La télévision, très présente de nos jours dans les chambres d'adolescents, est aussi utilisée en guise de somnifère mais je la déconseille car elle est trop stimulante au niveau sensoriel.

## LES CAUSES (NON PSYCHOLOGIQUES)
### DE LEURS INSOMNIES

Les origines de ces insomnies sont multiples.

La première est physiologique. L'organisation cérébrale du sommeil se modifie autour de la puberté. Il devient alors de type adulte. La durée totale du sommeil décroît pour atteindre en moyenne huit heures à 16 ans. Elle est de dix-sept heures à la naissance, de quatorze heures à 1 an et de dix heures vers 10 ans. L'heure d'endormissement avance également et passe avec la puberté de 21 heures, en moyenne, à minuit. Le pourcentage du sommeil paradoxal, c'est-à-dire la partie du sommeil correspondant aux phases de rêves, diminue, en particulier sous l'effet des hormones sexuelles. Il est de 50 % à la naissance, de 30 % dans l'enfance et de 20 à 25 % à l'adolescence.

Les causes environnementales sont évidemment à prendre en compte à tout âge. Un environnement bruyant, une chambre inconfortable et des parents se couchant tard n'aident pas l'adolescent à s'endormir facilement. Mais il a souvent en commun avec le petit enfant de mieux s'endormir dans une atmosphère vivante que dans l'isolement.

L'hygiène de vie de l'adolescent intervient. Le sport est un bon régulateur du rythme veille-sommeil, à condition qu'il ne soit pas pratiqué tardivement dans la journée car il est excitant dans les heures qui suivent. Le matin est la meilleure tranche horaire pour la pratique sportive des adolescents. La prise d'alcool ou d'excitant (café, thé, tabac, voire drogues stimulantes) entraîne une altération du sommeil.

Les causes physiques sont à éliminer par un examen médical. Par exemple, une hypertension peut expliquer une insomnie et des réveils nocturnes.

## LES AUTRES CAUSES SONT PSYCHOLOGIQUES

Parfois, des troubles du sommeil persistants peuvent être le rappel de troubles anciens qui se réveillent à l'adolescence. Le plus souvent, ils témoignent des remaniements ordinaires de l'adolescence ou de difficultés mineures dans l'évolution. L'adolescent a ceci de commun avec le petit enfant qu'il va exprimer par l'intermédiaire du corps ses angoisses nouvelles et les conflits psychiques qui s'opèrent en lui (par exemple, un attachement et une agressivité concomitante vis-à-vis de ses parents). Comme le nouveau-né contrarié qui rejette son biberon, a des coliques ou ne veut pas dormir, l'adolescent peut refuser de manger, avoir mal au ventre et se plaindre d'une insomnie.

Ces troubles répondent bien aux entretiens psychothérapiques. C'est le verbe qui délie le mieux le corps. Le danger d'une prescription médicamenteuse prolongée et isolée serait d'étouffer ces symptômes, avec le risque d'une rechute à l'arrêt, sans permettre la mise en place de règlements psychiques internes.

Quand on les leur demande, les adolescents ont souvent du mal à donner spontanément les raisons de leurs difficultés à dormir. Ils évoquent la chaleur de l'appartement ou la mollesse de leur matelas. C'est grâce à des entretiens poussés que des pistes s'ouvrent.

Le soir est pour beaucoup le temps du bilan. La journée défile dans la tête et chaque situation critique est revisualisée.

La journée, étudiant, parlant, bougeant, occupé à mille et une choses, l'adolescent peut éviter de penser. En revanche, le soir, allongé sur son lit, inactif, ses pensées ne sont plus retenues. L'adolescent doit alors se confronter à son univers mental. Cela concerne aussi les adultes. Mais l'adolescent n'a pas encore les armes psychologiques pour tenir à distance mentalement les différentes sources de stress, les conflits à l'école ou en famille. Tous les adolescents ne vivent pas le bilan du soir comme insupportable. Ceux qui ont l'habitude de réfléchir sur eux-mêmes s'en accommodent. Même s'il s'en plaint, l'ado peut difficilement s'en passer. Ce processus est en soi positif car il aide l'adolescent à mieux se connaître et à adapter son comportement. Mais s'il n'a pas d'interlocuteur de qualité durant la journée, il peut tourner en rond de façon obsédante dans ses pensées et rester isolé, sans réponses.

> Paul-Henri a 14 ans. C'est un adolescent surdoué, mais il a un blocage au niveau de l'écriture, ce qui explique un échec scolaire relatif. Il a deux ans de retard. C'est un garçon très sensible. Il se fait un monde de tout. Il manque totalement d'insouciance, notamment dans les relations humaines. Il est en outre très respectueux des règles. Il fait un peu figure de martien dans son collège de banlieue parisienne où il côtoie des garçons de tous horizons. Il ne participe pas aux nigauderies de ses camarades et respecte les professeurs. Il est très attentif à obtenir l'amitié des autres élèves. Il n'hésite jamais à rendre service. Le soir, dans son lit, il analyse les différentes situations relationnelles qu'il a vécues, se demandant s'il n'a pas été trop blessant ou indiscret, cherchant une solution à la dispute entre deux de ses camarades. Il doute. Il rumine. Son esprit est assiégé chaque soir par toutes sortes d'idées, d'inquiétudes, de scrupules et d'interrogations. Il retient toute forme d'agressivité verbale ou physique. Il censure également toute pensée hostile. Il laisse par contre les pulsions agressives se retourner contre lui-même sous forme de mésestime de soi

> *ou de culpabilité. Tout cela concourt à le maintenir en éveil jusqu'à ce que la fatigue soit la plus forte.*

D'autres explications psychologiques se rencontrent. Ainsi, il existe ce que j'appelle des « pseudo-insomnies ».

> *Chez Hubert, 16 ans, la difficulté à s'endormir est en relation avec la crainte de ne pas dormir suffisamment : « Si je m'endors tard, me dit-il, je ne serai pas en forme et j'ai peur de mal comprendre en classe. » Chez Hubert, la qualité du sommeil devient une obsession. Et c'est cette obsession qui l'empêche de bien dormir.*

Certains adolescents, comme Hubert, sont particulièrement intolérants au retard d'endormissement. Hubert se dit en carence de sommeil, mais, en fait, son nombre d'heures de sommeil ainsi que la qualité de ses cycles, mesurés par électroencéphalogramme (associé à la mesure du tonus musculaire, de la respiration, des mouvements oculaires), sont normaux. La plainte est réelle, mais il n'y a pas de manque de sommeil. Hubert a en fait un rapport quasi hypocondriaque à son sommeil. J'appelle ce trouble « hypocondrie morphéenne ». Il y a un déplacement sur le sommeil d'angoisses, au même titre que celles qui peuvent s'exprimer par des maux de ventre ou diverses douleurs. Il souhaite, de façon non lucide, avoir sur son sommeil une maîtrise totale. Et ce souhait n'est qu'une partie d'un vœu plus général de maîtrise sur tout son univers psychique, c'est-à-dire sur son inconscient.

Se laisser aller dans les bras de Morphée, c'est perdre, comme dans une histoire d'amour, le contrôle absolu sur soi-même. Les adolescents victimes de troubles du sommeil sont, en règle générale, de nature méfiante et se livrent difficilement à autrui. Ils ont la crainte inconsciente de ne plus être maîtres chez eux et de se laisser envahir par des pensées, de se laisser conduire par des pulsions et de suivre des désirs qu'ils réfutent. Ils les refusent car ils leur sont inconnus, donc angoissants, ou parce qu'ils s'opposent à l'image qu'ils veulent avoir d'eux-mêmes ou à l'image que leurs parents veulent avoir d'eux. Les pensées défendues sont par exemple des pensées sexuelles. Le fait que l'adolescent ait déjà une vie sexuelle ne change rien à l'affaire. Car les relations sexuelles, en particulier quand elles sont précoces, sont souvent désaffectivées, c'est-à-dire dissociées des affects, presque mécaniques. Ces pensées sont refusées car elles sont encore trop liées aux désirs sexuels infantiles. Ces derniers ont été refoulés du champ conscient vers 6-7 ans, permettant ainsi les acquisitions de l'âge de raison. Les rêves ont pour fonction de laisser sous liberté contrôlée les pulsions et les désirs sexuels infantiles, de leur offrir une « récréation », afin d'éviter qu'ils n'envahissent l'appareil psychique. Quand elles participent aux scénarios oniriques, ces pensées sont moins gênantes car le conscient se charge de les oublier. D'ailleurs, ces adolescents déclarent généralement ne pas se souvenir de leurs rêves. Mais c'est dans cet entre-deux, lors de l'endormissement, entre chien et loup, que ces images sont le plus menaçantes. Le sommeil est alors tenu à distance avec elles.

> *Le cas de William, 14 ans, illustre ces propos. Je vois ce garçon en consultation pour insomnie. Son investissement scolaire massif semble expliquer les troubles. Il se répète chaque soir ses leçons et ses devoirs. Le travail psychothérapique a peu à peu mis en évidence la fonction de ces ruminations mentales. Elles servent de paravent à des pensées sexuelles. Les désirs masturbatoires s'accompagnent de fantasmes homosexuels, que l'adolescent, ayant reçu une éducation très culpabilisante sur le sujet, refuse avec force. Je l'aide alors à intégrer que les pensées et les actes n'ont pas la même valeur, et il trouve enfin le sommeil.*

Mais l'adolescent insomniaque a aussi peur de ses rêves. Comme chez le petit enfant, une fois les défenses de la veille endormies, le monde du sommeil apparaît comme un lieu bondé de mystères. Je pense qu'il craint celui qu'il va être pendant ses rêves. Il se vit comme un double, l'un conscient et l'autre inconscient. C'est le mythe de Docteur Jekyl et Mister Hyde ou encore du loup-garou. Mais s'il se sent menacé par ses rêves, c'est aussi, sans doute, parce qu'il a peur de ne plus se réveiller avec la même identité que la veille. Morphée, dans la mythologie gréco-romaine, est le fils d'Hypnos (le sommeil), et il est la divinité des rêves qui apparaît aux rêveurs sous forme humaine. Son nom vient de *morphê*, qui signifie « forme ». Morphée est donc « celui qui transforme ». Du fait de toutes les transformations physiques, affectives, intellectuelles dont il est déjà l'objet, l'adolescent est plus qu'à n'importe quel âge sensible à ce qui menace le sentiment d'identité et de continuité de son être. Qui suis-je ? Suis-je toujours le même ? Ce thème, illustré dans le cinéma fantastique, est au cœur de la problématique des ados. L'adolescent se voit brutalement pourvu d'organes et de fonctions adultes. Cela crée un désarroi et un sentiment d'étrangeté qui vont s'exprimer dans les rêves et les cauchemars.

> *Samuel, un garçon de 15 ans, me raconte : « Je suis dans une pièce entourée de miroirs. Je me regarde et mon reflet devient autonome, puis se transforme en horrible sorcière. Je brise le miroir avec mon poing, mais l'image reste en se démultipliant. Mon visage en sorcière apparaît dans chaque éclat. Je me réveille en sursaut. »*

On m'a décrit aussi des rêves très abstraits de transmutation de matière et de modification de volumes. Caractéristiques de cet âge, ils sont probablement l'écho des remaniements ordinaires de l'adolescence.

Il y a donc ici, à mon avis, une différence importante avec les angoisses d'endormissement du petit enfant. Ce dernier craint davantage de ne pas retrouver son environnement, sa chambre, ses jouets et, surtout, bien sûr, ses parents. Chez le petit, c'est une angoisse de séparation. De son côté, l'adolescent, qui a intégré les images parentales, craint de ne pas se retrouver lui-même le lendemain.

L'insomnie s'explique aussi par la difficulté à se laisser régresser. Car s'endormir, c'est une régression. C'est redevenir petit, retrouver le fœtus qui est en soi. Pour l'enfant, ce sont les parents qui sont les gardiens du sommeil. À l'adolescence, on prend ses distances avec ses parents réels ; mais on a intégré, dans son esprit, les images parentales. Parfois cette intégration s'est mal faite ; et l'adolescent confond parents réels et images parentales. L'image parentale est alors plus ou moins rejetée comme le parent réel, ce qui rend le sommeil sans surveillance et donc menacé, car, sans gardien en qui l'on a confiance, il n'y a pas de bon sommeil possible.

Pour bien s'endormir, l'adolescent, comme le petit, doit se créer une aire transitionnelle de bonne qualité entre veille et sommeil. C'est un moment sans conflit dans la tête, qui lui permet de rétablir son sentiment de pouvoir sur lui-même et l'environnement et de ne pas craindre de régresser. L'enfant élabore des techniques pour contrer son angoisse du coucher. Il dort avec un « doudou » (jouet, peluche ou autre), appelé aussi « objet transitionnel », qui symbolise la présence du parent. Il a aussi besoin de petits rituels : câlin et histoire racontée par le parent (toujours la même de préférence pour les plus jeunes). Il peut aussi ranger certains objets d'une façon précise ou encore demander un verre de lait. Certains s'aident d'un biberon pour mieux régresser. Moins visibles sont les activités autoérotiques.

Ces rituels du coucher rassurent l'enfant sur la continuité de l'environnement qu'il va quitter en s'endormant. En outre, ils ont une valeur magique de lutte contre les dangers qui le guettent dans ses rêves. Ils aident à la réalisation d'une aire transitionnelle. Mais s'ils se prolongent trop leur fonction n'a alors d'autre but que de retarder le sommeil. Après 7 ans, ils sont moins nécessaires et s'atténuent ou disparaissent.

Les adolescents les retrouvent en partie. Certains ados, surtout les filles, ont encore leur peluche. La régression orale du biberon est à mon sens remplacée par la bouteille de soda qu'on trouve régulièrement près du lit ou par la cigarette consommée le soir. L'histoire racontée par la maman est remplacée par la radio, compagne fidèle de l'adolescent insomniaque.

Le vécu dépressif à l'adolescence se traduit régulièrement par des troubles de l'endormissement, des réveils très matinaux ou des cauchemars. Les cauchemars, on l'a vu, sont normaux à l'adolescence mais le vécu dépressif augmente leur fréquence. Ils surviennent non plus seulement en début, mais aussi en fin de nuit (période normalement consacrée aux rêves agréables), réveillant parfois l'adolescent. Plus impressionnantes sont les terreurs nocturnes. L'adolescent s'assied brusquement sur son lit en sueur. Il pleure, crie, halète, le cœur bat à toute allure et le regard est halluciné, reflétant la terreur. Il peut balbutier quelques mots, avoir des gestes comme pour se défendre de dangers externes imaginaires. Ses parents ne parviennent pas à le calmer car il ne les reconnaît pas. La crise s'interrompt au bout de quelques minutes et le sommeil reprend son cours. À son réveil, le jeune ne se souvient de rien. La dépression n'en est pas la cause, mais elle favorise son apparition. Il s'agit d'angoisses trop intenses pour pouvoir être représentées dans un rêve ou un cauchemar.

## LES MARMOTTES

À l'opposé des insomniaques, certains adolescents présentent une somnolence excessive, quelle que soit la qualité du sommeil. Il s'agit d'hypersomnies. La première cause à rechercher est physique. Des maladies graves, comme une encéphalite ou une tumeur cérébrale, peuvent en être l'origine. Une cause fréquente est la prise de somnifères, de toxiques (alcool, cannabis) ou de médicaments entraînant une somnolence en raison de leurs effets secondaires (comme les sirops contre la toux).

La maladie de Gélineau, ou narcolepsie, peut débuter vers l'âge de 11 ans. Il s'agit d'une brusque envie de dormir à laquelle le jeune ne peut résister. Le tonus est aboli et une chute est possible. L'accès dure de quelques minutes à plusieurs heures. L'origine de ce trouble assez rare reste inconnue. Le sommeil n'est pas de qualité normale. On constate un facteur familial.

Les hypersomnies ont aussi des causes psychologiques, comme la dépression. Confronté aux exigences externes et internes, l'adolescent se réfugie dans le sommeil. Dans les dépressions se manifeste une attitude globale de régression. Elle s'exprime également dans l'hypersomnie, l'adolescent retrouvant le nombre d'heures de sommeil du nourrisson. Il y a repli sur soi. L'adolescent déprimé s'économise et fonctionne au ralenti. Il retrouve, je pense, des mécanismes archaïques d'hibernation liés au cerveau primitif.

## BIZARRERIES DU SOMMEIL

Le somnambulisme consiste en une circulation nocturne en toute inconscience.

> *Frédéric, 15 ans, se lève la nuit en dormant, une ou deux fois par mois. Il quitte sa chambre, déambule pendant plusieurs minutes dans la salle à manger ou va dans la cuisine. Parfois,*

> *il ouvre le réfrigérateur, boit une canette et retourne se coucher. Sa mère, qui a un sommeil de gendarme, l'entend et se lève pour l'observer. Elle craint qu'il n'ait un accident. Il a les yeux grands ouverts, mais il ne la voit pas. L'épisode est généralement unique au cours d'une nuit. La promenade n'est pas toujours du même type. Le lendemain, Frédéric n'en a aucun souvenir.*

C'est surtout entre 7 et 12 ans qu'on observe des crises de somnambulisme. Mais elles peuvent se poursuivre ou apparaître à l'adolescence. Les garçons sont les plus concernés.

Il existe des formes à risques, heureusement rares. Il faut consulter quand les accès sont fréquents (plus d'une fois par semaine), lorsque les déambulations sont dangereuses (sorties dehors, montée sur le rebord de la fenêtre) ou s'il existe des troubles associés. Lors de son accès de somnambulisme, l'adolescent (autant fille que garçon sous cette forme) peut crier, être agressif verbalement ou physiquement, et avoir des conduites à risques. Des traitements médicamenteux existent.

Les grincements de dents pendant le sommeil s'appellent « bruxisme ». Ils inquiètent parfois les parents. Quelquefois, ils sont assez violents pour altérer la dentition. Ils surviennent en sommeil profond. Ce trouble est banal et n'a pas de causes particulières.

Parler en dormant se nomme « somniloquie ». C'est durant le sommeil profond que les paroles se disent. Elles sont plus ou moins compréhensibles et en correspondance avec des rêves. On peut instaurer un mini-dialogue avec l'adolescent si l'on n'est pas trop intrusif. Ce comportement, banal, n'est pas pathologique.

Les rythmies du sommeil sont des mouvements rythmés du corps, survenant surtout au moment de l'endormissement. L'adolescent balance la tête, les bras, les jambes. La qualité du sommeil est normale. Ce n'est pas pathologique. C'est,

je pense, une forme d'auto-berceuse. Ce symptôme s'atté-
nue nettement quand l'ado découvre dans son lit une autre
forme de plaisir solitaire.

Les accès hypnagogiques sont des stimulations sensorielles
(vision, audition, toucher, sensation de mouvement)
survenant au cours de l'endormissement. Ils prennent
appui sur ce qui est perçu dans l'environnement mais qui
est alors déformé. Ces éprouvés, banals, inquiètent parfois
l'adolescent, qui doit être rassuré.

Tout aussi bénignes sont les contractions musculaires à
l'endormissement. Elles persistent souvent à l'âge adulte.

Les troubles du sommeil sont courants et font partie de la
crise ordinaire. Souvent les heures perdues la semaine sont
rattrapées le week-end. Mais ils doivent être pris en charge
s'ils sont permanents, prolongés, et grèvent le besoin de
sommeil minimal. Ils peuvent être le signe d'une pathologie, comme une dépression, et doivent alors être pris en
charge dans ce cadre.

# 11

# COMPRENDRE
## LES DIFFICULTÉS SCOLAIRES

Les difficultés scolaires surviennent à tout âge. Mais la puberté marque une période de changement dans le rapport à la scolarité. Et l'on peut observer des fléchissements ou des échecs scolaires soudains, d'autant plus spectaculaires qu'ils touchent des élèves jusqu'alors excellents. À l'inverse, il arrive que l'apprentissage, qui était négligé, soit subitement très investi par le jeune.

Les difficultés scolaires sont le motif principal des consultations qui me sont demandées au cabinet ou au dispensaire. Les parents s'inquiètent pour l'avenir professionnel de leur enfant. Le chômage des jeunes touche particulièrement ceux qui sont dépourvus de diplômes. La pression scolaire et la compétitivité n'ont jamais été aussi fortes. En outre, l'échec scolaire des enfants renvoie aux parents une image négative d'eux-mêmes. Tous ceux que je rencontre se sentent en partie responsables des mauvais résultats de leur enfant – d'autant plus qu'ils ont suivi de près sa scolarité. L'échec de celui-ci devient un échec personnel. Ils s'en protègent parfois en attaquant. L'adolescent est traité de fainéant ou accusé de mauvaise volonté. Les reproches prennent parfois une dimension persécutive. Des parents disent : « Je sais très bien qu'il peut faire mieux. Il le fait exprès. C'est pour m'embêter qu'il ne fait rien. » Ils ne comprennent pas qu'il soit plein d'entrain pour s'amuser et non pour travailler. Ils lui suppriment les sorties et ses loisirs favoris. L'école vient occuper le cœur des discussions, essentiellement conflictuelles, entre l'adolescent et ses parents.

> *Écoutons Yvan, 15 ans : « Mes parents me reprochent de me laisser vivre. Ils rentrent assez tard et réagissent très mal quand je suis devant la télévision. La première question, avant de me dire bonsoir, porte sur mes devoirs. Comme si j'avais 8 ans ! Ils me disent qu'ils ont travaillé toute la journée et que je devrais en faire autant. Je sais que je devrais bosser, mais ce n'est pas en les voyant détruits par le travail que ça me donne envie. Je ne veux pas leur ressembler. »*

Les parents attaquent aussi l'école en invoquant les classes surchargées, l'absence ou l'incompétence des professeurs. Ils sont plus ambivalents vis-à-vis des programmes. Ce sont surtout les adolescents qui les trouvent trop lourds. Quant aux devoirs, les parents en redemandent.

## LES CAUSES DES DIFFICULTÉS SCOLAIRES

Elles sont légion et ont des origines diverses.

L'organisation scolaire joue bien sûr un rôle fondamental. Le rythme, les horaires, les programmes, les modalités d'enseignement, le nombre d'élèves par classe, les conditions matérielles, les locaux, la sécurité sont actuellement le sujet de débats passionnés. De nombreuses réflexions sont en cours et les différents modèles, européens notamment, sont comparés. Des projets d'harmonisation s'élaborent mais, même si l'on découvre un système qui convienne au plus grand nombre, il faudra maintenir des organisations latérales pour les adolescents qui ne peuvent s'adapter.

Toutes les difficultés scolaires ne sont pas du ressort de l'Éducation nationale. Pèsent sur l'école des problèmes qui ne sont pas de son domaine d'obligation ni de compétence. L'école est inscrite dans la cité. Elle n'est pas hermétique. Les difficultés de la société s'expriment également en son sein. Les conditions de vie familiales et sociales de l'adolescent ne disparaissent pas une fois qu'il est assis en classe. Les causes des difficultés scolaires se trouvent évidemment aussi de ce côté.

L'adolescent passe une grande partie de sa vie au collège ou au lycée (enseignement général ou professionnel). C'est pourquoi l'école est un important révélateur des difficultés psychologiques. Beaucoup de ces troubles s'expriment par des difficultés scolaires. Mais ce n'est pas toujours en rapport direct. Des adolescents qui vont très mal peuvent faire de leur scolarité un domaine réservé, à l'abri de leur souffrance. C'est le cas notamment des jeunes filles anorexiques, qui conservent un investissement très important dans le travail et ont habituellement de bons résultats. À l'inverse, les difficultés scolaires ne signent pas forcément une pathologie mentale. Ainsi, les remaniements ordinaires de l'adolescence bousculent le rapport qu'entretient le jeune avec la scolarité et provoquent des fléchissements plus ou moins localisés. Si parents et enseignants ne doivent ni s'alarmer, ni réagir trop violemment, ils ne doivent cependant pas banaliser ces difficultés. Ce sont des signaux d'appel, nécessitant la reconnaissance des modifications pubertaires en cours et une surveillance afin d'éviter une évolution défavorable.

Quand je reçois un adolescent pour difficultés scolaires, ma mission consiste à repérer et à traiter une souffrance sous-jacente. Je ne soigne pas la difficulté scolaire mais les troubles psychologiques éventuels qu'elle révèle. Ou bien, s'il est question de remaniements relevant de la crise ordinaire, je les accompagne afin de prévenir un blocage (une impasse dans l'évolution psychologique) ou l'entrée dans une pathologie. Car même si elles sont dues simplement aux remaniements ordinaires, les difficultés scolaires, par les réactions qu'elles entraînent, peuvent avoir des conséquences préjudiciables pour l'adolescent. Ces réactions sont celles des parents, du corps enseignant, des autres élèves ou de l'ado lui-même par l'image que cela lui renvoie. La mauvaise estime de soi que ces réactions provoquent risque d'aggraver en un cercle vicieux les difficultés scolaires.

L'entrée en classe de sixième est une étape capitale. Elle a, de plus en plus, valeur de rituel de passage marquant la fin de l'enfance. L'univers scolaire de l'écolier se transforme. Le maître laisse la place à un collège de professeurs. La salle de classe se morcelle en différentes salles de cours ; de nouvelles matières sont enseignées ; le nombre d'élèves augmente. Tout est plus grand, plus diversifié, plus éparpillé : les changements externes sont comparables aux remaniements internes qui s'annoncent pour le préadolescent. Il faisait partie des plus grands en primaire, il devient le « petit » au sein des ados qui vont l'initier à la vie au collège. De nouvelles responsabilités s'offrent à lui. Il doit parfois prendre le bus pour aller en cours. On attend de lui beaucoup plus d'autonomie dans la gestion de son travail. La sixième marque une rupture : avec l'école où il a passé au moins cinq années de sa vie, et parfois avec des amis de longue date orientés vers une autre sixième. Le passage du CM2 en sixième est plus radical que celui de la maternelle en cours préparatoire. Car souvent maternelle et primaire sont dans le même établissement, et le principe organisateur de la classe, avec un seul professeur, reste inchangé.

D'autres étapes importantes font suite : à la fin de la troisième pour l'orientation en seconde, en BEP ou en CFA (alternance d'enseignement théorique et stage préprofessionnel) et avec le bac, qui correspond à l'âge de la majorité.

Le développement psychologique de l'adolescent trouve sa place dans ce parcours scolaire à étapes. Mais l'école n'a pas réponse à tout. Il y a le travail scolaire mais aussi le « travail » de l'adolescence.

Les difficultés scolaires à l'adolescence sont parfois simplement la suite ou la réactivation de difficultés d'apprentissage très anciennes. Le retard accumulé empêche de suivre le programme de sixième même si le jeune, pour des raisons diverses, se met à s'investir beaucoup plus dans le travail scolaire. Si la lecture, l'écriture, le calcul ont été mal acquis, il est rare que cela se solutionne en sixième dans le cadre ordinaire. L'adolescent, devenant plus autonome, n'hésite plus alors à rejeter complètement un lieu, l'école, qui devient celui de son échec personnel. C'est en partie salutaire que le jeune refuse ainsi la place de « nul » qu'il occupe et qui fait de lui la cible des reproches ; c'est aussi un moyen d'éviter une dépression. Pour lui, l'enfance devient le temps où il était « mauvais ». Son comportement turbulent à l'école est la manifestation de son désir de se faire mettre à la porte de ce mauvais lieu, qui est aussi celui de son enfance. Des classes de remise à niveau existent. Mais elles sont souvent mal accueillies par le jeune, qui a le sentiment d'être avec les « gogols », selon l'expression de l'un d'eux. Peut-être faudrait-il les mêler aux cours délivrés à des adultes ?

La réussite scolaire de l'adolescent est liée aux facteurs internes mais aussi à des facteurs externes, très subjectifs. Les différents établissements, professeurs (qualités pédagogiques et humaines), groupes d'élèves, l'ambiance générale de la classe vont être plus ou moins en concordance avec la personnalité et le développement particulier du jeune. Les témoignages de parents indiquent qu'un changement de lieu suffit parfois à régler un échec scolaire aussi conséquent que soudain.

Les capacités de travail des adolescents diffèrent, leurs capacités intellectuelles également. Il existe des intelligences plus ou moins pratiques. Toutes les formes d'intelligence ne sont pas autant valorisées. Les tests d'évaluation intellectuelle sont de plus en plus demandés pour les décisions d'orientation scolaire. Certains « instituts » privés en font un commerce fort lucratif. Comme si le droit et l'envie d'apprendre devaient être soumis à un niveau intellectuel ! C'est ignorer aussi que ces tests laissent une place prépondérante à l'intelligence logico-mathématique, au détriment des autres formes d'intelligence.

Enfin, citons les causes sociologiques. Les enfants issus des classes sociales défavorisées sont plus menacés que les autres par l'échec scolaire. Les conditions de vie familiales et la stimulation culturelle sont autant de facteurs d'influence. Les enfants d'immigrés de pays pauvres voient se surajouter aux conditions matérielles défectueuses une langue d'enseignement différente de la langue maternelle.

## DÉFICIT D'INTELLIGENCE

La déficience intellectuelle a été longtemps avancée, par erreur, pour expliquer un échec scolaire. C'était une explication aisée, qui ne remettait pas en question les méthodes pédagogiques et éducatives et qui jetait un voile sombre sur l'éventuelle souffrance psychologique des enfants concernés. Elle est cependant une réalité, même si elle n'est pas toujours irréversible. Au XIXe siècle, la mode était aux classifications. On classifiait tout : les animaux, les minéraux, les plantes, mais aussi les humains, catégorisés en races, avec de surcroît une hiérarchie entre elles. On tenta aussi de classifier l'intelligence, mais pour cela il fallait la mesurer. En 1912 apparut le désormais célébrissime « QI ». On baptisa ainsi « quotient intellectuel » le rapport entre l'âge mental de l'enfant et son âge réel. Si l'enfant a un âge mental de 8 ans et est âgé de 12 ans il aura un QI de 66 %. Il sera de 100 % si son âge mental est égal à son âge réel. On a fait la moyenne des résultats d'un échantillon représentatif de la population à un certain nombre d'épreuves intellectuelles et l'on a fixé arbitrairement le résultat à 100, niveau de la population moyenne. Il y a donc autant de personnes ayant un QI inférieur à 100 que de personnes ayant un QI supérieur à 100.

Les tests utilisés ont varié au cours du temps. Les tests actuels portent sur le niveau verbal de l'enfant et sur ses performances non verbales. Ils sont utilisables dès l'âge de 4 ans. Les épreuves verbales mesurent les connaissances générales, comme le calcul mental ou le vocabulaire. Elles testent également le bon sens. Les épreuves dites de « performance » évaluent les capacités d'attention, d'observation, de coordination visuelle et motrice, d'organisation dans l'espace à partir de l'assemblage d'objets, et les capacités à comprendre une histoire à partir d'un assemblage d'images.

Les tests d'évaluation ont été fabriqués de telle façon que 95 % des personnes auraient un résultat compris entre 70 et 130. Un enfant est noté déficient si son QI est inférieur à 70. On constate qu'il existe une majorité de garçons pour lesquels les résultats sont inférieurs à 70.

Le niveau de participation du sujet joue évidemment un rôle fondamental dans le résultat du test. Un adolescent déprimé ayant une inhibition, une appréhension ou un rejet face à l'examen aura un QI abaissé. On peut prendre pour de la déficience un syndrome dépressif chez l'adolescent comme on peut confondre une démence sénile avec une dépression du sujet âgé.

Un enfant dont le QI est compris entre 50 et 70 n'a généralement pas d'anomalies physiques associées à sa déficience. En classe maternelle, il ne rencontre pas de trop grandes difficultés. Le déficit pose des problèmes à partir de l'école primaire. L'orientation se fait alors en classe de perfectionnement et à partir de 12 ans en classe de sixième SES (section d'éducation spécialisée correspondant aux anciennes classes de transition).

De 35 à 50, un maintien en maternelle est possible mais pas en primaire. Les enfants sont orientés vers un externat médico-pédagogique (EMP). Le niveau est souvent dysharmonique, c'est-à-dire performant dans certains domaines, comme la mémoire, mais très faible dans d'autres. Il existe souvent une atteinte physique et des troubles neurologiques (épilepsie). Les troubles psychiatriques sont fréquents et sont essentiellement des troubles de conduite. Ils peuvent être en relation avec un comportement adaptatif. C'est-à-dire que l'adolescent va s'agiter ou être violent pour tenter de compenser le vécu de passivité lié à la déficience ou à des troubles secondaires à celle-ci.

Si le QI est inférieur à 35, le déficit est qualifié de « sévère » (de « profond » s'il est inférieur à 20). Le langage est pauvre mais possible. L'atteinte physique du système nerveux central est très fréquente. Une hygiène et une socialisation sont possibles, ainsi que l'accès au plaisir. Dans les déficiences profondes, l'enfant est la plupart des fois polyhandicapé. Il ne parle pas et ses autres modes de communication sont quasi absents ou ne sont perceptibles que par les personnes connaissant bien l'enfant. Il communique par des mouvements moteurs et des accès d'impulsivité.

Une cause physique de la déficience n'est trouvée qu'une fois sur deux. Ce sont des atteintes neurologiques, des anomalies chromosomiques, des malformations, un accident lors de l'accouchement ou encore des atteintes après la naissance (par exemple, une infection). Devant un tableau d'arriération intellectuelle apparente, il faut s'assurer de l'absence de déficits sensoriels (surdité, malvoyance). Il convient d'intervenir rapidement avant que le retard ne soit plus rattrapable.

Une désorganisation de la personnalité (psychose) avec un bon niveau de compréhension mais une utilisation mal adaptée et discordante de ce savoir donnent l'illusion d'une déficience, mais nécessitent des soins pédopsychiatriques spécialisés.

Une cause importante est la sous-stimulation éducative. Des enfants élevés par des personnes ou dans des milieux où l'on ne transmet rien, où la curiosité n'est pas soutenue, vont être handicapés dans leur développement intellectuel.

Des psychanalystes ont aussi montré la possibilité d'un blocage du désir d'apprendre dans certaines situations traumatisantes sur le plan psychologique. Ce blocage peut être réversible grâce à une approche psychothérapeutique. Mais s'il est trop tardif, un retard persiste.

*Paul-Émile a treize ans quand mon ami, le Dr Zagdanski, pédopsychiatre, le reçoit. Il est en échec depuis le cours préparatoire, où il n'a pu apprendre ni à lire ni à écrire. Il a une petite sœur de 8 ans qui est une excellente élève. Les tests psychologiques mettent en évidence un déficit intellectuel dans tous les domaines. Son comportement sage, son allure discrète (renforcée par sa petite taille) rendent son maintien à l'école possible, en classe d'intégration spécialisée type D, dite pour enfants déficients intellectuellement.*

*La psychothérapie révèle un secret de famille. Paul-Émile ne cesse de dessiner des « X ». Un mystérieux monsieur X ? La croix qui barre une entrée ou qui signe une exclusion ? Un chromosome ? Mon confrère interroge de nouveau les parents. La mère, fondant en larmes, reconnaît alors avoir abandonné à la naissance l'aîné de ses enfants, déclaré atteint de trisomie 21 (anciennement dénommée « mongolisme »). Paul-Émile, sans qu'on le lui ait jamais dit, le savait, mais ne le savait pas verbalement ni intellectuellement : il le savait affectivement. La psychothérapie montre qu'il le savait suffisamment pour ne pas oser dépasser son frère aîné. Il s'est construit déficient intellectuellement à la fois pour ne pas dépasser son frère et pour le rendre présent dans la famille, pour le représenter. La psychothérapie lève le blocage et Paul-Émile peut entrer dans les apprentissages. En un an, il acquiert la lecture et l'écriture. Il gagne aussi en taille – plus de dix centimètres : son psychisme a autorisé son corps à grandir.*

Il arrive qu'une déficience très légère, due à des troubles neurologiques, soit investie de façon imaginaire par le parent maternant, de telle sorte que cette déficience se développe. Elle devient une sorte d'espace privé entre l'enfant et le parent. Elle est maintenue et entretenue par le désir inconscient de ces deux partenaires. Car elle permet au lien fusionnel des premiers temps de persister en partie.

La dépression touche aussi les enfants arriérés et, quand la dépression est ancienne, cela vient aggraver le tableau de l'arriération. Maud Mannoni, psychanalyste, a été une pionnière dans la prise en charge psychanalytique des enfants étiquetés « arriérés » et dont la souffrance psychologique n'était que peu ou prou appréhendée. Ses écrits abondent de cas où la « débilité » des enfants et des adolescents était en grande partie le symptôme d'une souffrance individuelle, familiale ou transgénérationnelle. Son écoute, son observation et ses interprétations psychanalytiques ont libéré beaucoup de ces enfants d'une partie de leur souffrance débilitante. L'apprentissage pouvait alors reprendre là où il avait été suspendu.

Mais les difficultés scolaires concernent aussi des adolescents sans aucun déficit intellectuel. Les raisons prennent racine dans la crise nécessaire ou dans des évolutions pathologiques.

## LA PENSÉE MUTANTE

### *L'entrée dans l'abstraction*

Le fonctionnement de la pensée subit de profonds changements à la puberté. Ils sont intimement liés aux changements affectifs et aux irruptions pulsionnelles. Jean Piaget et d'autres ont décrit la mise en route d'une autre forme d'intelligence, plus développée, vers 12-13 ans, baptisée « intelligence opératoire formelle ». Cette nouvelle forme d'intelligence permet notamment à l'adolescent de mieux accueillir et supporter les remaniements affectifs, physiques, et les nouveaux modes relationnels qui s'établissent en lui. La preuve en est que les adolescents très déficients, qui ne peuvent accéder à cette intelligence formelle, ont, lors de la puberté, des explosions comportementales avec agitation, violence et comportements sexuels mal contrôlés.

L'enfant a une pensée concrète. Ses combinaisons intellectuelles reposent, en effet, sur des notions concrètes. L'adolescent accède à l'abstraction. Il peut raisonner par hypothèses. Le réel n'est alors qu'une donnée parmi d'autres dans le raisonnement. Les probabilités, par exemple, deviennent accessibles. Les fractions peuvent être comparées. Les notions de réciprocité et de transitivité dans l'analyse sont accessibles. Plus généralement, les opérations et combinaisons mentales possibles deviennent plus nombreuses car elles reposent sur des énoncés verbaux et non plus seulement sur du concret. Dans les matières littéraires, la dimension métaphorique et les doubles liens et sens s'acquièrent. L'humour, forme sous-estimée de l'intelligence, se modifie. Les enfants ne comprennent pas les blagues des plus grands et restent au stade du calembour.

Certains adolescents ont des difficultés ou du retard dans l'accession à la pensée formelle. Il peut s'agir simplement d'un problème de maturité, comme il existe des retards pubertaires. Je constate des parallèles entre les difficultés cognitives (intellectuelles) et affectives ou relationnelles. Tous ces aspects sont en étroite imbrication.

> *Ainsi Benjamin, 12 ans, qui n'intègre pas les notions mathématiques de réciprocité, est également handicapé dans ses rapports avec les autres pour ce qui est de l'échange et de la réciprocité nécessaires à une bonne qualité relationnelle. L'évolution favorable s'est d'ailleurs portée simultanément sur les deux dimensions.*
>
> *J'ai reçu également Virginie, 13 ans, qui avait de très mauvais résultats en mathématiques, tandis qu'elle réussissait parfaitement dans les matières littéraires et les langues. Il apparaissait que les fractions et la règle de trois, bases élémentaires, lui étaient inaccessibles. Mon travail porta alors sur ses angoisses de séparation avec sa mère, avec laquelle elle vivait seule depuis le divorce de ses parents. La première règle de trois est l'acceptation de la triangulation que forme l'enfant avec ses deux parents. Virginie reportait en effet sur les notions mathématiques ses angoisses et ses difficultés psychoaffectives de nature œdipienne. Elle n'arrivait pas à intégrer, probablement en raison de la séparation, la notion du couple parental dont elle était issue. Elle se voyait en deux à deux avec son père ou avec sa mère, mais pas en triangle.*
>
> *Grâce à une bonne collaboration des parents, le blocage psychologique se leva. Virginie put rattraper son retard en mathématiques, soutenue par des cours particuliers de remise à niveau. Cette histoire date d'il y a six ans. Virginie est actuellement en terminale S.*

## *La pensée paralysée*

Les difficultés scolaires s'expliquent parfois par l'installation d'une inhibition à penser. Ce phénomène d'inhibition intellectuelle peut apparaître très tôt dans la vie, en particulier vers 5-6 ans. Mais la puberté est un moment propice à sa mise en place.

Il ne faut pas confondre inhibition et refus d'apprentissage. L'adolescent dont la pensée est inhibée a envie d'apprendre, de savoir et de progresser scolairement. Contrairement à ce qu'on prétend autour de lui, il n'est ni paresseux (d'ailleurs il n'hésite pas à fournir des efforts), ni sans intérêt pour la chose scolaire. Dans certains cas, il passe beaucoup de temps sur ses devoirs et leçons, essayant de comprendre. Mais les résultats ne sont pas à la hauteur de son travail. Bien sûr, si les mauvais résultats s'accumulent, il va peu à peu se détacher, par lassitude, de l'école, éventuellement se replier sur un mode dépressif. Ou bien, plutôt que de passer pour un idiot, il va prétendre ne pas vouloir travailler. Victime de son incapacité, il va tenter de faire croire aux autres, et de se faire croire, qu'il a la maîtrise de la situation et feindre de rejeter volontairement la scolarité. J'appelle cela le faux refus scolaire.

L'inhibition est parfois un phénomène transitoire, faisant partie de la crise nécessaire. Elle s'en va alors d'elle-même au cours du déroulement de l'adolescence. Les tests d'intelligence montrent des résultats normaux. Mais parfois l'anxiété, qui va de pair avec l'inhibition, peut donner des résultats faux et faire croire à un déficit intellectuel. Une réorientation décidée trop rapidement par suite de l'échec scolaire réactionnel serait dommage. J'ai vu également, à l'inverse, des inhibitions mises en place dans la petite enfance se lever de façon spectaculaire lors de la puberté.

On peut faire un parallèle avec les timides, qui présentent une inhibition non pas intellectuelle, mais relationnelle. Ils n'osent s'adresser à un inconnu ni parler devant tout le monde en classe. De même que le timide, au fond de lui, a envie de rencontres, l'inhibé intellectuel a envie d'apprendre. Le timide ne l'est parfois que dans certaines occasions (par exemple, uniquement avec les filles ou avec des adultes, ou simplement au sein de l'école) ; de même, on peut être inhibé intellectuellement seulement dans certains domaines. Seuls certains champs du fonctionnement intellectuel sont alors concernés, comme la pensée mathématique.

> Dans le cas de Stéphane, 14 ans, c'est uniquement l'anglais qui est touché. Il est excellent dans toutes les matières. L'explication que j'ai trouvée réside dans sa situation familiale. Son père est anglais et sa mère française. C'est depuis le divorce et le départ du père en Grande-Bretagne que l'inhibition s'est installée. Stéphane prétend ne pas souffrir de l'absence de son père et dit que tout va bien moralement. En effet, aucune souffrance n'est apparente ; mais c'est au prix de ce sacrifice scolaire. Nier la langue anglaise est pour Stéphane un mécanisme inconscient pour nier la séparation et l'absence du père. D'ailleurs, à l'occasion du travail psychothérapique avec moi, ce déni se lève et Stéphane passe par une phase de grande tristesse, qui n'avait pu être exprimée avant qu'il ne se débarrasse de son blocage.

Souvent à l'inhibition de pensée s'ajoutent d'autres traits, tels qu'une lenteur, une méticulosité, une « maniaquerie » dans le travail. La présentation de l'élève est soignée. La forme est privilégiée aux dépens du fond. La pensée est parfois tellement mise au ralenti que l'ado a l'impression d'avoir la tête vide et de ne plus avoir de mémoire. C'est surtout vrai à l'occasion d'évaluations (interrogations écrites). C'est la fameuse angoisse de la feuille blanche. L'inhibition est avant tout un moyen de protection psychique pour l'adolescent. C'est un phénomène inconscient. Il ne peut la contrer par la simple volonté. Les reproches ne font que la renforcer, en la chargeant de sentiments de culpabilité.

L'intellect mêle ses racines aux pulsions sexuelles. La curiosité intellectuelle et la curiosité affective ou sexuelle du petit enfant sont contemporaines dans leur mise en place. Il apprend parce qu'il aime. Après le stade œdipien, la curiosité sexuelle est mise de côté. L'énergie « sexuelle » ne disparaît pas pour autant. Elle est alors, on l'a vu, mise au profit des apprentissages. On dit que cette énergie est « sublimée ».

Mais, à l'adolescence, on assiste à de nouvelles éruptions pulsionnelles qui viennent se mêler aux processus intellectuels. Pour en protéger le psychisme, une partie est refoulée dans l'inconscient. Dans les cas d'inhibition intellectuelle, le refoulement est massif. Tout est refoulé en vrac. Pulsions sexuelles et pulsions épistémophiliques (qui poussent à apprendre) sont mises sans distinction à la cave du psychisme. Car la curiosité intellectuelle est chargée de représentations, de pensées jugées non convenables, coupables ou interdites par la partie consciente (le moi) de l'adolescent. Il en est de même des pulsions agressives. Cette incapacité à faire le tri ou cette intolérance du moi de l'adolescent à toute pensée entachée de sexualité ou d'agressivité expliquent l'inhibition intellectuelle.

Un refoulement trop important demande au psychisme beaucoup d'énergie pour maintenir la « porte » close. Cette dépense se fait également aux dépens du travail intellectuel. Ainsi, qu'il y ait ou non refoulement des pulsions intellectuelles, le refoulement massif de pulsions sexuelles explique la fatigabilité intellectuelle de certains adolescents.

Certains adolescents, on l'a vu, vont refouler uniquement leurs fantasmes, sans porter atteinte au fonctionnement pur de leur intelligence. Ils ne se souviennent pas de leurs rêves et semblent n'avoir aucune imagination. Ils présentent leurs pensées comme factuelles, dépourvues de contenus personnels fantaisistes. Les pulsions sexuelles ou agressives sont refoulées en bloc, car leur moi est trop fragile pour les accueillir ou leur surmoi trop rigide pour les accepter. Souvent ces adolescents n'ont pas d'activité masturbatoire ou, quand ils en ont, elle est quasiment dépourvue de représentations mentales sexuelles élaborées.

Les conséquences sur la scolarité n'apparaissent que dans les matières où l'investissement affectif et l'esprit créatif sont requis, comme les arts plastiques ou, dans une moindre mesure, le français.

## L'INTELLIGENCE TROP PRÉCOCE

Les enfants dits « surdoués » retiennent beaucoup l'attention actuellement. En témoigne le succès du film *Will Hunting*, de Gus Van Sant, Ours d'argent au festival de Berlin 1998, qui montre le parcours d'un adolescent qui se révèle surdoué.

Le « génie » fascine depuis l'Antiquité et a longtemps été mis en relation avec les troubles mentaux. Aristote écrit dans ses *Problèmes*, au IVe siècle avant Jésus-Christ, qu'« il n'y a point de génie sans un grain de folie ». Cicéron, quarante-cinq ans avant Jésus-Christ, dit dans ses *Disputationes* que « la mélancolie est le partage du génie ».

Montaigne (1533-1592), dans ses *Essais*, après avoir rencontré le poète italien le Tasse devenu fou, voit dans l'exercice trop poussé de la raison un risque de sombrer dans la folie. Il écrit alors : « Voulez-vous un homme sain, le voulez-vous réglé et en bonne forme et saine posture ? Affublez-le de ténèbres, d'oysiveté et de pesanteur ; il nous fault abestir pour nous assagir. »

De nos jours encore, les enfants intellectuellement précoces mettent leur entourage mal à l'aise et souffrent du regard curieux ou hostile porté sur eux. Seuls les quatre cinquièmes d'entre eux verront leurs « dons » persister après l'adolescence.

Même si tous ne rencontrent pas de difficultés, beaucoup parmi eux sont victimes d'échec scolaire ou ont des problèmes relationnels et affectifs. Seraient-ils plus souvent déprimés que les autres ? Les études actuelles ne permettent pas de répondre formellement. Ils bénéficient d'atouts qui les protègent de certains facteurs de risque de dépression. Mais ils sont plus sujets que d'autres aux difficultés d'adaptation scolaire et ont souvent des troubles du développement qui peuvent faire le lit d'un syndrome dépressif.

La frontière selon le niveau de QI pour définir un enfant intellectuellement précoce ne met pas tout le monde d'accord. Elle est définie à 130 (3 % de la population) ou à 140. Quoi qu'il en soit, à ce niveau élevé doit s'ajouter, pour répondre à la définition exacte, un talent créatif dans un ou plusieurs domaines, par exemple la musique.

Le diagnostic de précocité fait souvent plaisir aux parents. En particulier quand l'enfant présente des troubles du développement et de la communication, et qu'ils espèrent que le diagnostic d'autisme ou de trouble grave de la personnalité n'est que le masque porté par un enfant « surdoué ». Ne dit-on pas qu'Einstein passait pour un enfant sans avenir scolaire ?

Certains enfants autistes investissent des domaines particuliers et ont des capacités étonnantes de mémorisation, pouvant par exemple citer le numéro de la page de dictionnaire où se trouve un mot. De même, je me suis occupé d'un enfant autiste qui lisait couramment à 2 ans et demi. En fait, il décodait plutôt qu'il ne lisait car il ne donnait aucun sens à ses lectures et ne pouvait les réutiliser. La capacité précoce de décodage et de mémorisation spécifique ne fait pas l'intelligence.

Un résultat élevé aux tests de niveau intellectuel doit être analysé. Souvent on observe un bon niveau dans le champ des compétences verbales et des investissements scolaires. Mais les autres niveaux de compétence sont fragiles. À l'école, plus les matières sont abstraites et verbales (lecture, raisonnement mathématique, langues étrangères), plus la compétence est élevée. En revanche, l'orthographe, le calcul, l'histoire, les travaux manuels sont la source de moins de réussites.

Au même titre qu'un enfant arriéré doit être respecté et appréhendé comme un enfant ordinaire, un enfant intellectuellement précoce ne doit pas être résumé à son QI.

Il est des enfants doués dans certains domaines du fait qu'ils sont soumis à un apprentissage parental précoce et intensif. Il faut distinguer les adolescents « surdoués » dotés de sources affectives et psychiques riches de ceux qui utilisent leur potentialité intellectuelle de manière rigide, limitant ainsi leur développement psychoaffectif. Pour certains, l'investissement massif dans les processus intellectuels est un moyen d'échapper à une menace dépressive ou anxieuse. Tout se passe comme si le cerveau, à l'image d'une locomotive, fonctionnait à plein régime pour fuir un danger.

> *C'est le cas de Philippe, 12 ans, dont le caractère intellectuellement précoce est connu et qui présente de graves problèmes d'adaptation scolaire. Il n'arrive pas à se faire des amis et n'a de cesse que de questionner chacun sur le fonctionnement de n'importe quoi. Il s'est toujours désintéressé des jeux de son âge et les élèves de sa classe le traitent d'« ordinateur ».*

> *Son histoire est la suivante : son père est décédé, peu de temps après sa naissance, du sida. C'était un informaticien de*

*haut niveau, brillant dans son domaine et très cultivé par ailleurs. Son épouse est restée prisonnière de son deuil et vit seule avec son enfant, se privant de tout loisir. L'enfant porte le prénom de son père. Philippe, en entretien, est incapable de dessiner en suivant son imagination. Il ne peut que recopier un modèle et il le fait à la perfection. Il éprouve de grandes difficultés à parler de lui et préfère parler de ses découvertes et de ses savoirs nouveaux. Il apparaît que Philippe s'est très tôt inscrit dans l'intellectualité pour répondre au désir de sa mère (et peut-être de son père avant sa mort), qui est de « reprogrammer » le défunt. En intellectualisant, il se modèle sur le père, car c'est la dimension intellectuelle de son mari qui attirait le plus la mère de Philippe. Mais il se trouve piégé dans cette modélisation. Car à lui tout seul, il comble totalement sa mère, qui n'a aucune autre source de désir et de plaisir que lui. Il n'y a plus d'espace vital entre eux car il n'y a plus de manque. Cette relation fusionnelle est génératrice de très forte angoisse inconsciente chez le jeune adolescent du fait des pensées incestueuses qu'elle sous-tend. Plus il ressemblera au père, plus le risque incestueux sera vivace. Mais à la fois, en le re-présentant, il le rend présent et donc imaginairement il le place entre sa mère et lui. Et c'est ce double jeu qui le coince car cela le pousse à poursuivre dans l'intellectualisation. Il faut ajouter à cela l'angoisse de mort qui surgit dans son identification à son père à cause du sida, qui est fortement corrélé à la sexualité, donc au désir. Sexualité et désirs qui apparaissent chez Philippe avec sa puberté naissante. Alors il met à distance au fin fond de son conscient toute émotion, toute affectivité, toute activité imaginaire afin d'être sûr de ne pas laisser pointer le désir, interdit et mortifère.*

Mais tous les adolescents intellectuellement précoces n'ont pas investi les processus intellectuels dans un but défensif. Les enfants ne sont pas égaux dans le développement intellectuel comme dans le développement physique. Ils s'inscrivent au sein d'une courbe de Gauss, avec une moyenne majoritaire et des extrêmes minoritaires.

Beaucoup des difficultés qu'ils rencontrent sont essentiellement secondaires aux difficultés relationnelles. Sautant une,
deux ou trois classes, les adolescents précoces sont confrontés à des réactions négatives des autres élèves mais aussi de
certains professeurs. Il existe un hiatus entre la compréhension intellectuelle et la maturité affective, responsable de
problèmes relationnels.

> *Hermione, 12 ans, en classe de troisième, est très mal à l'aise
> quand les autres filles de la classe la questionnent à propos
> des garçons, ou des accessoires, ou des modes de séduction
> féminins. Les autres filles l'ont remarqué et se moquent d'elle,
> la mettant davantage à l'écart.*

L'adolescent intellectuellement précoce perçoit et comprend
bien mieux qu'un autre les différents éléments et leurs liens
dans le champ de la réalité environnante. De ce fait, il est
soumis à une surstimulation. Ayant un accès plus large aux
sources d'information à engranger, il doit faire le tri de façon
d'autant plus logique, rigoureuse et ordonnée. Cela laisse
peu de place à la souplesse, au délai, au répit et à la possibilité de différer. Mais les élans de la vie affective et
émotionnelle, les éléments imaginaires ne peuvent être
compris et intégrés de la même manière que les autres
types d'information. Il y a alors parfois une tentative
désespérée de rationaliser tout et une course effrénée à
l'apprentissage pour se protéger de ses pulsions.

Quand elles sont mises à distance car menaçantes, les
émotions du jeune sont asséchées comme des marais.
L'adolescent devient solide en apparence, mais, confronté
à un stress, il n'a pas de souplesse. Comme la vase séchée,
il peut se fendiller et se briser.

## LA PHOBIE SCOLAIRE

Les difficultés scolaires sont aussi les difficultés à se rendre en cours.

> *Naïma a bientôt 13 ans. Elle est en cinquième et a toujours été bonne élève. Pour ses parents, petits commerçants, réussir à l'école est fondamental. Sa mère me l'amène car depuis plusieurs jours Naïma refuse d'aller au collège. Il y a quelques semaines, elle s'est plainte de maux de ventre, demandant à rester à la maison. Mais le médecin de famille, consulté, a diagnostiqué qu'il n'y avait rien de physique et que les troubles étaient nerveux. La semaine suivante, elle a prétendu, pour expliquer son refus d'aller à l'école, que les garçons de sa classe l'importunaient. Les parents ont rencontré aussitôt les enseignants ainsi que le conseiller d'éducation, qui ont totalement infirmé ces propos. Puis ce furent les professeurs qui ne la comprenaient pas. Un matin, elle refuse, malgré l'insistance de sa mère, de se rendre en cours. Elle pleure, crie, s'agite jusqu'à ce que sa mère cède. Les jours suivants, après une sévère admonestation paternelle, elle accepte de sortir. Mais les parents apprendront vite que les cours ont été séchés. Naïma est rentrée chez elle, sitôt les parents partis au travail. Le médecin conseille de la laisser à la maison et de consulter un spécialiste.*
>
> *En entretien, Naïma se présente comme une jeune fille intelligente. Elle est timide mais rapidement le bon contact qu'elle a avec moi fait qu'elle me parle sans trop de retenue. Elle me dit être très angoissée en classe. Ce n'est pas le travail scolaire qu'elle rejette. D'ailleurs, durant son absence, elle s'est fait apporter les cours et a beaucoup travaillé. Elle a entendu parler des cours par correspondance et déclare que cette formule l'intéresse. Je pose le diagnostic de phobie scolaire.*

La phobie scolaire apparaît le plus souvent à l'entrée au cours préparatoire ou à l'adolescence. Le refus est justifié par l'environnement. Le jeune se plaint des autres élèves ou des professeurs. Le milieu ambiant est décrit comme hostile. L'adolescent qui présente ce type de phobie désire toujours acquérir des connaissances scolaires. Il accepte de travailler à la maison.

Le principe d'une phobie est de concentrer l'anxiété. L'anxiété est la crainte d'une menace réelle ou imaginaire. Les changements à l'adolescence sont la source d'une augmentation de l'anxiété normale. Une phobie est un mécanisme de défense du sujet pour tenter de gérer son anxiété diffuse. Par exemple, la phobie des araignées. Le sujet est très angoissé quand il voit une araignée ou même simplement s'il entend parler d'araignées. Mais en dehors de cela, il est très serein. Si l'anxiété est trop forte, le nombre de phobies augmente et cela devient handicapant. La phobie scolaire, comme son nom l'indique, entre parfois dans ce cadre. Mais ce n'est pas systématique. En ce cas, toutes les angoisses se concentrent sur la situation scolaire. Ce qui permet de laisser libre de toute angoisse l'adolescent quand il est en dehors de l'école.

La phobie scolaire peut participer d'un état dépressif. L'origine de la phobie est souvent une angoisse de sépara-tion qui a des racines dans l'enfance. Naïma, d'ailleurs, a eu du mal à accepter son entrée en maternelle comme au cours préparatoire. Elle a toujours refusé de se séparer de sa maman pour aller en colonie de vacances ou dormir chez des amies.

L'émancipation psychologique et affective de l'adolescent vis-à-vis de ses parents n'est pas une chose facile. Son désir est souvent ambivalent. Il tire à hue et à dia. Il alterne entre la crainte d'une séparation et le désir d'être indépendant. L'école fait office de tiers entre l'enfant et sa famille. C'est l'une de ses fonctions essentielles, qui est pourtant mécon-nue. Elle est vécue par l'adolescent phobique scolaire comme le symbole de la rupture avec ses parents.

Il arrive que la difficulté de séparation soit partagée par l'adolescent et l'un des parents ou les deux. C'est également vrai pour les difficultés de séparation que l'on rencontre dans la petite enfance, notamment à l'occasion de l'entrée en maternelle. La phobie scolaire est fréquemment une histoire à deux. C'est particulièrement le cas quand la mère ne travaille pas à l'extérieur et reste à la maison. La tolérance parentale à l'égard de la phobie a tendance à la renforcer. C'est parfois quand les parents ont eu une mauvaise expérience personnelle concernant l'école qu'ils sont trop « compréhensifs » avec l'enfant.

Une autre motivation de l'adolescent est la volonté de rester auprès d'un parent afin de le protéger ou de le soutenir.

> *C'est le cas de Maxime, 12 ans, dont la mère a une dépression chronique. Elle a déjà fait plusieurs tentatives de suicide. Rester à la maison est pour Maxime une façon de ne pas la perdre de vue. Elle ne présente pas actuellement un tableau plus grave que les années précédentes. Mais les remaniements internes le rendent plus inquiet. En même temps, à 12 ans, il se s'est jamais senti aussi robuste et aussi responsable pour sauvegarder sa mère.*

La conduite à tenir face à un adolescent qui présente une phobie scolaire n'est ni la contrainte ni une trop grande tolérance. D'ailleurs l'adolescent qui reste à la maison, assisté par des cours par correspondance, ne « guérit » pas pour autant et il peut présenter de nouveaux troubles.

> *Donovan, 14 ans, a obtenu de rester étudier à la maison après s'être plaint du milieu scolaire qui lui devenait insupportable. Il se met alors rapidement à avoir des accès d'agressivité durant lesquels il brise différents objets. En fait, son maintien dans un état de dépendance à ses parents lui est devenu très pénible. Il se sent régresser à un stade infantile et cela provoque en lui des montées d'angoisse. La violence est son moyen pour s'en soulager.*

La prise en charge psychothérapique de l'adolescent phobique doit être la plus précoce possible pour être la plus efficace. Elle est associée à une guidance parentale. Dans les cas difficiles, une hospitalisation avec scolarisation à l'hôpital s'impose. Les résultats thérapeutiques sont habituellement bons.

## LE VÉCU DÉPRESSIF ET L'ÉCOLE

S'il existe des adolescents non dépressifs, tous ont ou auront, une ou plusieurs fois, des accès d'ennui, de tristesse, de repli sur soi, de morosité ou bien un sentiment de vide, qui font partie de la crise nécessaire.

Les fléchissements scolaires en sont souvent la conséquence. L'absentéisme, éventuellement accompagné d'errance durant la journée de cours, est une tentative de lutter contre un sentiment de vacuité. L'ennui réactive l'angoisse. Il est d'autant plus pénible en classe qu'il s'accouple avec une inactivité physique. En s'agitant, l'adolescent s'ébroue de l'anxiété qui l'inonde. Les adolescents que je rencontre sont sensibles à la routine. Ils s'en plaignent et s'en inquiètent pour leur avenir. La vie de leurs parents ne les enthousiasme guère. Leur seule chance de s'« éclater », c'est maintenant, imaginent-ils. Ils ont soif d'aventure. Les adultes qui les côtoient et qui ont oublié le romanesque de leurs jeunes années semblent s'en étonner. L'école, avec ses horaires, sa permanence, son cadre, leur paraît contraignante et monotone. Aucune surprise ne les attend. Les ados souffrent plus qu'à n'importe quel autre âge de la trilogie « métro-boulot-dodo ».

Le statut d'écolier aggrave le vécu de passivité répandu à l'adolescence. Dans les autres formes d'enseignement, notamment dans les lycées professionnels, le problème se pose moins car le jeune a la possibilité d'être plus actif à l'occasion des stages. Mais durant les moments dépressifs, la démarche active est invalidée.

Le vécu dépressif se manifeste par des troubles du sommeil, un ralentissement intellectuel et physique, des troubles de la concentration et de l'attention, un désinté-rêt, des troubles du comportement. Chacun de ces aspects est une cause en soi de fléchissement scolaire.

Les troubles du sommeil, en dehors de tout vécu dépres-sif, sont particulièrement fréquents à l'adolescence. C'est surtout une insomnie au moment de l'endormissement. Elle concerne presque un adolescent sur deux, et en majo-rité les filles. Le rythme nycthéméral (c'est-à-dire le cycle veille-sommeil) tend à s'inverser. L'adolescent a du mal à se coucher, mais peut rester au lit jusqu'à midi. Un sur deux déclare se lever fatigué. Peut-être devrait-on en tenir compte dans l'aménagement des horaires au lycée. Presque autant disent avoir souvent l'impression d'être fatigués au cours de la journée, les lycéens davantage que les collégiens. Mais les temps de transport jouent un rôle important dans la fatigue du lycéen. Le sommeil n'appa-raît pas réparateur. Les explications au retard du coucher sont diverses.

L'entrée dans le sommeil redevient angoissante. Je dis « redevient » car les difficultés d'endormissement sont presque banales entre 2 et 5 ans. C'est alors l'âge des premiers rêves d'angoisse. C'est aussi l'âge où l'enfant est en pleine conquête physique et il tolère mal la passivité que suppose le sommeil. L'adolescence voit resurgir les cauchemars. Leur fréquence est variable, mais un adoles-cent sur dix en fait plusieurs par mois. Le sommeil perd alors sa valeur de refuge. Les pulsions, maintenues par la partie consciente du psychisme dans la journée, profitent de la nuit pour se débrider et se mettre en scène dans les rêves. L'adolescent doit se fabriquer à nouveau une aire d'endormissement, c'est-à-dire une antichambre psychologique au sommeil. Le petit l'a construite peu à peu, on l'a vu, grâce au temps du coucher avec ses parents, en prenant appui psychologiquement sur les rituels de la mise au lit (histoire, verre d'eau, bisou, oreiller arrangé de façon particulière, nounours, etc.). L'ado en trouve d'autres. Depuis plus de trente ans, le transistor est très utilisé. Le soir, certaines chaînes de radio s'adressent particulièrement aux ados, offrant paroles et musiques. Elles servent de berceuse – les parents qui se lèvent pour éteindre le poste en milieu de nuit en savent quelque chose. Mais l'angoisse n'explique pas tout. La nuit est parfois le seul espace de liberté pour l'ado. Les adultes n'y sont pas car ils dorment. L'obscurité les protège et masque leur apparence qu'ils rejettent en partie. Les ados sont sensibles aux stimulations environnantes et la nuit les apaise par son calme. La nuit, tous les chats sont gris et sortir le soir, c'est être davantage dans la communion avec les autres, c'est la possibilité d'abolir les différences et d'agir avec une certaine impunité. La fatigue résultant de ces troubles du sommeil est une des principales causes d'inattention et de difficultés de concentration.

Une autre cause est le ralentissement des processus intellectuels qui font partie du vécu dépressif. Le cours de la pensée en est entravé. L'adolescent n'arrive plus à retenir son attention. On le dit rêveur. Le raisonnement est également ralenti. La mémoire fait faux bond. L'imagination se tarit. Il tente de lutter contre cette inertie et s'obstine. Il passe de longs moments sur son travail, grevant plus encore son sommeil, sans rien apprendre ni retenir.

Le désintérêt, l'indifférence généralisée qu'éprouve l'adolescent déprimé contaminent aussi la motivation. Il n'a plus envie d'apprendre. C'est d'autant plus remarquable qu'il était un bon élève et avait du plaisir à se rendre en cours. La différence essentielle entre un adolescent qui a une phobie scolaire et un adolescent déprimé est que ce dernier n'a plus le désir d'apprendre. Sa participation en classe s'appauvrit. Il ne lève plus le doigt, est de moins en moins attentif, n'apprend plus ses leçons et ses écrits sont de moins en moins soignés. Il oublie ses affaires scolaires à la maison et ne note plus les devoirs à faire.

Les troubles du comportement font aussi partie des symptômes dépressifs qui portent atteinte à la scolarité. L'ado est décrit comme perturbateur en classe. Il dérange ses camarades. C'est surtout vrai entre 11 et 13 ans. C'est un moyen de lutter contre le vécu passif de la dépression. Après 13 ans, la dépression est plus mentalisée et s'exprime par des pensées négatives, des sentiments de culpabilité et des idées noires.

L'adolescent déprimé a parfois une attitude pseudo-euphorique. Agité sans être agressif, il est familier avec tous, a une conduite désordonnée, des propos décousus et une grande impulsivité. Cette hyperactivité le fatigue et ne mène à rien de constructif. Cette pseudo-euphorie représente, à côté de la tristesse, l'une des deux faces d'une même pièce, celle de la dépression.

Les enseignants, et on peut les comprendre, supportent mal ces états d'agitation, comme on l'a vu. L'adolescent est exclu des cours, ce qui aggrave son retard scolaire. Ce rejet renforce la mauvaise image qu'il a de lui-même et attise davantage le vécu dépressif.

Un état d'agitation peut être un symptôme de dépression. Ce diagnostic sera posé par un médecin à partir d'un contexte, d'une anamnèse (histoire des troubles) et des autres signes associés. Mais il ne faut pas en conclure que tous les adolescents agités sont dépressifs. La plupart des agitations en classe, surtout transitoires, ne relèvent pas de dépressions.

Un autre trouble du comportement de la série dépressive est le repli sur soi. Les adolescents se mettent en retrait, hibernent, fonctionnent au ralenti. Si les professeurs s'en plaignent moins que des élèves agités, ils relèvent cependant une participation en classe, notamment à l'oral, amoindrie. L'ado réduit ses activités. Parfois une activité est préservée, comme une activité sportive particulièrement investie. La supprimer en punition de mauvais résultats scolaires serait dramatique. Il faut au contraire que l'adolescent, dépressif ou non, soit toujours valorisé dans ses domaines de réussite.

## MÉLI-MÉLO

En fait, dans la réalité, il est des situations plus complexes. En témoigne l'histoire de Medhi, où se mêlent histoire familiale, influences fraternelles, énurésie, dépression, inhibition et intelligence précoce.

> Medhi, 12 ans, consulte au dispensaire car il fait pipi au lit toutes les nuits. Il n'a jamais été continent la nuit mais c'était jusqu'alors irrégulier. Il a déjà consulté et même pris des médicaments sans résultats. Son père, qui l'accompagne, est technicien de surface mais est au chômage depuis presque un an. Sa mère s'occupe des deux autres garçons, plus âgés que Medhi, et de la première fille, qui est née depuis six mois. Rapidement je porte le diagnostic de dépression chez Medhi devant l'association de symptômes classiques.
>
> Dans l'histoire de Medhi, tout se passe bien jusqu'à l'âge de 6 ans. C'est un bébé facile mangeant bien, dormant bien et choyé par ses parents. Les difficultés matérielles de la famille n'empêchent pas Medhi de grandir harmonieusement. En primaire, il est apprécié par ses maîtresses, qui le trouvent doué et agréable (sauf pour le graphisme et les activités manuelles). Avec les autres enfants, c'est plus difficile. Il vit dans un quartier où l'on observe beaucoup de turbulences parmi les jeunes mais ses grands frères le protègent contre d'éventuels agresseurs. En sixième, ça se passe beaucoup

*moins bien. Il s'y montre indiscipliné. Un de ses frères, d'un an plus âgé, a redoublé sa sixième et se trouve dans la même classe que lui. Ils sont vite associés dans la tête des enseignants comme les deux « durs ». Les résultats scolaires deviennent catastrophiques. La psychologue scolaire qui le reçoit note un problème d'adaptation. Elle conseille aux parents de consulter au dispensaire médico-psychologique.*

*Au fil des entretiens, Medhi m'apparaît comme un enfant déprimé. Au cours de la prise en charge, la dépression se levant peu à peu, Medhi se présente comme un préadolescent très intelligent, sensible, curieux et plein d'humour.*

*Tout s'est passé comme si Medhi ne voulait pas, alors qu'il quittait l'univers insouciant de l'enfance, se singulariser par rapport à ses frères beaucoup moins brillants et aux autres garçons de son âge et de son milieu. Il s'est alors mis en échec scolaire. À cette pression sociale et fraternelle (éviter la rivalité avec ses grands frères déjà jaloux de lui car il est le petit dernier) s'est ajoutée une pression parentale. En effet, la mise au chômage de son père, vécue comme une destitution, a aggravé encore son inhibition intellectuelle. En haut de l'affiche, puisque déjà l'élu de sa mère, il en ressentait inconsciemment une certaine culpabilité par rapport à ses frères et ensuite à son père. Il ne voulait pas davantage, en mettant en action son intelligence, qui s'est par la suite révélée exceptionnelle, occuper complètement l'affiche. Ses résultats devenaient médiocres, mais son moral était bon. Il avait trouvé un équilibre de compromis. Mais la naissance d'Esméralda, sa petite sœur, la première fille, réunissant l'attention de toute la famille, est venue effondrer son système. Il a perdu pied en croyant perdre l'amour de sa mère et s'est mis à régresser avant de s'installer dans un repli dépressif.*

*Grâce à la prise en charge, les choses vont s'arranger rapidement. La reconnaissance de ses grandes capacités intellectuelles, auxquelles les consultations vont permettre de s'épanouir, va modifier le regard des parents sur lui et redorer son estime de lui-même. De surcroît, Esméralda le soulage de sa place culpabilisante de petit dernier choyé par sa mère. Libéré de cette culpabilité, soutenu par la fierté de son père qui trouve là un moyen de restaurer sa propre image, mise à mal par ses difficultés professionnelles, il va s'affirmer par son intelligence dans la réussite scolaire et se trouver ainsi une nouvelle place de sujet dans sa famille, une nouvelle identité.*

## L'ÉCOLE VIOLENTE OU PROTECTRICE

L'école n'est pas neutre dans l'échec scolaire. Les classes sont surchargées. Cette phrase est répétée par les enseignants depuis vingt ans, sans effets. Les rythmes scolaires en France sont mal adaptés aux rythmes biologique et psychologique des adolescents. L'Éducation nationale fait pourtant de louables efforts en ce sens, par exemple en répartissant plus harmonieusement les vacances scolaires. Les activités sportives et artistiques restent défavorisées. C'est en dehors du temps scolaire, si les moyens financiers des parents ou les activités offertes par la commune le permettent, que l'adolescent doit les trouver. Les programmes scolaires, contrairement à une idée répandue, ne sont pas plus chargés que par le passé. Mais leur application varie en fonction du professeur et de la politique pédagogique de l'établissement. De nombreuses écoles se considèrent comme bonnes quand elles proposent un programme intensif. Elles rencontrent d'ailleurs un écho favorable auprès de nombreux parents inquiets.

Les parents attendent des résultats. Ils se concentrent beaucoup sur la scolarité de leurs enfants. L'inquiétude du chômage en est une des raisons, mais pas la seule. La réduction du nombre d'enfants par famille fait que la préoccupation parentale se concentre sur un ou deux enfants et n'est plus diluée sur toute une fratrie. À l'inverse, quand trois enfants ont fait un parcours scolaire brillant, les parents tolèrent mieux que le petit dernier préfère les arts ou le sport à l'enseignement général. Les parents ne savent pas par quel bout prendre leur adolescent. La communication est largement altérée par le malaise qui s'installe des deux côtés. Les parents perdent la maîtrise qu'ils avaient sur lui. La question scolaire devient alors inconsciemment pour eux le moyen de garder un lien fort. *Jean-Laurent, 15 ans, se plaint : « Mon père ne me parle de rien à part l'école. » En réalité, bien sûr, son père essaie de lui parler d'autre chose. Mais il a gardé le même ton et les mêmes thèmes qu'avant la puberté de son fils. L'adolescent ne veut plus les entendre.* À l'heure actuelle, les parents critiquent beaucoup plus que par le passé les professeurs. Ceux-ci se défendent en critiquant à leur tour les parents : trop négligents, n'encadrant pas suffisamment la scolarité de leurs enfants ou bien au contraire trop intrusifs, ne respectant pas l'autonomie nécessaire que prend l'adolescent en investissant son travail scolaire et son professeur. Le jeune, si ses résultats sont l'objet de conflits de ce type, se sent pris en otage, un peu comme entre deux parents qui s'affronteraient devant lui. Le collégien ou le lycéen sont au carrefour des exigences des parents, de l'établissement scolaire et de leur propre niveau d'exigence. Cette intersection, si elle est un lieu d'opposition, est un facteur de risque anxieux et dépressif pour lui.

Lieu d'acquisition d'un savoir, l'école impose un engagement massif des facultés cognitives (intellectuelles). En même temps, elle oblige à un apprentissage social sans accompagnement adulte pour cette mission. On parle de « surveillants », qui sont d'ailleurs de moins en moins nombreux. Mais il n'y a pas de projet de suivi éducatif dans l'apprentissage social. Les conseillers principaux d'éducation (anciennement « surveillants généraux ») jouent un rôle essentiel, mais ils ont trop d'élèves sous leur responsabilité pour bien s'en occuper. On ne favorise absolument pas la transmission entre adolescents d'âges différents, à l'image des classes primaires en campagne, réunissant plusieurs tranches d'âge. Pourtant, le rôle actif que cette transmission leur procurerait les aiderait à apprendre mieux.

L'intelligence est multiple et ses différents aspects n'ont pas à avoir de rapports hiérarchiques. Or c'est l'intelligence logico-mathématique qui domine encore trop les tests d'évaluation, laissant de côté nombre d'enfants à l'intelligence différente.

On ne devrait pas imposer aux adolescents la réussite dans tous les domaines en même temps. Le savoir n'est pas indépendant de l'évolution psychoaffective et les investissements se répartissent de façon hétérogène dans les différentes matières.

L'école, comme lieu d'expérimentation sociale, est aussi facteur de stress. L'adolescent peut devenir le bouc émissaire des autres élèves, d'enseignants ou de jeunes extérieurs à l'établissement scolaire. Les agressions et les rackets sont des causes fréquentes de difficultés scolaires par l'angoisse qu'ils suscitent. Selon une enquête de l'INSERM, plus d'un lycéen sur dix ne se sent pas en sécurité à l'intérieur de son établissement et un sur quatre aux alentours. S'il est moins fréquent qu'à l'extérieur, le racket touche au moins 5 % des lycéens. Par ailleurs, un sur quatre y a été victime de vol, et 15 % victimes de propos racistes.

Mais l'école est aussi un lieu protecteur pour l'équilibre psychologique de l'adolescent. Elle permet de réguler les conflits éducatifs personnels et familiaux en tant que lieu de socialisation et d'espace extrafamilial. C'est aussi en tant que lieu d'apprentissage qu'elle est bénéfique pour la stabilité psychique. En effet, le savoir aide à maîtriser l'angoisse. Les pulsions agressives de l'adolescent peuvent trouver un exutoire dans la conquête du savoir autorisé. L'école est un moyen formidable pour devenir adulte sans avoir à prendre la place d'un de ses parents. L'activité scolaire apparaît alors comme source de plaisir autonome. C'est pourquoi une intrusion parentale trop massive, un suivi trop rigide risquent de bloquer ce processus en réactivant la culpabilité liée à des pulsions à nouveau dirigées vers la parentalité. L'ouverture sur le monde extérieur, la socialisation que permet l'école, participe favorablement à l'évolution psychique de l'adolescent. C'est encore plus vrai quand l'environnement familial est défaillant ou toxique. L'école, vivier d'adultes et de jeunes, source de plaisirs sublimés, est alors un formidable soutien structural de la personnalité. Les jeunes, d'ailleurs, sont moins sévères à son égard que leurs parents, puisqu'ils seraient 82 % à dire l'aimer moyennement ou beaucoup.

# 12

# COMPRENDRE LES TENTATIVES
# DE SUICIDE POUR LES PRÉVENIR

## DANSE AVEC LA MORT

Mille jeunes, de 15 à 24 ans, meurent chaque année en
France de suicide. C'est la deuxième cause de décès dans
cette population, après les accidents. Depuis les années
soixante, la mortalité suicidaire a doublé. Elle est devenue
stable à partir de 1985.

Les tentatives de suicide, c'est-à-dire les conduites ayant
pour but de se donner la mort sans y aboutir, sont bien
plus nombreuses : quarante mille jeunes sont hospitalisés
pour ce motif chaque année. Mais combien ne l'ont pas
été ? Peut-être quatre fois plus. Ces tentatives sont parfois
déguisées en accidents.

Quand elles sont reconnues comme telles, elles ne
donnent pas toujours suite à des soins psychologiques
lorsque les conséquences physiques sont bénignes. C'est le
cas de bras entaillés superficiellement ou de comprimés
avalés en faible quantité. L'adolescent n'est alors pas
conduit à l'hôpital et l'on ne consulte pas un psychiatre
car le sujet est souvent tabou au sein des familles, qui se
sentent coupables.

Ce sont les filles qui font le plus de tentatives de suicide. Elles sont aussi les plus récidivistes. Mais les garçons paient un plus lourd tribut puisque trois décès sur quatre les concernent. Les actes suicidaires chez les filles sont donc en moyenne plus fréquents, moins violents et présentent moins de conséquences physiques. Chez les garçons, ils sont plus rares mais plus violents et plus graves. C'est entre 15 et 19 ans que les filles attentent le plus à leur vie. Pour les garçons, c'est entre 20 et 24 ans. En moyenne statistique, deux élèves par classe font une tentative de suicide. Les suicides sont deux fois plus nombreux parmi les non-scolarisés.

Les tentatives de suicide sont habituellement précédées d'idées suicidaires, mais la majorité des adolescents ayant des idées suicidaires ne passent pas à l'acte. En outre, ceux qui le font ne sont pas systématiquement ceux qui ont exprimé le plus d'idées de ce type.

Il y a tant d'adolescents qui ont eu, au moins, une idée suicidaire qu'on peut affirmer que ces idées font partie de la crise nécessaire. Selon une enquête de l'INSERM, un quart reconnaissent en avoir déjà eu au moins une fois. Si l'on ne prend en compte que les filles entre 15 et 18 ans, c'est un tiers qui le reconnaissent. Un adolescent sur dix déclare même en avoir très souvent. La fréquence importante des idées suicidaires et le fait qu'elles fassent partie de la crise nécessaire ne signifient pas qu'il faille être indifférent si un adolescent en exprime. Ces idées témoignent de points de fragilité de la transformation pubertaire. Leurs modalités d'expression ne sont pas toujours très claires.

Il en est autrement des tentatives de suicide. Les psychiatres ont longtemps considéré que la tentative de suicide était, obligatoirement, le symptôme d'une maladie psychiatrique. Selon les critères actuels, une maladie psychiatrique (dépression grave, trouble de la personnalité, psychose) n'est décelée que chez un adolescent suicidant sur quatre. Si elle n'est pas la cause, elle est un facteur favorisant. Elle doit être repérée et prise en charge pour prévenir notamment une récidive.

La principale méthode utilisée dans les tentatives de suicide est la prise médicamenteuse. Les filles utilisent volontiers la phlébotomie (section des veines). Les garçons empruntent des voies plus violentes, comme les conduites à risques ou toxicomaniaques et les sauts dans le vide ou sous une voiture.

Les chiffres varient peu en fonction des régions. Les villes et les campagnes sont touchées à égalité.

## RAISONS PERSONNELLES

Les tentatives de suicide peuvent être le fait d'un adolescent qui ne présente pas de difficultés apparentes. Les causes du suicide d'un adolescent restent souvent inconnues. Mais, parmi la population de suicidants, on constate un taux plus important d'adolescents présentant des plaintes somatiques multiples, une humeur dépressive, des conduites de dépendance (trois fois plus que la moyenne des jeunes) ou des comportements violents (deux fois plus). On observe également, parmi les suicidants, davantage d'absentéisme scolaire et de chômage parmi ceux qui sont en âge de travailler, comme si l'école protégeait du suicide.

Ces difficultés ne sont pas synonymes de risques suicidaires, mais leur présence, associée à des idées suicidaires, doit impliquer une plus grande vigilance.

L'Organisation mondiale de la santé définit la tentative de suicide comme un attentat contre sa propre personne, à un degré variable dans l'intention de mourir. Toute tentative de suicide ne correspond pas à un désir de mort. C'est pourquoi certains parlent des tentatives de suicide comme d'une forme de chantage. Mais, même s'il n'y a pas de violente envie de mourir, elles témoignent d'un trouble de la relation avec les autres et avec soi-même. Parler d'appel à l'aide banalise, à mon sens, un acte grave. Même si c'est le cas, cela traduit une incapacité pathologique à exprimer autrement sa demande d'aide.

Mon amie, le Dr Virginie Grandboulan, psychiatre, a mené une grande étude sur le devenir des adolescents suicidaires (thèse de doctorat en médecine, faculté Lariboisière, Paris, 1987). Pour un quart d'entre eux, l'évolution est très négative. Un quart ont une évolution très satisfaisante. Un sur deux reste enlisé dans des symptômes figés. Avoir déjà fait une tentative de suicide multiplie par dix-huit le risque d'en faire une seconde. Un adolescent sur dix ayant commis un acte suicidaire meurt dans les cinq ans. Il y a un effet de mimétisme, surtout si les jeunes se lient du fait de difficultés communes. Si une fille fait une tentative, le risque pour que sa copine en fasse une à son tour est multiplié par trois.

Les adolescents ayant fait une tentative de suicide sont peu loquaces sur leurs motivations. Leurs difficultés d'élaboration mentale ou verbale expliquent aussi le recours au passage à l'acte. Voici ce que j'ai pu entendre : « je voulais qu'on m'écoute enfin », « c'était pour avoir une nouvelle vie », « j'avais envie de voir », « pour dormir », « rejoindre mon père », « me mettre entre parenthèses ».

La démarche de l'adolescent suicidant est à la fois consciente et inconsciente. Parmi les raisons plus ou moins conscientes, on retrouve de l'agressivité vis-à-vis de soi-même et des autres, un appel à l'aide ou du chantage, le moyen de s'assurer que les autres tiennent à soi, la volonté de les soulager de sa présence et le désir de calmer ses angoisses ou de fuir une situation bloquée. Beaucoup moins consciemment, il y a le désir de mettre son destin entre les mains d'une puissance divine pour savoir ce que l'on vaut (fonction ordalique, comme dans les conduites à risques). C'est aussi un affrontement mégalomaniaque avec la mort, qui fascine à cet âge.

C'est de façon impulsive que l'adolescent porte atteinte à sa vie. Plus de trois fois sur quatre, il n'y a aucun préparatif à l'acte suicidaire. Définir les facteurs qui font passer de l'idée suicidaire à la tentative de suicide n'est pas chose aisée. Il existe des facteurs environnementaux ou familiaux néfastes : mauvaise insertion sociale, dysfonctionnement familial, séparation parentale. Toute tentative de suicide doit faire rechercher un abus sexuel ou des actes de maltraitance. Il existe aussi des facteurs individuels : processus pathologique évoluant au long cours, histoire personnelle marquée par des ruptures affectives, fragilité psychologique. Il peut exister une vulnérabilité de fond qui n'est pas toujours visible. La personnalité des adolescents suicidants varie. Il n'y a pas de personnalité type. Les idées suicidaires et les tentatives de suicide poussent sur des terres de natures différentes.

Mais la « crise » d'adolescence en elle-même suffit pour déclencher un acte suicidaire, notamment à l'occasion d'une défaillance passagère. Le processus adolescent rencontre des perturbations qui peuvent entraîner des tentatives de suicide. Il peut s'agir de moments très fugaces de désorganisation psychique. Dans la plupart des cas, les tentatives de suicide se font dans un contexte brusque, comme un coup de tonnerre dans un ciel apparemment serein. Un événement familial, une séparation amoureuse, une crise personnelle, un échec, vécus sans difficulté à une autre période de la vie, peuvent, s'ils surviennent à un moment de fragilité, être décisifs.

On verra plus loin les facteurs de risque familiaux, c'est-à-dire les conséquences pour l'adolescent de situations ou de comportements familiaux particuliers. Il y a la famille telle qu'elle est, mais il faut tenir compte aussi de la façon dont l'adolescent, du fait de ses remaniements, la perçoit : hostilité, indifférence, pauvreté des échanges. L'adolescent projette parfois ses propres sentiments sur son entourage. La tentative de suicide est aussi la fuite d'une famille imaginairement détestable.

Les facteurs personnels sont aussi les capacités propres de l'appareil psychique de l'adolescent à supporter les pertes qui s'échelonnent au cours de sa transformation. La tentative de suicide marque, sur le plan psychologique, un moindre recours aux mécanismes de défense ou un échec momentané de ceux-ci, comme le refoulement, la sublimation, l'évitement ou l'intellectualisation. Ces mécanismes peuvent également être présents, mais devenir insuffisants face à une pression anxieuse massive.

Le vécu dépressif est l'un des différents vécus à l'adolescence. Il fait partie de la crise nécessaire. Il est le résultat de différents processus (perte, séparation) et, à la fois, il permet, par la mise à plat qu'il provoque, une réélaboration mentale, une réorganisation offrant une deuxième chance à l'individu. Mais il est très pénible. L'adolescent, inconsciemment, va lutter contre lui. La tentative de suicide est un des moyens de se battre contre le vécu dépressif. Cet acte a valeur de reprise en main. C'est une tentative de maîtrise du douloureux vécu dépressif. Tous les adolescents confrontés à un vécu dépressif normal ou pathologique ne vont pas réagir de la même façon. Tous n'auront pas recours au suicide.

La tentative de suicide est parfois, inconsciemment, une condamnation à mort de son propre corps, qui est rejeté ou agressé. C'est un moyen imaginaire d'en changer, une forme de mue. « J'aurai l'air mort, mais ce ne sera pas vrai… Ce sera comme une vieille écorce abandonnée », déclare le Petit Prince de Saint-Exupéry avant de se faire piquer volontairement par un serpent.

Rejeter agressivement son corps, c'est parfois, ai-je constaté, une façon, non verbalisable, de rejeter son ou ses parents. L'apparition de caractères sexuels secondaires impose une ressemblance sexuée qui peut être vécue de façon insupportable. « *Je déteste mon père, me dit Alexandre, 14 ans. Je ne veux pas lui ressembler. Quand j'étais petit, je ressemblais à ma mère.* » *Le drame est qu'il lui ressemble de plus en plus. Il se sentait uni à sa mère par sa ressemblance avec elle. Il a maintenant l'impression de la perdre. Cette perte, qui s'ajoute aux autres pertes de la crise nécessaire, lui est insupportable.* La tentative de suicide est aussi un moyen de constituer des limites entre soi et ses parents, quand la distance apparaît insuffisante. C'est inconsciemment le moyen de se réapproprier le droit de vie ou de mort, que l'enfant croyait détenu par ses parents. Pouvoir se tuer, c'est être aussi puissant que ses parents, c'est croire avoir la maîtrise totale sur soi, c'est l'affirmation solennelle d'une indépendance totale. « Vous m'avez donné la vie, je peux me donner la mort », a déclaré Laetitia, menaçante, à ses parents. Tenter de se tuer pour s'affirmer libre. Ce que l'adolescent oublie (et ce qui pourrait lui être dit), c'est qu'il pourrait être aussi puissant s'il transmettait à son tour la vie ou s'il élevait quelqu'un à son tour en transmettant son expérience, son savoir ou son amour. Simplement, à cet âge, se donner la mort paraît plus facile que de transmettre.

Le corps, devenu pubère, apporte à l'adolescent la possibilité d'être parent. Être parent, c'est monter d'un étage vers la mort. La reproduction et la mort sont imbriquées dans un cycle commun. Refuser son corps, c'est aussi tenter de fuir cette parentalité mortifère. Se tuer pour ne pas mourir ! Car l'adolescent est confronté violemment à l'angoisse de mort – autant que l'a été l'enfant de 6-7 ans, quand il a pris conscience que ses parents disparaîtraient un jour. Se tuer, c'est devenir immortel, c'est rester figé à son âge dans le cœur de ses parents. Mourir, pour l'adolescent suicidant, c'est quitter ses parents tout en demeurant enfant avec eux. C'est aussi éviter de céder à des pulsions infantiles d'union amoureuse avec l'un d'eux. C'est d'autant plus vrai quand les leçons de la période œdipienne ont été mal intégrées et que ces désirs ont été mal refoulés. Penser à se tuer prévient ce risque, et marque à la fois inconsciemment une victoire sur les interdits de l'inceste quand ils sont pénibles à accepter. En effet, en mourant, l'adolescent croit se placer au-dessus des lois de l'humanité car elles ne peuvent plus lui être appliquées. Se tuer, c'est ne plus se soumettre à elles. La fascination de l'adolescent pour la mort, qu'on retrouve dans ses dessins, ses choix littéraires ou cinématographiques, reflète à mon sens l'intensité de cette angoisse. Penser se donner la mort, c'est pour lui le moyen d'éviter qu'un autre ne la lui donne, c'est s'identifier à celui qui donne la mort pour ne pas en être la victime. Car la perception de la mort, si elle a évolué depuis l'enfance, reste immature par rapport à la vision adulte. La mort n'empêche pas une renaissance pour l'inconscient de l'adolescent suicidant.

Penser à sa propre mort, pour lui, c'est le moyen d'apprécier la vie. C'est se mettre en situation d'évaluer ce qui lui manquera, ce à quoi il tient. C'est en côtoyant imaginairement la mort que l'adolescent définit les frontières de son existence et cherche à répondre aux questions existentielles qui l'envahissent sur le sens de sa vie. Dans les sports extrêmes, l'adolescent cherche à définir les limites de son corps et de ses pouvoirs ; dans les pensées et les actes suicidaires, il cherche à déterminer les limites de son existence. C'est le mythe d'Orphée. Je pense qu'Eurydice n'est qu'un prétexte. Le véritable objectif d'Orphée est de connaître la différence entre le monde des vivants et celui des morts. L'objectif de l'adolescent suicidant est aussi de rendre visite aux morts ou à son passé idéalisé, symbolisé par des personnes aimées décédées.

Il n'y a pas de parallèle entre la gravité de l'atteinte physique consécutive à un acte suicidaire et l'importance de la souffrance psychologique. Mais on observe des tentatives de suicide particulièrement violentes : arme à feu, pendaison, substance toxique (type déboucheur de canalisations). La préméditation (accumulation de médicaments, achat d'une arme) signe une pathologie psychiatrique. La mort, dans ces situations, est véritablement recherchée et apparaît comme l'unique solution devant la souffrance.

## RAISONS DE FAMILLE

Les risques familiaux relèvent, comme leur nom l'indique, du contexte familial. Leur présence correspond statistiquement à une éventualité plus importante de tentative de suicide chez l'adolescent concerné.

La désunion, les conflits, l'alcoolisme, la violence ou les passions créent un climat favorable aux tentatives de suicide. Le risque serait multiplié par quatre en leur présence. Les familles où l'acte est préféré à la parole sont menacées. Il en est de même des familles où il n'y a ni acte ni parole, où toute tension relationnelle est évitée ou étouffée dans un silence mortifère. *A contrario*, la sérénité et la qualité des relations intrafamiliales sont des facteurs positifs. Les enfants français dont les parents sont immigrés sont, statistiquement, plus en danger que les autres. Des antécédents familiaux de tentative de suicide, une maladie psychiatrique chez un parent, des actes incestueux touchant directement ou non l'adolescent sont aussi des facteurs de risque importants.

On sait, grâce à différentes études, que la famille fonctionne comme un système. Ce système a des règles qui déterminent les rôles et les relations de chacun. L'accent est mis sur l'homéostasie, c'est-à-dire la nécessité de maintenir stables la structure et la dynamique familiales. La manière dont les rôles sont répartis en son sein a des conséquences sur l'équilibre de chacun de ses membres. Il existe aussi dans chaque famille un mythe. Ce mythe constitue un système de croyances. Il influence les règles du fonctionnement familial et l'établissement de rituels auxquels les membres doivent se soumettre pour faire partie de la famille. Ainsi, dans telle famille, les garçons sont « nuls » à l'école. Quand les remaniements de l'adolescence modifient la place d'un des membres, l'ensemble familial est bousculé et il va réagir. Cette réaction influence l'évolution de l'adolescent. La tentative de suicide comme acte désorganisateur est parfois un moyen inconscient de sortir du système.

Les secrets de famille, au sens large, sont aussi des facteurs de risque.

> *Julien a fait deux tentatives de suicide avant qu'un psychiatre puisse élaborer avec lui l'histoire familiale. Son père s'était suicidé quand il avait 2 ans. Le secret avait été gardé et une mort accidentelle avait été la raison invoquée. L'enfant avait perçu au travers des comportements de son entourage (la communication ne passe pas seulement par le langage) une faille dans son histoire, autour de laquelle il s'était construit. Ses tentatives de suicide ont alors été un moyen métaphorique de plonger dans cette faille en plongeant dans le sommeil artificiel des médicaments.*

Dans certaines familles, il y a des inversions de rôles. Dans telle famille, le décès de la mère fait que la fille va venir occuper la place laissée vacante. Le père endeuillé et inconsolable, bien que chaste, retrouvera sa femme dans le comportement de sa fille et soutiendra implicitement ce positionnement inconscient.

Les psychiatres et les psychologues ont montré que le flou des barrières entre générations favorise le flou des limites internes et crée un risque de désorganisation psychique.

Le non-respect des interdits fondamentaux est une cause de suicide. L'inceste est un acte sexuel, mais il existe aussi des climats incestueux préjudiciables. Ce sont toutes ces ambiances où enfants et parents sont fascinés par leurs corps respectifs, jaloux du partenaire (beau-père ou petite copine) et où, surtout, on retrouve une promiscuité physique (salle de bains sans verrou, absence de pudeur, examens médicaux à répétition sur prescription parentale). Les pulsions incestueuses, conscientes ou inconscientes, sont des deux côtés. Mais c'est de la part des parents qu'on attend le plus de vigilance. Hélas, la fragilité consécutive aux événements de la vie (par exemple, une mère déprimée après une séparation) peut les conduire à être moins vigilants. La tentative de suicide est un moyen inconscient de se rassembler quand les limites individuelles et intrafamiliales deviennent trop poreuses. Elle marque une frontière.

Certaines relations de dépendance lient trop fortement l'adolescent à l'un des parents. Dans un va-et-vient désespéré, parent et enfant essaient de se détacher. L'adolescent alterne des attitudes régressives de petit enfant et des échappatoires dans des comportements à risques. La tentative de suicide, à l'occasion d'un raptus anxieux, peut être une de ces échappées.

> *Greta a souffert d'une mère froide et autoritaire. En attente d'affection, elle s'est soumise à elle jusqu'à son décès. Elle accepte alors l'idée d'être mère elle-même. Une fille naît : Anne-Sophie. Greta se promet de ne pas lui donner l'éducation qu'elle a reçue et qui l'a fait souffrir. Elle la couvre d'amour au risque de l'étouffer, ne lui refuse rien, ne la quitte jamais et prévient tous ses désirs. Le décès de son mari ne fait que renforcer sa conduite. Mais quand l'adolescence arrive, comment se déloger de ce paradis ? Comment imaginer pouvoir vivre en dehors ? Comment affronter l'enfer d'une vie autonome ? Comment laisser seule une mère que l'on ne sent satisfaite*

*qu'à cette place ? La tentative de suicide est alors pour Anne-Sophie le seul tiers séparateur qu'elle trouve.*

## CONSEILS AUX PARENTS

Une tentative de suicide chez un adolescent n'est jamais un comportement anodin. Si bénignes soient les conséquences physiques immédiates, cette conduite ne doit pas être banalisée. D'une part, les lésions corporelles peuvent n'apparaître que dans un second temps. D'autre part, la souffrance psychologique sous-jacente à la tentative de suicide peut conduire à une récidive. Un tiers des ados y ont recours dans la même année.

Il n'existe pas de recette qui prévienne totalement le risque suicidaire chez l'adolescent. Les parents sont parfois les témoins de propos en lien avec des idées suicidaires. Deux attitudes extrêmes sont alors à bannir. La première est la banalisation des propos à connotation suicidaire, comme : « J'en ai assez de cette vie. » Bien que lancée de façon provocante, cette saillie est parfois la pointe émergée d'un profond mal-être. L'autre attitude néfaste est la surprotection accompagnée de dramatisation. Les tentatives de suicide sont parfois des démarches pour briser des liens qui étouffent. Si en réponse aux idées suicidaires verbalisées le parent répond par la panique, l'adolescent est renvoyé à lui-même. Si à sa propre angoisse répond une autre angoisse, les deux vont se nourrir mutuellement et croître de concert. L'adolescent risque de considérer ses pensées comme détentrices d'un pouvoir sur ses parents. Pris dans un sentiment de toute-puissance, il peut pousser le bouchon toujours plus loin afin de renforcer son emprise sur eux, allant jusqu'au passage à l'acte. En outre, la panique parentale le culpabilise et réaffirme l'image négative qu'il a de lui-même. L'adolescent se gardera alors d'exprimer plus avant sa souffrance si cela semble porter atteinte à l'un des parents ou aux deux. Enfin, la panique parentale est parfois perçue comme un vol de soucis. C'est l'exemple caricatural de la mère qui se lamente sur elle-même, évoquant son sacrifice, son martyre, et levant les yeux au ciel en déclamant : « Qu'ai-je fait au Bon Dieu pour mériter cela ? » Cet auto-apitoiement, cet égocentrisme isolent encore plus l'adolescent et augmentent le risque suicidaire.

La parole suicidaire doit toujours être accueillie et tenue pour sérieuse, y compris si elle est lancée lors d'un moment de colère. Il ne faut pas répondre que c'est du chantage, même si cela en a tout l'air. Elle justifie un échange, éventuellement dans une seconde phase, par temps calme. Même si l'adolescent déclare qu'il a juste dit cela par provocation, ce peut être l'occasion pour le parent de rappeler son attachement, celui des autres membres de son entourage, et de lui dire combien il est utile aux autres. Il peut aussi lui rappeler que la mort est sans retour et qu'elle viendra bien assez vite. Ce peut être aussi l'occasion de lui proposer de rencontrer un psychiatre ou un psychologue.

Des propos suicidaires répétés ou associés à d'autres signes – plaintes somatiques, conduite de dépendance, comportement violent, tristesse, insomnie, amaigrissement, fléchissement scolaire – imposent de consulter.

Les actes suicidaires sont souvent facilités par une imprégnation alcoolique, en particulier chez les garçons. Les prévenir, c'est aussi intervenir sur ces conduites addictives.

Malheureusement, de plus en plus d'actes suicidaires sont devenus, via les urgences hospitalières, une façon de dire le mal-être de son adolescence et un mode d'accès au psychiatre. L'imagerie dans les films ou les romans confirme les fantasmes d'une nouvelle vie qui débute après une tentative de suicide dite « ratée ». La dramatisation autour de l'accueil à l'hôpital en urgence, les soins massifs, l'attention portée à l'événement risquent d'encourager un nouveau recours de ce type après un premier épisode. C'est le mythe de la « rencontre merveilleuse » à l'hôpital avec un médecin, une infirmière, une assistante sociale, un voisin de chambre ou un être aimé perdu de vue, qui réapparaît pour rendre visite. Il est préférable de proposer une rencontre avant une tentative de suicide. L'accès aux soins médico-psychologiques doit être facile pour éviter les soins psychologiques par l'intermédiaire des urgences. Les centres médico-psychologiques, lieux de consultations anonymes et gratuites, permettent ce travail de prévention et de soins.

Si une tentative de suicide a eu lieu, l'adolescent doit être conduit dans un centre de soins en urgence. Une triple évaluation doit y être faite : corporelle, psychologique et sociale. Les soins psychologiques doivent débuter le plus tôt possible, dès que son état physique le permet. Cette première rencontre préparera les suivantes. Le psychiatre pour adolescents recherchera le but de l'acte suicidaire, les antécédents personnels ou familiaux de tentatives de suicide, les facteurs déclenchants. Il évaluera la santé mentale, les traitements antérieurs, la prise d'alcool ou de drogue. Il s'intéressera au mode de vie, à l'insertion sociale (vie scolaire et relationnelle, situation familiale). Il considérera l'histoire du patient, recherchant notamment une éventuelle rupture sentimentale, une grossesse, des fugues ou une atteinte sexuelle.

Les parents doivent se méfier si, en guise de prise en charge d'un adolescent ayant des idées suicidaires, ne sont proposés que des médicaments contre l'angoisse ou la dépression. Tous les adolescents suicidaires ne sont pas déprimés et tout déprimé n'est pas suicidaire. Et il n'existe pas de médicaments qui « soignent » les remaniements de l'adolescence ni les violences dont l'adolescent peut être victime. Ces médicaments peuvent avoir un effet désinhibiteur, c'est-à-dire qu'ils facilitent un passage à l'acte. J'ai rencontré à l'hôpital des adolescents qui ont fait une tentative de suicide avec les médicaments prescrits quelques jours auparavant.

À court terme, les parents comme les soignants doivent être vigilants car le risque de récidive est important. Les adolescents suicidants, c'est-à-dire ayant réalisé une tentative de suicide, pensent au suicide beaucoup plus souvent que ceux qui n'en ont jamais fait. Selon une enquête de l'INSERM, un sur deux déclare avoir souvent des idées suicidaires. Parmi ceux ayant plus d'un antécédent, ils sont plus de 80 % à y penser souvent. Il n'existe pas de médicament qui prévienne le suicide. Les antidépresseurs ne sont prescrits que si une dépression grave associée est diagnostiquée. Mais les effets de ces médicaments sur les adolescents n'ont rien à voir avec ceux qui sont obtenus chez les adultes. La prescription d'antidépresseurs ne doit pas être systématique. La prise en charge est délicate. Elle a comme support principal la psychothérapie verbale, individuelle et parfois familiale. Toute tentative de suicide, même si les conséquences physiques sont minimes, implique un suivi.

La notion d'intentionnalité est difficile à évaluer et est affaire de spécialistes. Elle fait la différence entre une tentative de suicide irréfléchie et liée à l'impulsivité caractéristique de l'adolescence et un acte prémédité. Sa mesure est importante car elle est un élément essentiel pour juger d'un risque de récidive.

Hervé Beck a défini une échelle d'intentionnalité suicidaire. Chacun de ses paramètres est un facteur aggravant. En voici une adaptation :

Parmi les circonstances, il y a : l'isolement, la planification de la tentative de suicide, les précautions pour ne pas être découvert, la dissimulation de la tentative de suicide aux personnes présentes, les actes réalisés en prévision de la mort (exemple : cadeaux offerts à ses parents), préparation de la tentative de suicide, communication verbale de l'intention suicidaire ou encore intention écrite. Chacun de ces items étant un facteur de gravité.

Les propos du patient sont également pris en compte : le patient pensait-il qu'il allait mourir ? Connaissait-il la dangerosité de la méthode employée ? Pensait-il qu'il était sûr de mourir par son geste ? Souhaitait-il réellement mourir ? Croyait-il que son acte était irréversible malgré des soins médicaux éventuels ? A-t-il réfléchi quelques heures avant de commettre son acte ? Regrette-t-il d'être en vie ? Comment se représente-t-il la mort ? A-t-il commis d'autres tentatives de suicide, éventuellement demeurées cachées à l'entourage ?

D'autres situations font particulièrement craindre une récidive. Les antécédents de maltraitance ou d'abus sexuels, notamment intrafamiliaux, sont des facteurs de risque – surtout, évidemment, si l'adolescent n'est pas mis d'emblée à l'écart du milieu ou des personnes maltraitants. La prise régulière d'alcool ou de drogue favorise les actes impulsifs. Si elle se poursuit après la première tentative, la récidive est à craindre. Il en est de même lorsque l'adolescent a des comportements violents et des conduites à risques répétés. Le fait de ne trouver aucun facteur déclenchant explicite, comme une rupture sentimentale, sur lequel le psychiatre puisse travailler, est aussi de mauvais augure.

Une hospitalisation, souvent d'une semaine, est indiquée en règle générale – surtout si le médecin entrevoit un risque de récidive important, si une pathologie psychiatrique est suspectée ou si l'environnement de l'adolescent est dangereux. À la sortie, il est impératif que l'adolescent puisse consulter rapidement.

Mais la prévention du suicide de l'adolescent commence dès le plus jeune âge. L'adolescent va, lors de la traversée de sa puberté, vivre replié sur ses acquis. Avant de pouvoir puiser convenablement chez les autres l'apport affectif qui donne de l'« essence » à la vie, il va devoir se nourrir des réserves d'amour accumulées dans sa petite enfance. C'est ce qu'on appelle les réserves du « narcissisme primaire ». Car, à son âge, il coupe les liens avec ses parents, il arrête la « perfusion » affective. Des carences, des troubles des interactions dans sa petite enfance, des failles narcissiques feront que son « garde-amour » ne sera pas assez rempli ou difficile à ouvrir quand l'adolescent, se sentant mal, cherchera à y puiser. Lorsque le narcissisme primaire est défaillant, un entourage de qualité à l'adolescence peut venir le compenser. En ce sens également, l'adolescence est une seconde chance.

# 13

# LA SEXUALITÉ EN CRISE

*C'est pire que la mort
De languir de désir,
Et d'attendre sans savoir
Si l'on voudra bien vous secourir.*

Uc de San Circ (troubadour), 1217-1253

## LA PREMIÈRE FOIS

Le réveil brutal du désir sexuel, ainsi que la possibilité de relations sexuelles de type adulte sont les axes fondateurs de la crise nécessaire. L'accession à la sexualité offre à l'adolescent un formidable pouvoir libérateur. Elle donne une ouverture sur le monde qui permet de se détacher des scories d'une enfance parfois insatisfaisante. Elle livre une exceptionnelle dynamique. C'est un moteur de vie qui vient relayer celui que représente jusqu'alors l'amour des parents. L'assurance et le bien-être qu'elle procure aident à prendre le dessus sur les différents deuils de l'adolescence. La sexualité est l'essence de l'élan vital.

Mais la sexualité va être également, en soi, facteur de stress et de dépression. Dans ses difficultés, elle est aussi l'expression, le révélateur des remaniements compliqués de l'adolescence.

Le plaisir du corps ne vient pas au monde avec la puberté. Déjà, le nouveau-né éprouve de véritables extases grâce à la succion, qui le repaît. Les caresses le comblent de bonheur. Et même l'émission de selles lui fournit du plaisir. Freud considérait le bébé comme un pervers polymorphe tant les façons d'accéder au plaisir sont multiples chez lui. C'est dans tout le fonctionnement corporel qu'il peut être obtenu. L'éruption hormonale et le développement des organes génitaux font de ces derniers les principales régions de plaisir sexuel à l'adolescence.

La découverte de plaisir partagé se fait dès la petite enfance. Les jeux de « papa-maman » ou du « docteur » en sont le prétexte. L'enfant découvre alors la différence des sexes, la nature des relations particulières qui unissent ses parents, et prend conscience de son immaturité génitale. L'intégration des interdits sociaux suspend ces échanges au-delà de 7-8 ans. Ils ne disparaissent pas totalement, mais sont alors pratiqués avec de la culpabilité. Grâce à la puberté, une sexualité du type adulte (la même que celle des parents) devient possible. À l'enthousiasme d'un nouveau territoire à explorer s'ajoute la peur de l'inconnu.

La sexualité crée une attirance nouvelle entre filles et garçons. Elle fait suite à un clivage qui pendant plusieurs années sépare, malgré la mixité à l'école, le groupe des filles de celui des garçons. Cette attraction est concomitante à une différenciation qui s'accentue entre filles et garçons. En effet, la différence physique devient plus évidente du fait de caractères sexuels secondaires. C'est ce que cherche à masquer la mode adolescente unisexe de ces vingt-cinq dernières années (apparue lors de l'instauration de la mixité scolaire).

Le rapport individuel face au désir et au comportement sexuels sépare également filles et garçons. Le garçon se sent, en moyenne, prêt plus tôt que la fille pour l'acte sexuel. C'est, je crois, parce que la sexualité ne semble pas engager l'ensemble de son être, comme chez la fille. Celle-ci, dans la majorité des situations, fait le lien entre l'acte sexuel et une relation amoureuse élaborée. Le garçon prend et elle se donne. C'est sans doute parce qu'elle doit se livrer davantage dans sa sexualité. Elle met en scène l'intérieur de soi, à l'image de ses organes. Elle risque sa peau pour neuf mois. Il est normal qu'elle soit plus réfléchie dans ce domaine. Le garçon a plus de facilités à cliver ses sentiments de l'acte sexuel. Mais, individuellement, toutes les situations sont possibles. Et, de nos jours, les filles deviennent offensives quand les garçons jouissent d'une apparente passivité. Mais ce sont encore souvent les filles qui créent une antichambre relationnelle au premier acte sexuel. Les échanges de regards, de paroles, la complicité des copains et des copines qui servent d'intermédiaires (les pièces de Marivaux restent d'actualité) sont les préludes habituels à la première rencontre amoureuse et sexuelle. Des études américaines citées par Patrick Alvin (« Physiologie et émotionnalité », *in Sexualités et sida*, revue *Adolescence*, Paris, éd. GREUPP, 1999) ont été consacrées aux corrélations entre les modifications hormonales de la puberté et les comportements sexuels. Il apparaît que « sortir » avec une fille ou un garçon n'est pas lié à l'éruption hormonale mais à l'âge. C'est vers 12 ans qu'il en est question. C'est avant tout un phénomène de conventions sociales. Qu'ils soient pubères ou non, garçons et filles doivent, pour être conformes à leur groupe d'âge, « sortir » avec un autre. C'est devenu, à mon avis, un rituel d'entrée dans l'adolescence concomitant à la première cigarette.

En revanche, les pensées et les motivations sexuelles, l'émotion sexuelle, la masturbation et les premières expériences sexuelles sont proportionnelles au degré de puberté et au taux d'hormones en circulation, même si d'autres facteurs interviennent, comme certains facteurs sociaux pour les femmes en ce qui concerne la masturbation.

Le désir surprend l'adolescent. La copine ou le copain d'enfance sont vus soudainement très différents. Il ou elle change, bien sûr, mais le regard porté sur l'autre change également : « Tiens, je n'avais pas remarqué que tu avais de si beaux yeux ! » déclare Jordan, 15 ans, à son amie d'enfance qui revient de vacances. Quand le désir fait suite à une amitié, il inquiète.

> À la télévision, Norbert, 15 ans, témoigne : « Je suis ami depuis quatre ans avec une copine de classe. On se dit tout sans tabous. Mais, de mon côté, mon amitié s'est transformée peu à peu en amour et en désir important de l'autre. Je crains que cela ne brise notre amitié. »

Ce désir va modifier la façon dont l'adolescent se présente. En ce sens, c'est le meilleur traitement possible de beaucoup de comportements chez l'adolescent si pénibles pour son entourage. Il va transformer son apparence dans un but de séduction. Le préadolescent qui traînait les pieds pour se laver va dorénavant prendre des douches deux fois par jour, se brosser les dents sans qu'on le lui rappelle, emprunter les crèmes de jour de sa sœur et commander un parfum de marque pour son anniversaire. Le coiffeur n'est plus une corvée. L'intérêt pour la mode apparaît ou se développe. Les bijoux, ou récemment les piercings, sont autant d'atours de séduction. Leurs fonctions sont à la fois rituelles, esthétiques et érotiques. De nos jours, les garçons adolescents, contrairement a leurs aînés des années cinquante et soixante, ne croient pas mettre en péril leur identité masculine s'ils prennent soin d'eux. Ils rejoignent leurs ancêtres du XVIe au XIXe siècle, qui étaient fiers de leur coquetterie. Il s'agit de notions universelles : de nos jours, au Niger, à l'occasion d'une fête annuelle annonçant la fin de la saison des pluies, les jeunes hommes bororos se parent avec recherche et se maquillent le visage. Un jury composé des plus belles femmes élit le vainqueur de ce concours de beauté. Après la parade, c'est l'occasion pour les couples de se former et d'aller s'aimer en dehors du village. En Occident également, les adolescentes de nos jours n'hésitent plus à faire le premier pas et à choisir un garçon sur des critères esthétiques.

La première relation sexuelle, on l'a vu, dans nos sociétés comme dans d'autres, participe des rituels de passage. Dans les rituels amoureux occidentaux actuels, les cinémas et les boîtes de nuit offrent l'obscurité nécessaire au premier baiser. Les soirées entre copains, en l'absence des parents, offrent également le cérémonial pour ce type de rencontre. L'alcool et le cannabis sont parfois utilisés dans une visée désinhibitrice. Trouver un lieu pour une relation sexuelle n'est pas facile en ville car l'appartement familial n'est pas toujours désert. Cela explique peut-être que les garçons soient statistiquement un peu plus actifs sexuellement dans les zones rurales que dans les zones urbaines. Par comparaison, chez les aborigènes, les adolescents peuvent s'aimer dans une maison à l'écart des parents, le *bukumatula*. D'après l'anthropologue Bronislaw Malinowski, qui a étudié les populations mélanésiennes au début du siècle, les filles d'un village se rendent en groupe dans un autre pour rencontrer les garçons. Ceux-ci choisissent celle qui partagera leur nuit. Au nord de l'Inde, dans l'État du Madhya Pradesh, garçons et filles dansent le soir autour d'une habitation, le *ghotul*, avant d'y dormir ensemble, et les aînés initient à l'amour les plus jeunes. Le lendemain, avant le lever du soleil, chacun rentre chez ses parents comme si de rien n'était : le sujet n'est en effet pas abordé en famille. Il ne faut pas croire que les interdits fondamentaux soient absents de ces sociétés traditionnelles. Ils le sont parfois bien moins que dans la nôtre, où l'interdit de l'inceste entre frères et sœurs n'est pas toujours bien inscrit dans les jeunes esprits. L'inceste est particulièrement prohibé en Mélanésie (îles Trobriand) puisque frères et sœurs ont l'interdiction de jouer ensemble et, devenus adolescents, de se parler. En Nouvelle-Calédonie, au début du siècle, un rite établissait que parents consanguins s'envoient des bordées d'injures et des grossièretés sans nom. Ces paroles servaient d'exutoire et compensaient la frustration de l'interdit de l'inceste. C'était une façon de signifier ce tabou et d'exprimer sa bonne intégration.

Dans nos sociétés, les conflits entre frères et sœurs élevés ensemble ont inconsciemment à mon sens cette même fonction de mise à distance. Il faut que les parents ne s'en émeuvent pas trop (en l'absence, évidemment, de violences physiques) et ne répètent pas sans cesse que « frères et sœurs doivent s'aimer ».

## SE FAIRE UN MONDE DU SEXE

Les craintes autour de la sexualité sont multiples. L'une d'elles, chez le garçon, est de faire mal à sa partenaire. L'adolescent opère difficilement le tri entre ses pulsions sexuelles actives et ses pulsions agressives. À l'inverse, chez les filles, la crainte est d'avoir mal, quand elles imaginent un déchirement. Les garçons redoutent, plus ou moins consciemment, une morsure ou une altération de leur membre à l'occasion de sa nichée. Ces fantasmes de douleurs ou de blessures se sont mis en place dans la toute petite enfance, quand l'enfant imaginait la relation sexuelle entre ses parents comme un combat. Un fantasme également courant dans l'inconscient des jeunes gens et bien décrit par Freud est celui du « vagin denté ». Ce fantasme semble universel. Verrier Elwin rapporte, en effet, dans les années quarante, une légende de la tribu aborigène des Murias qui dit que le vagin était dans le passé une entité autonome pourvue de dents. Il sortait du corps à sa guise et partait dans les champs dévorer du maïs et des concombres, au grand dam de tous. Le dieu Bhimul mit fin à cela en plaçant un morceau de son long pénis dans le vagin et en lui disant que dorénavant cela suffirait à le combler…

Parmi les autres inquiétudes fleurit également la peur d'être raillé et que l'intimité ne soit livrée aux copains ; la peur de décevoir, de ne pas être à la hauteur mais aussi d'être déçu, de se dire : « Ainsi, ce n'est que ça ! »

Lors du premier rapport, les craintes nombreuses se manifestent parfois physiquement par des incapacités circonstancielles : impuissance transitoire, éjaculation précoce, frigidité, douleur à la pénétration, contraction vaginale empêchent l'accomplissement d'une relation autant souhaitée qu'appréhendée. Ces troubles, quoique en grande partie liés à des blocages psychologiques, inquiètent l'adolescent. Mais celui-ci reste seul avec son tourment et ne consulte que rarement pour ses difficultés qui lui donnent une mauvaise image de lui-même.

> *Quand j'ai reçu Jean-Philippe, 18 ans, il pensait au suicide car son éjaculation précoce l'empêchait d'avoir des relations satisfaisantes. En fait, cette difficulté n'était que la cristallisation de difficultés plus profondes, notamment l'incapacité d'engager une relation d'attachement élaborée.*

Le risque, avec ces problèmes physiques, est qu'ils s'installent jusqu'à l'âge adulte, quand enfin celui qui en souffre osera en parler.

La crainte du premier rapport, quand elle est verbalisée, utilise d'ailleurs la voie de la somatisation pour se dire. L'adolescent va demander si ça fait mal ou s'inquiéter que le préservatif gêne son érection.

Les craintes relatives à la masturbation sont mineures par rapport à ce qu'elles ont été à partir du XVIIIe siècle et jusqu'à la première moitié du XXe siècle. Le discours religieux condamnant la masturbation a été relayé par le discours des éducateurs d'enfants et des médecins. La masturbation était à la fois péché, maladie et perversion. La semence perdue pour les religieux était l'équivalent d'un homicide. Les adolescents se sont retrouvés cernés par un système pervers et sadique. Les adultes jouissaient de s'attaquer à la sexualité naissante. Les médecins, au XIXᵉ siècle, recommandaient l'ablation ou la brûlure du clitoris pour éviter aux jeunes filles de s'adonner à ce « vice ». Heureusement, de nos jours en France, la culpabilité n'est plus dictée par le corps social. Neuf adolescents sur dix ne considèrent pas la masturbation comme anormale. De 50 à 60 % des filles reconnaissent se masturber, 90 % des garçons.

Elle est utilisée comme un moyen de soulagement tensionnel. Elle permet également la mise en place d'une élaboration fantasmatique qui pourra être réutilisée lors des rapports sexuels avec autrui. L'existence de relations sexuelles ne la fait pas disparaître. Le plaisir masturbatoire est ressenti comme différent.

## SIDADO

Les jeunes se questionnent beaucoup sur la sexualité, sur ses dangers (sida), mais c'est entre eux qu'ils le font. Les pairs sont d'ailleurs des sources importantes d'informations. Ils supportent mal d'être questionnés par les parents à ce sujet et je conseille à ces derniers de ne pas se montrer trop intrusifs. Les inquiétudes relatives au sida sont les prétextes pour certains parents à se livrer à une curiosité nocive pour l'adolescent. Parler de sexualité avec ses parents crée trop d'émotions incestueuses. C'est avec d'autres adultes, plus éloignés dans la parentèle, que ces échanges sont possibles. Dans ce domaine, le rôle des parents est de rester neutres dans la transmission de l'information. Il s'agit d'évoquer les conséquences possibles de la sexualité en termes généraux. Il semble plus logique

que ce soit le parent de même sexe qui aborde la question. Il ne faut pas que ce soit l'occasion pour les parents d'expliquer leur propre comportement sexuel.

Entre 11 et 19 ans, selon l'INSERM, 37 % des garçons et 22 % des filles déclarent avoir eu au moins une relation sexuelle. Elles sont très rares avant 14 ans et ne concerneraient que 6 % des garçons et moitié moins de filles. Elles sont souvent irrégulières. À partir de 18 ans, elles deviennent régulières pour seulement un tiers d'entre eux. Parmi ceux ayant des rapports plus ou moins réguliers, plus d'un sur deux déclare utiliser chaque fois un préservatif. C'est la régularité des rapports qui semble conditionner le recours à la contraception : en cas de relation régulière, trois fois sur quatre et seulement une fois sur deux en cas de rapports irréguliers.

L'apparition du sida a réintroduit la notion de mort dans la sexualité. Depuis la découverte des antibiotiques, elle n'avait plus ce caractère de menace qui avait pendant des siècles associé plaisir et danger. Ce risque mortel dans la relation sexuelle trouve un redoutable écho dans tout le processus de deuil interne dont je parle dans ce livre (deuil de l'enfance, du corps non marqué génitalement, d'une bisexualité psychique, des images parentales). Car la sexualité reste le principal des rituels de passage. Ces rituels, on l'a vu, font référence au symbolique et à l'imaginaire, qu'ils réconcilient avec le réel. Avec le danger du sida, mort symbolique, mort imaginaire et mort réelle se retrouvent au carrefour du sexuel. Les difficultés qu'ont les adolescents à tenir compte des messages de prévention procèdent selon moi en partie de cet enchevêtrement, au même titre que les comportements à risques.

Les parents des adolescents actuels forment la seule génération à avoir connu une sexualité dénuée de très grands risques en termes de santé physique. Actuellement, la sexualité des jeunes se caractérise par un regain, volontairement choisi, de la fidélité. La sexualité s'inscrit de plus en plus au sein d'un couple donné. On parle de « bébés couples ». Serait-ce le retour de l'amour courtois ? Le fin' amor au Moyen Âge n'avait d'ailleurs rien de chaste. Il était en outre marqué par un respect de la femme et un partage équitable des tâches et des responsabilités. L'engagement affectif, l'importance du désir amoureux primaient sur les concepts moraux ou religieux dans le lien. Il était, comme de nos jours, avant tout question d'amour et non simplement de mariage.

Les « bébés couples » ne durent pas toujours très longtemps. L'adolescent est monogame ou monoandre successif. La fidélité dans le couple est importante. Mais, étrangement, l'engagement dans un nouveau couple n'est pas précédé d'un test de dépistage par ces jeunes amoureux. Tout se passe comme si le sida restait une punition morale et qu'il était prévenu par la fidélité. L'autre explication de ce manque de prévention est, selon moi, que le sida est vécu comme l'agression d'un autre, d'un inconnu. Faire l'amour avec quelqu'un que l'on aime et dont on est sûr de l'attachement se présente, *a contrario*, comme une garantie. Faire un test de dépistage reviendrait à considérer son amant comme dangereux, c'est-à-dire à se considérer soi-même comme dangereux car, à cet âge, l'amour est spéculaire ; l'être aimé est un double de « soi m'aime ».

Hélas, pour des adolescents mal structurés, la sexualité fait office de conduite à risques. Par des rapports volontairement non protégés, un défi est lancé à la mort, comme une conduite ordalique. C'est aussi parfois un comportement suicidaire.

> *Ilan, 18 ans, a eu une première histoire d'amour avec Sergio.*
> *Après un an d'une liaison sereine et romantique, Sergio a*
> *quitté brusquement Ilan pour un autre. La douleur dépressive*

*ressentie par Ilan l'a poussé alors à avoir des relations répétées sans préservatif. Il a depuis contracté le virus.*

La médiatisation du sida a permis un comportement de prévention chez les jeunes. Malheureusement, certains adolescents mal structurés, en souffrance indéfinissable et n'ayant pas trouvé d'écoute ou de prise en charge adaptée vont utiliser, inconsciemment, le biais de la contamination pour être reconnus comme êtres en souffrance. Ils croient ainsi avoir trouvé une identité : être sidéen plutôt que n'être rien ni personne, sans étiquette ni définition. Quand la souffrance n'a pas de mots pour se dire, quand la plainte n'est pas reconnue, les voies de la maladie sont empruntées.

L'absence de prévention peut aussi être la conséquence de pulsions sadomasochistes. Les pulsions sadiques invitent à l'agression. Les pulsions masochistes sont un renversement sur la personne propre de ces pulsions agressives. Ces deux types de pulsions existent, à des degrés divers, en chacun de nous. Elles sont parfois liées aux pulsions sexuelles et peuvent apparaître, à une intensité et selon des modalités variables, dans le comportement sexuel. Elles sont plus ou moins acceptées par le conscient de chacun. À l'adolescence, le débordement pulsionnel et l'immaturité ne permettent pas un bon ajustage et un bon contrôle de celles-ci. Faire courir un risque à l'autre ou se soumettre à un risque mortel s'inscrivent parfois dans ce désordre.

Mais le préservatif n'est pas mal accueilli par les jeunes. Il leur apparaît de moins en moins comme un nouvel interdit que les adultes voudraient faire peser sur leur initiation sexuelle. On rencontre même des adolescents qui n'envisageraient pas de relations sans préservatif, car l'idée les dégoûterait. Il est aussi perçu inconsciemment comme une arme protégeant des agressions imaginaires dans ce territoire méconnu que sont la sexualité et le corps de l'autre.

> *Sylvain, angoissé après avoir eu une relation sans préservatif la veille, fait ce cauchemar où il est Tarzan dans la jungle. Des animaux sauvages l'assaillent. Il va pour prendre son coutelas, mais l'arme et son étui ont disparu. L'étui symbolise bien sûr le préservatif. Il est intimement lié pour lui à son membre, qu'il protège.*

Les campagnes d'information doivent insister sur l'aspect ludique du préservatif. Il s'agit de le présenter comme un apport sexuel. En plus de la protection qu'il confère, il permet d'apprendre la notion d'attente (différer un besoin immédiat) et le respect de l'autre. Autant de notions qui ont du mal à être élaborées en concomitance avec la violence du désir physique et la crainte que celui-ci ne dure pas.

## LES MINI-MÈRES

Chez certaines adolescentes, dès les premiers actes sexuels est inscrit le désir de maternité. Le nombre de grossesses chez les jeunes est en augmentation malgré la généralisation de l'information sur les méthodes contraceptives. Ce désir n'a rien de pathologique en soi et n'est que la suite des désirs déjà présents chez la petite fille qui glissait un coussin sous son pull pour être comme une maman. La maternité est partie prenante pour beaucoup de jeunes femmes de l'identité féminine. La première femme sur qui elles ont pris modèle est une mère. À l'heure d'une nouvelle élaboration de leur identité de femme, il est naturel que ce désir de maternité réapparaisse. Ce désir n'est donc pas toujours né de l'attachement pour un garçon. Il existe, cependant, ce besoin que l'on trouve naturel chez une femme adulte qui aime un homme : avoir une preuve d'amour et créer une famille. Mais, à l'adolescence, on n'a, bien sûr, pas le même recul pour évaluer les changements et les contraintes que représente une maternité précoce. Dans les sociétés traditionnelles, l'institution sociale encadrait les maternités, qui n'étaient envisageables qu'une fois l'union reconnue socialement, avec ses préparatifs, permettant une réflexion et une organisation préalables. L'adolescente ne fait pas toujours la part des choses entre la réalité d'un enfant à soi et la dimension imaginaire héritée de la petite enfance.

On assiste à une diminution de l'âge de la maturité sexuelle. Au temps jadis, les filles étaient mariées très jeunes, mais leur puberté était plus tardive qu'aujourd'hui. L'union n'impliquait pas des relations sexuelles immédiates. Le mariage fait avec le consentement du père libérait fille et garçon de l'autorité paternelle, qui, sinon, restait établie jusqu'à la mort. De nos jours, il existe donc un hiatus entre la maturité sexuelle et la reconnaissance sociale puisque le mariage n'est autorisé à 15 ans qu'avec dérogation et qu'une grossesse avant 20 ans apparaît précoce. À l'adolescence, c'est l'aspect du plaisir dans la sexualité qui est reconnu. La parentalité potentielle ne l'est pas. L'idée que je défends n'est pas que chaque adolescent devienne parent, mais que les adolescents soient reconnus comme parents potentiels. Ce qui implique un regard sur eux très différent de celui qu'on porte sur un enfant. Les rites traditionnels avaient cette fonction de reconnaissance. C'est peut-être ce besoin non satisfait d'être ainsi reconnu qui pousse des jeunes filles à avoir des grossesses précoces malgré la connaissance des méthodes contraceptives. Je suppose que la contraception est parfois vécue par certaines jeunes filles comme une méthode destinée à maintenir leur corps dans un état infertile, comme un corps d'enfant, et non comme la reconnaissance d'une maternité potentielle.

L'adolescent a un rapport ambigu à l'égard de la contra-ception et les gynécologues comme les autres professionnels dans les centres de planning familial savent en tenir compte. Bien que demandée, la pilule peut être refusée ou oubliée en fonction d'états d'âme. Elle n'est pas, loin s'en faut, appréhendée comme un produit neutre.

> *Elena, 17 ans, à l'occasion d'une période de conflits avec sa mère, a cessé sa prise de contraceptifs. Elle s'est retrouvée enceinte. Était-ce le moyen de lui dire qu'elle ne voulait plus dorénavant être traitée comme une enfant, mais à égalité ?*

Quant au préservatif, il est d'abord considéré comme un moyen de se préserver des maladies, beaucoup plus que d'éviter une grossesse. Les garçons, à l'heure de la pilule, sont persuadés que toutes les filles la prennent.

Une grossesse chez une adolescente doit toujours faire rechercher l'éventualité d'une relation imposée par un membre de la famille car ces situations sont loin d'être exceptionnelles et sont longtemps cachées par l'adolescente, qui se sent menacée ou coupable.

Le vécu dépressif participe parfois de ces conceptions prématurées. La grossesse est alors utilisée inconsciem-ment par l'adolescente pour combler un vide intérieur, un ennui profond ou de la tristesse. C'est aussi un moyen d'éviter de ressentir le deuil d'une séparation, celle d'avec ses parents.

> *Ainsi Sofia, 17 ans, qui a toujours présenté des angoisses de séparation très vives et qui est toujours très collée à sa mère, s'est retrouvée enceinte à la suite du décès de son père.*

Les motivations sont également de l'ordre d'une identifica-tion monolithique à sa propre mère, surtout quand l'adolescente n'a pas perçu la différenciation entre les fonc-tions de femme et de mère chez cette dernière. Devenir une femme, pour elle, ne peut se concevoir autrement qu'en devenant mère. Les filles mineures enceintes, on l'a vu, ont d'ailleurs souvent une mère qui l'a été elle-même. Les difficultés familiales sont aussi statistiquement une caractéristique fréquemment retrouvée dans ces situations.

C'est parfois un processus de dette de vie qui est sous-jacent aux grossesses précoces. Certaines filles sont inscrites dans un tel état de dépendance bilatérale avec leur mère que faire un enfant est le seul moyen possible pour s'en décoller. Généralement, une fois né, elles confient l'enfant à leur mère pour son éducation. Dans les faits, elles mettent l'enfant à leur place pour pouvoir s'en déloger sans culpabilité, tout en laissant un peu de soi auprès de leur mère. D'ailleurs, souvent, ces jeunes femmes espèrent avoir une fille.

Ces grossesses ne sont pas sans conséquences. Les risques de malformation et de mortalité de l'enfant sont plus élevés quand la mère a moins de 18 ans. Le développement psychologique et affectif de la jeune mère est souvent altéré. On peut assister à un repli de l'adolescente sur son enfant, délaissant ses investissements sociaux, scolaires et autres. Un état de dépendance vis-à-vis de l'enfant peut s'organiser. Il vient combler tous les manques. Le risque est alors un comportement de maltraitance car l'enfant, bien sûr, ne pourra pas dans la réalité remplir cette fonction. Il sera alors vécu comme frustrant. La jeunesse d'une mère est considérée comme un facteur de risque de maltraitance à enfant.

On assiste aussi, pendant la grossesse ou après, à un repli de l'adolescente vers sa mère. Une nouvelle forme de dépendance, qui prend la suite de la dépendance infantile, s'installe, même si la grossesse était appréhendée comme un moyen de se décoller. C'est une prise d'indépendance avortée.

Il y aurait trois mille mères de moins de 16 ans chaque année. Même s'il ne faut pas généraliser, une grossesse précoce est souvent un handicap pour le développement harmonieux et complet d'une adolescence.

## L'HOMOSEXUALITÉ

À partir de la puberté, le désir sexuel est si prégnant qu'il peut faire feu de tout bois. Le plaisir, à cet âge, peut se trouver tant avec les filles qu'avec les garçons. C'est logique, dans la mesure où l'enfant avait plaisir aux contacts et aux échanges avec les parents des deux sexes. Les psychanalystes évoquent la « bisexualité » psychique du nourrisson.

J'ai remarqué que dans le mystère de son désir l'adolescent confond volontiers l'avoir et l'être. La personne qui l'attire est celle qu'il veut posséder. On retrouve d'ailleurs cette notion dans les mots de la sexualité : « posséder », « prendre », « tirer ». À l'adolescence, ce désir est en écho avec la rivalité naturelle et le besoin de domination. Mais la personne qui attire est aussi celle que l'on aimerait être. Dans le désir hétérosexuel comme dans le désir homosexuel existe le fantasme d'être comme l'autre en faisant l'amour avec lui ou elle. À l'adolescence, la quête de soi, de son identité masculine ou féminine, passe parfois par une ou plusieurs rencontres sexuelles avec quelqu'un de son sexe. En ce sens, l'homosexualité relève aussi de ce type de désirs, source d'identifications, et qui nourrit aussi l'attirance de jeunes pour d'autres plus matures ou pour des adultes.

Si des rapports homosexuels réguliers représenteraient à l'adolescence environ 10 % des échanges sexuels, l'existence de désirs homosexuels est plus fréquente. Ils peuvent inquiéter l'adolescent, qui craint alors d'être homosexuel. Car même si le regard de la société française évolue, les homosexuels continuent d'être considérés par beaucoup comme anormaux. Les dernières lois discriminatoires à l'encontre des homosexuels, mises en place sous le régime de Vichy, n'ont été abolies qu'en 1982. Et leurs unions n'ont une reconnaissance légale que depuis 1999 (loi sur le PACS). Les jeunes sont plus ouverts que leurs aînés sur la question. La culpabilité des jeunes homosexuels est bien moins marquée que par le passé. Mais « pédé » reste une injure et c'est une tâche ardue pour un adolescent de s'identifier à un terme injurieux. L'homophobie, c'est-à-dire la haine et le rejet des homosexuels, contrairement au racisme, par exemple, qui procède de mécanismes voisins, n'est toujours pas considérée par la loi française comme un délit. Et les jeunes homosexuels, en banlieue ou dans les zones rurales, souffrent de l'agressivité et, en tout cas, n'ont pas droit à l'indifférence d'autrui. L'homophobie existe aussi chez les jeunes : le mouvement rap américain, qui influence le rap français, est particulièrement homophobe. Le milieu scolaire doit occuper son rôle de protection de tous les adolescents et, en particulier, de ceux susceptibles d'être victimes de discrimination ou de violence du fait de leur appartenance à un groupe minoritaire. Les jeunes homosexuels forment statistiquement un groupe plus vulnérable et davantage sujet à des comportements suicidaires. Le personnel scolaire doit être sensibilisé à ces questions et réagir aux moqueries, malveillances, violences et harcèlements dont sont victimes ces adolescents. Comme pour le racisme, des programmes de prévention doivent être instaurés dans les établissements scolaires, et la règle de la tolérance zéro doit être appliquée.

Certains adolescents me demandent si l'on est homosexuel en ayant eu une seule expérience homosexuelle. Ces questions ne se posaient pas dans les régions méditerranéennes, où les échanges physiques entre jeunes de même sexe étaient courants et ne portaient pas le sceau d'une définition quelconque, comme « homosexualité ». Ils correspondaient à cette période d'exploration et de découvertes qu'est l'adolescence. Dans d'autres sociétés traditionnelles également (en Polynésie notamment), les rapports entre adolescents de même sexe sont libres et sont considérés comme une étape transitoire normale avant le mariage.

L'homosexualité peut en effet être transitoire à l'adolescence. Il en est de même pour l'hétérosexualité. La révélation de son homosexualité, surtout si elle est vécue dans la culpabilité, peut être tardive dans la vie. Par ailleurs, la plupart des adultes homosexuels déclarent s'être sentis totalement homosexuels dès leur puberté – certains dès leur période œdipienne (6-7 ans). Ils se sont forcés pour certains à l'adolescence à des expériences hétérosexuelles afin de tenter de se dégager de ce qui leur était présenté comme anormal.

Quand elle est installée, l'homosexualité reste très difficile à vivre de nos jours pour les adolescents. Lorsqu'elle est connue, elle coupe l'adolescent de ses pairs. Elle l'oblige à se définir à partir de sa sexualité. Quand les autres jeunes parlent de lui, c'est cette caractéristique qui fait office de carte d'identité. Le mal-être conséquent est une des causes, non rares, des conduites suicidaires.

Confrontés à l'homosexualité de leurs enfants, les parents réagissent moins mal que par le passé. Mais les attitudes de rejet, bien que moins fréquentes, restent une réalité éprouvante. La façon dont un adolescent va accueillir son homosexualité et donc s'accepter est corrélée à la façon dont les parents vont réagir à l'annonce ou à la découverte de celle-ci, mais plus globalement aux discours tenus par eux sur l'homosexualité en général.

*David a 19 ans. Il me raconte qu'il a pensé être un monstre quand il s'est découvert homosexuel car son père n'avait de cesse que de tenir des propos injurieux sur les homosexuels*

*dès qu'une occasion se présentait. Ce fut d'autant plus doulou-*
*reux qu'il était jusqu'alors très attaché à son père ; à l'image*
*négative que les propos de son père lui donnaient s'ajoutait la*
*crainte d'être coupé de lui à tout jamais. Cela nourrit des idées*
*suicidaires, heureusement sans passage à l'acte grâce au bon*
*soutien de ses amis.*

Qu'elle soit homosexuelle ou hétérosexuelle, l'accession à la sexualité des enfants touche systématiquement les parents. Elle marque une rupture, une frontière entre les générations. L'homosexualité occupe une position ambivalente. Étant vécue comme transgressive par rapport à la majorité, la rupture qu'elle épouse s'en trouve renforcée. Cependant, elle peut faire le lit d'une complicité implicite avec le parent de sexe opposé. Ce sont les mères qui réagissent le plus passionnément. Ce sont elles, pourtant, que les jeunes informent avant les pères. Leurs réactions s'expliquent par le sentiment qu'elles ont d'être davantage responsables que les pères du devenir de leur enfant, quels que soient les domaines de développement concernés. Si elles croient que l'homosexualité est une tare, un handicap, un défaut ou un vice, leur agressivité s'explique par un sentiment d'échec. Leur enfant ne correspond pas alors à l'idée qu'elles en avaient. En réaction va naître la culpabilité du jeune, qui croit trahir sa mère en ne collant pas à son désir. Mais c'est ignorer qu'une éducation réussie n'est pas celle qui rend totalement conforme un enfant au désir d'un parent.

J'ai constaté aussi que l'homosexualité de leur enfant, plus souvent en ce qui concerne les garçons que les filles, est parfois en correspondance avec un vœu inconscient de la mère ou du père, quels que soient les fondements de ce vœu, et même s'il n'a pas été un facteur d'influence dans la détermination de l'orientation sexuelle du jeune. En ce cas, l'agressivité n'est pas exempte pour autant. Au contraire, plus le vœu est inconscient, plus l'agressivité peut être forte. Elle occupe alors une fonction de déculpabilisation de la faute dont le parent croit être à l'origine. C'est une tentative inconsciente de nier un vœu inconscient. Certaines mères sont plus lucides que d'autres.

> *Mme de ... me confie qu'elle aimait « follement » son fils. « Son père s'en occupait peu, mais je ne le poussais guère à cela, me dit-elle. Comme je craignais que ma tendresse excessive ne le rende homosexuel, il m'arrivait de le disputer violemment ou d'être brutale pour un rien avec lui. »*

Des adolescents concernés me font part d'attitudes inverses de la part de leur mère : surinvestissement, surprotection. C'est essentiellement dans les rapports mère-fils que cela s'observe. La complicité exclut davantage le père. Il n'est pas rare que la mère déconseille d'ailleurs au fils d'en parler à son père, prétextant une mauvaise réaction probable. C'est comme si la dimension symbolique de différenciation de la sexualité était niée. La mère se voit parfois en son fils. La mère de Julien lui a dit : « Toi et moi, on est pareils. On a toujours eu les mêmes goûts. » Si cette attitude semble préférable au rejet, elle peut être un obstacle à l'émancipation lorsqu'elle apparaît trop intrusive.

Les parents qui découvrent l'homosexualité de leurs enfants et qui en sont troublés peuvent se faire aider par des professionnels comprenant leurs difficultés. Ils peuvent également entrer en contact avec des parents confrontés aux mêmes questionnements dans le cadre d'associations, comme l'association Contact qui réunit des parents d'enfants gays ou lesbiens.

L'homosexualité naît rarement à l'adolescence. La future orientation sexuelle se met probablement en place durant les premières années, même si des remaniements secondaires ont lieu autour de la puberté. Il n'existe pas de « causes » à l'homosexualité. Il est aussi complexe de devenir homosexuel que de devenir hétérosexuel. Les facteurs d'influence sont les mêmes. Ils comprennent notamment les désirs inconscients et conscients des ascendants et les choix identificatoires inconscients de l'enfant.

# CONCLUSION

*« Docteur, je viens vous voir car mon fils, Erwan, qui a 15 ans, n'a aucun problème. Il ne fume pas, ne boit pas, travaille bien en classe, fait du sport et ne sort pas le soir. Mais je voudrais savoir si cela ne cache rien d'inquiétant. »*

*Erwan est un garçon très aimable, intelligent, s'exprimant correctement bien qu'un peu timide. Il ne présente aucun trouble de l'humeur même s'il reconnaît avoir « de temps en temps quelques soucis comme tout le monde et des moments de déprime ». Il se dit « assez heureux ». Il n'a aucun problème avec ses parents ni avec ses copains et a des centres d'intérêt qu'il cultive depuis l'enfance comme le football, et d'autres plus récents comme Internet. À propos des filles, il dit avoir été amoureux mais ne s'est jamais déclaré. « Je suis encore jeune », considère-t-il. Erwan n'a aucune souffrance justifiant un suivi spécialisé.*

*Ce que traduit essentiellement cet entretien, c'est l'inquiétude de la maman. Inquiétude qu'Erwan a constatée : « Elle s'en fait toujours pour moi alors je ne lui dis pas tout. Si j'ai des problèmes, j'en parle à mes amis. Ils me comprennent bien. Mais, de toute façon, je vais bien et c'est sans doute grâce à tous ceux qui m'aiment et qui m'ont aimé. »*

*Odile a 36 ans. Elle se souvient de son adolescence sans remue-ménage apparent : « Je vivais avec ma mère et mes deux frères. Mon père avait quitté ma mère pour une autre depuis que j'étais petite. Il n'était pas très disponible pour nous recevoir. Et, en retour, mes frères et moi n'aimions guère nous rendre chez lui. Avec le recul, je pense que ma mère devait être déprimée de façon chronique. Elle avait une vie très monotone. Peu d'amis et peu de distractions occupaient son quotidien. Seule l'éducation de ses enfants la motivait. Son bonheur dépendait du nôtre. Je l'ai senti très tôt et très tôt j'ai tout fait pour ne pas lui causer de tracas. Je travaillais bien à l'école, m'occupais bien de mes frères et parfois aidais pour le ménage à la maison. J'ai refusé bien des sorties pour ne pas la laisser seule. Oh, elle ne faisait jamais de reproches. Sa voix ne s'élevait qu'exceptionnellement, mais je prévenais toute contrariété ou tout chagrin. Maintenant qu'elle n'est plus là, je ne le regrette pas. Mon mari me dit que j'ai perdu ma jeunesse. Je ne le crois pas. J'étais consciente de mes choix. Mon adolescence avait un sens. »*

*D'autres, comme Michel, 30 ans, ont eu une adolescence décalée dans le temps : « J'ai passé mon adolescence à travailler et à faire du sport de haut niveau. Mes parents en étaient très contents. Je voulais être joueur de tennis profes-sionnel. J'étais inscrit dans le cycle de sports études. Je n'ai pas eu la carrière que j'espérais. Finalement j'ai arrêté le tennis et je travaille dans le commercial en intérim. Mon adolescence, je la vis maintenant ; je sors, je m'amuse, je vais de conquête en conquête et je ne m'impose aucune contrainte. »*

Une adolescence riche en remaniements évite souvent une postadolescence difficile.

*Paul, 25 ans, n'a connu aucun conflit de génération. Toute son adolescence s'est passée sans aucun heurt avec ses parents. D'ailleurs, il vit tout près d'eux avec son épouse, dont la discré-tion leur plaît tout à fait. Les parents ont d'ailleurs les clefs de l'appartement, et la mère, qui est en préretraite, passe régu-lièrement pour faire du repassage ou un peu de ménage. Les week-ends se font en famille ainsi que les grandes vacances. Quand je reçois Paul, il a des attaques de panique et des bouf-fées d'angoisse de mort. L'ensemble de ces symptômes masque* en fait un syndrome dépressif. L'analyse de son histoire révèle que tout s'est passé comme s'il avait fait durant son adolescence l'économie d'une dépression et que celle-ci se déclarait maintenant.

> *Qui n'a pas l'esprit de son âge*
> *De son âge a tout le malheur.*

Voltaire, *Stances*, 1741.

# BIBLIOGRAPHIE

ANGEL, S., *Des frères et des sœurs*, Paris, Robert Laffont, 1996.

– et ANGEL, P., *Familles et toxicomanies*, Paris, Éd. universitaires, 1989.

ARNOUX, D. J., *La Dépression à l'adolescence*, Paris, In Press, 1999.

BAUDRY, P., *Le Corps extrême. Approche sociologique des conduites à risque. Nouvelles études anthropologiques*, Paris, L'Harmatan, 1991.

BIRRAUX, A., *Éloge de la phobie*, Paris, PUF, 1993.

BOCHEREAU, D., CORCOS, M., CLERVOY, P. E et JEAMMET, P., « Délinquance infanto-juvénile », *Encycl. méd. chir.,* Paris, Elsevier, « Psychiatrie », 37-216-G-10, « Pédiatrie », 4-101-G-50, 1988, 7 p.

BOURDIEU, P., « Les rites comme actes d'institution », *Actes de la recherche en sciences sociales*, 1982, 43, p. 58-63.

BRACONNIER, A., « La menace dépressive », *Confrontations psychiatriques*, 1988, 29, p. 141-160.

– et al., *Adolescentes, adolescents. Psychopathologie différentielle*, Paris, Bayard, 1995.

BRUSSET, B., *La Boulimie*, Paris, PUF, 1991.

BYDLOWSKI, M., *La Dette de vie*, Paris, PUF, 1997.

CASTANEDA, C., *Le Voyage à Ixtlan*, Paris, Gallimard, 1972.

CHOQUET, M., LEDOUX, S., *Adolescents. Enquête nationale*, Paris, INSERM, 1994.

CHOQUET, M., LEDOUX, S., HASSLER, C., PARE, C., *Adolescents (14-21 ans) de la protection judiciaire de la jeunesse et de la santé*, enquête de l'INSERM U 472, Direction de la protection judiciaire de la jeunesse, 1998.

CLERGET, S., VALET, G., ZAGDANSKI, O., FIORINA, S., « Adolescence et suicide à la Réunion », *Neuropsychiatrie de l'enfant et de l'adolescent*, 1997, 45 (9), p. 483-486.

DOLTO, F., *L'Image inconsciente du corps*, Paris, Le Seuil, 1984.

– *La Cause des adolescents*, Paris, Robert Laffont, 1988.

DUPEREY, A., *Le Voile noir*, Paris, Le Seuil, 1992.

ELWIN, V., *Maisons des jeunes chez les Murias*, Paris, Gallimard, 1959.

FREUD, A., « Adolescence », *Psychoanalysis study children*, 1958, 13, p. 255-268 ; trad. *in L'Enfant dans la psychanalyse*, Paris, Gallimard, 1976.

FREUD, S., *Trois Essais sur la théorie sexuelle*, Paris, Gallimard, 1987.

–, *Cinq Leçons sur la psychanalyse*, Paris, Payot, 1989.

–, *Essais de psychanalyse*, Paris, Payot, 1973.

GENDREAU, J., *L'Adolescence et ses rites*, Rennes, PUR, 1999.

GIBELLO, B., « Dysharmonie cognitive, dyspraxie, dysgnosie, dyschronie : des anomalies qui permettent de lutter contre l'angoisse dépressive », *Revue de neuropsychiatrie infantile*, 1976, 9, p. 439-452.

GLOWCZEWSKI, B., *Adolescence et sexualité*. L'entre-deux, Paris, PUF, 1995.

GODELIER, M., *La Production des grands hommes*, Paris, Fayard, 1982.

GUTTON, P., *Le Pubertaire*, Paris, PUF, 1990.

JEAMMET, P., « Vers une clinique de la dépendance. Approche psychanalytique », *in* Padieu (éd.), *Dépendance et conduites de consommation. Questions en santé publique*, Paris, INSERM, 1997.

– BIROT, E., *et al.*, *Étude psychopathologique des tentatives de suicide chez l'adolescent et le jeune adulte*, Paris, PUF, 1994.

KESTERBERG, E., KESTERBERG, J., DECOBERT, S., *La Faim et le corps*, PUF, Paris, 1972.

LACAN, J., *Le Séminaire*, t. XI : *Les Quatre Concepts fondamentaux de la psychanalyse*, Paris, Le Seuil, 1973.

LADAME, F., OTTINO, J., PAWLAK, C., *Adolescence et suicide*, Paris, Masson, 1995.

LAUFER, M., et LAUFER, E., *Adolescence et rupture de développement. Une perspective psychanalytique*, Paris, PUF, 1989.

MANNONI, M., *L'Enfant arriéré et sa mère*, Paris, Le Seuil, 1981.

MARCELLI, D., *Adolescences et dépressions*, Paris, Masson, 1990.

– et BRACONNIER, A., « Place de la crise parentale dans les prises en charge non formalisées de l'adolescent et de ses parents », *Neuropsychiatrie de l'enfant et de l'adolescent*, 1980, 28,10-11, p. 477-482.

MAUGER, G., *Les Jeunes en France, état des recherches*, La Documentation française, 1994.

MAZET, P., SIBERTIN-BLANC, D., « Dépression de l'adolescence et carence précoce de soins maternels », *Revue de neuropsychiatrie infantile*, 1976, 24, p. 309-318.

MAZET, P., « Troubles fonctionnels du nourrisson et perturbations relationnelles précoces », *La Médecine infantile*, 1974, 81, p. 417-427.

OMBOLO, J.-P., *Sexe et société en Afrique noire*, Paris, L'Harmattan, 1990.

OUVRY, O., *et al., Sexualités et sida*, colloque « Adolescence », Paris, GREUPP, 1999.

TURSZ, A., *Adolescents, risques et accidents*, CIE-Doin, 1987.

VALET, G., CLERGET, S., FIORINA, S., « L'adolescent dans la ville : face à l'alcool et au tabac », *Cahiers de l'enfance et de l'adolescence*, 1999, 4, p. 10-14.

VENISSE, J.-L., *Les Nouvelles Addictions*, Paris, Masson, 1991.

WILDÖCHER, D., *Les Logiques de la dépression*, Paris, Fayard, 1983.

WINNICOTT, D. W., « L'adolescence », *in De la pédiatrie à la psychanalyse*, Paris, Payot, 1989.

# Remerciements

À Nénette et Gaston, pour toujours et même après.

Au Dr Sylvie Angel, pour les liens qu'elle tisse si bien entre les êtres.

Au Dr Chantal Lemant, pour la lucarne qu'elle m'a ouverte.

Merci, enfin, aux docteurs Sylvie Bratter-Noblinski, Philippe Bouvier, Gilles Valet et Olivier Zagdanski pour leurs conseils et leur amitié.

# Table des matières

3189

IMPRIMÉ EN ESPAGNE PAR LIBERDÚPLEX (Barcelone)

pour le compte des
Nouvelles Éditions Marabout
D.L. nº 54606 - janvier 2005
ISBN : 2-501-040201
40.3889.9/01